MAX LUCADO

Weil Gott dich trägt

Die Bibelzitate wurden nach der Übersetzung Martin Luthers, revidierte Fassung von 1984 oder der Guten Nachricht übernommen.

Meiner Herausgeberin Liz Heaney
zur Feier unserer zehnjährigen wundervollen Zusammenarbeit
gewidmet.

Originaltitel: In the Grip of Grace
Übersetzt von Herta Martinache

2. Auflage 2003

hänssler-Paperback
Bestell-Nr. 393.096
ISBN 3-7751-3096-9 (Hänssler)
ISBN 3-89895-040-9 (One Way)

Internet: www.haenssler.de
E-Mail: info@haenssler.de
Umschlaggestaltung: Daniel Kocherscheidt
Satz: AbSatz Ewert-Mohr, Klein Nordende
Druck und Bindung: Ebner & Spiegel, Ulm
Printed in Germany

INHALT

DANK

An folgende Personen möchte ich ein paar Dankesworte richten:

Karen Hill: Welch Geschenk sind Sie mir als Assistentin und Kameradin.

Steve und Cheryl Green und die Mitarbeiter von UpWords: Danke für Ihre Treue.

Charles Prince: Wir schätzen Ihre sachlichen und fachlichen Beiträge.

Charles Swindoll: An Scheidewegen waren seine Worte eine große Hilfe.

Die Ältesten, Mitarbeiter und Mitglieder der Oak Hills Church of Christ: Keiner Kirche würde ich lieber dienen.

Steve Halliday: Vielen Dank für die wie immer ausgezeichneten Anregungen.

Nancy Norris: Ein ganz besonderer Dank für die *vielen* Lucado-Seiten, die Sie im Lauf der Jahre ertragen und verbessert haben.

Sue Ann Jones: Lassen Sie Ihren Rotstift walten! Danke für Ihr sorgfältiges Redigieren.

Meine Kameraden von Word Publishing: Wieder einmal geschafft! Großartige Arbeit.

Dr. John Stott und sein aufschlussreiches Buch *Romans: Good News for the World* (Der Römerbrief: Gute Nachrichten für die Welt). Ihr Fachwissen war mir beim Schreiben dieses Buches eine unschätzbare Hilfe.

Jenna, Andrea und Sara: Ich bedaure jeden Vater, dessen Töchter ihr nicht seid.

Und Denalyn, meine Frau: Außer Gottes Gnade bist du das Beste, das mir zuteil wurde.

Und Sie, lieber Leser: Ich habe für Sie gebetet. Lange bevor Sie dieses Buch in die Hand nahmen, bat ich Gott, Ihr Herz vorzubereiten. Darf ich Sie darum bitten, für mich zu beten? Würden Sie das Gebet aus Kolosser 4,4 für mich sprechen? Ich danke Ihnen. Dass Sie diese Seiten lesen, ist eine Ehre für mich.

Möge Gott Sie fest im Griff seiner Gnade halten.

EINLEITUNG

Meine einzige Befähigung, ein Buch über Gnade zu schreiben, liegt in der Kleidung, die ich trage. Ich werde Ihnen erklären, warum.

Jahrelang besaß ich einen eleganten Anzug, mit Jackett, Hose und sogar Hut. In diesem Outfit kam ich mir, und meiner Ansicht nach auch anderen, tipptopp vor.

Die Hose war aus dem Tuch meiner guten Werke gearbeitet, dem festen Stoff von Taten und Leistungen. Ein paar Schriften hier, ein paar Predigten da. Viele machten mir Komplimente wegen meiner Hose, und ich gestehe, dass ich sie gerne in der Öffentlichkeit hochzog, um die Leute auf sie aufmerksam zu machen.

Das Jackett war genauso eindrucksvoll. Es war aus meinen Überzeugungen gewebt. Jeden Tag kleidete ich mich in tiefe Gefühle religiösen Eifers. Meine Gefühle waren wirklich stark. So stark in der Tat, dass ich häufig bei öffentlichen Versammlungen gebeten wurde, meinen Mantel des Eifers vorzuführen, um andere anzuspornen. Diesen Bitten kam ich natürlich nur allzu gerne nach.

Bei dieser Gelegenheit stellte ich auch meine Kopfbedeckung zur Schau: den mit Federn geschmückten Hut des Wissens. Ich hatte ihn mit eigenen Händen aus dem Stoff persönlicher Meinungen hergestellt und trug ihn stolz.

Sicher ist Gott von meiner Kleidung beeindruckt, dachte ich oft. Gelegentlich stolzierte ich in seine Gegenwart, damit er meinen selbst geschneiderten Anzug bestaunen konnte. Er sagte nie etwas. *Sein Schweigen muss Bewunderung bedeuten*, redete ich mir ein.

Aber allmählich wurde meine Garderobe schadhaft. Der Stoff meiner Hose wurde dünn. Meine besten Werke begannen auszufransen. Ich ließ immer mehr unerledigt liegen, und mit dem Wenigen, das ich tat, war es nicht weit her.

Kein Problem, dachte ich. *Ich werde mich mehr anstrengen.*

Das aber stellte sich als problematisch heraus. In dem Jackett meiner Überzeugungen klaffte ein Loch. Meine Entschlossenheit war fadenscheinig. Ein eisiger Wind zerschnitt mir die Brust. Ich fasste nach oben, um meinen Hut festzuhalten, da riss mir die Krempe unter den Händen ab.

Innerhalb weniger Monate war meine Garderobe aus Selbstgerechtigkeit völlig zerschlissen. Anstelle des vornehmen Maßanzugs trug ich Lumpen wie ein Bettler. Besorgt, dass Gott über mein abgerissenes Gewand böse wird, versuchte ich es, so gut ich konnte, zu flicken und meine Fehler zu verdecken. Aber der Stoff war so abgetragen. Und der Wind war so bitterkalt. Ich gab auf. Ich kehrte zu Gott zurück. (Wo hätte ich sonst auch hingehen können?)

An einem frostigen Donnerstagnachmittag trat ich in seine Gegenwart, nicht um Beifall zu ernten, sondern um Wärme zu erbitten. Mein Gebet war kraftlos.

»Ich fühle mich nackt.«

»Du bist es. Sogar schon lange.«

Was er dann tat, werde ich nie vergessen. »Ich habe etwas für dich«, sagte er. Sanft nahm er mir die noch restlichen Fetzen ab, und dann griff er nach einem Festgewand, einem königlichen Gewand, dem Kleid seiner eigenen Güte. Er legte es um meine Schultern und sagte liebevoll: »*Mein Sohn, jetzt hast du Christus angezogen*« (siehe Gal 3,27).

Obwohl ich das Lied schon tausendmal gesungen habe, verstand ich es endlich:

Allein im Kleid der Gerechtigkeit
makellos vor deinem Thron zu stehn.[1]

Ich habe den Verdacht, dass einige von Ihnen wissen, wovon ich spreche. Auch Sie tragen eine selbst geschneiderte Garderobe. Sie haben Ihre Kleider selbst genäht und protzen mit Ihren religiösen Taten … und Sie haben bereits einen Riss im Stoff bemerkt. Bevor Sie sich daran machen, ihn selbst zusammenzuflicken, möchte ich Ihnen einige Gedanken über die größte Entdeckung meines Lebens mitteilen: die Gnade Gottes.

Ich schlage vor, dass wir uns eine Zeit lang gemeinsam mit dem Brief des Paulus an die Römer befassen. Der Römerbrief, der an selbstgefällige Menschen gerichtet ist, stellt die missliche Lage von Leuten, die lieber selbst geschneiderte Kleider tragen, denen gegenüber, die mit Freuden das Gewand der Gnade annehmen. Der Römerbrief ist die großartigste Abhandlung über Gnade, die je geschrieben wurde. Beim Lesen hat man das Gefühl, frische Luft zu atmen und eine klare Sicht zu bekommen.

Martin Luther nannte den Römerbrief den »wichtigsten Teil des Neuen Testaments und … wahrlich das reinste Evangelium.«[2] Gott benutzte dieses Buch, um das Leben (und die Garderobe) von Martin Luther, John Wesley, Johannes Calvin, William Tyndale, Augustinus und Millionen anderer zu verändern.

Sie haben allen Anlass zu glauben, dass er dasselbe auch für Sie tun wird.

Max Lucado
30. Mai 1996

1

Das Gleichnis vom Fluss

Römer 1,21–32

Es waren einmal fünf Söhne, die mit ihrem Vater in einem Schloss in den Bergen wohnten. Der Älteste war gehorsam, doch seine vier jüngeren Brüder waren aufsässig. Ihr Vater hatte sie vor dem Fluss gewarnt, aber sie hörten nicht auf ihn. Er bat sie eindringlich, dem Ufer fernzubleiben, damit sie nicht vom Wasser mitgerissen werden. Aber der Fluss war zu verlockend.

Jeden Tag wagten sich die vier aufsässigen Brüder näher ans Ufer heran, bis ein Sohn es riskierte, hineinzugreifen, um das Wasser zu fühlen. »Haltet mich fest, damit ich nicht hineinfalle«, sagte er, und seine Brüder taten, was er sagte. Als er aber das Wasser berührte, riss die Strömung ihn und die anderen drei mit sich.

Sie schlugen an Felsen, brausten durch Wasserläufe und tanzten auf den Wellen. Ihre Hilferufe wurden vom Tosen des Flusses übertönt. Obwohl sie kämpften, um die Oberhand zu gewinnen, waren sie gegen die Stärke der Strömung machtlos. Nach Stunden gaben sie ihren Kampf gegen den Sog des Flusses auf. Schließlich wurden sie in einem fernen, fremden Land, an einem kargen Ort ans Ufer geschleudert.

In diesem Land lebten wilde Menschen. Es war dort nicht so sicher wie in ihrer Heimat. Ein rauer Wind wehte in diesem Land. Es war nicht so warm wie in ihrer Heimat. Zerklüftete Berge gaben dem Land ihr Gepräge. Es war nicht so einladend wie ihre Heimat.

Zwar wussten sie nicht, wo sie sich befanden, aber über eines waren sie sich im Klaren: Dies war nicht der Ort, für den sie bestimmt waren. Lange lagen die vier Jungen bestürzt über ihren Niedergang am Ufer und wussten nicht, was sie tun sollten. Nach einiger Zeit fassten sie wieder Mut und traten erneut ins Wasser, in der Hoffnung, stromaufwärts marschieren zu können. Doch die Strömung war zu stark. Sie versuchten, am Rand des Flusses entlangzugehen, aber das Gelände war zu steil. Sie überlegten, ob sie über die Berge klettern sollten, doch die Bergspitzen waren zu hoch. Außerdem kannten sie den Weg nicht.

Schließlich machten sie ein Feuer und setzten sich hin. »Wir hätten unserem Vater gehorchen sollen«, gaben sie zu. »Wir sind weit weg von zu Hause.«

Im Laufe der Zeit lernten die Söhne, in dem fremden Land zu überleben. Sie fanden Nüsse als Nahrung und töteten Tiere, um wärmende Felle zu bekommen. Sie beschlossen, ihre Heimat nicht zu vergessen und die Hoffnung auf Rückkehr nicht aufzugeben. Jeden Tag waren sie mit Nahrungssuche und dem Bau eines Dachs über dem Kopf beschäftigt. Und jeden Abend saßen sie am Feuer und erzählten sich Geschichten von ihrem Vater und ihrem älteren Bruder. Alle vier Söhne sehnten sich danach, sie wiederzusehen.

Eines Abends kam der eine Bruder nicht zum Feuer. Die anderen fanden ihn am nächsten Morgen im Tal bei den Wilden. Er war dabei, aus Gras und Lehm eine Hütte zu bauen. »Ich habe genug von euren Reden«, sagte er ihnen. »Was nützt es, sich an verflossene Zeiten zu erinnern? Außerdem ist das Land gar nicht so übel. Ich werde ein großes Haus bauen und mich hier niederlassen.«

»Aber es ist nicht unser Zuhause«, warfen sie ein.

»Nein, aber es wird ein Zuhause, wenn man nicht an die wirkliche Heimat denkt.«

»Aber unser Vater?«

»Unser Vater? Er ist nicht hier. Er ist weit weg. Soll ich ewig darauf warten, dass er kommt? Ich suche mir neue Freunde und lerne, mein Leben neu zu gestalten. Wenn er kommt, ist es gut, aber deswegen halte ich nicht den Atem an.«

Also verließen die anderen drei ihren Bruder und gingen fort. Sie trafen sich weiterhin am Feuer, sprachen von zu Hause und träumten von der Rückkehr.

Einige Tage darauf kam ein zweiter Bruder nicht zum Lagerfeuer. Am nächsten Morgen fanden ihn die anderen, wie er auf einer Anhöhe stand und die Hütte seines Bruders anstarrte.

»Wie abscheulich«, rief er, als sie näher kamen. »Unser Bruder ist ein vollkommener Taugenichts. Eine Verunglimpfung unseres Familiennamens. Kann man sich etwas Charakterloseres vorstellen? Eine Hütte bauen und unseren Vater vergessen?«

»Was er tut, ist falsch«, stimmte der Jüngste zu. »Aber was wir taten, war genauso falsch. Wir waren ungehorsam. Wir fassten den Fluss an. Wir schlugen die Warnungen unseres Vaters in den Wind.«

»Nun, wir haben wohl ein paar Fehler gemacht, aber verglichen mit dem Schuft in der Hütte sind wir Heilige. Unser Vater wird über unsere Sünde hinwegsehen und ihn bestrafen.«

»Komm«, drängten die beiden Brüder. »Komm mit uns zurück zum Feuer.«

»Nein, ich denke, ich behalte unseren Bruder im Auge. Jemand muss all sein Unrecht niederschreiben und unserem Vater darüber Bericht erstatten.«

So gingen die beiden zurück und ließen den einen Bruder bauen und den anderen urteilen.

Die übrig gebliebenen Söhne setzten sich ans Feuer, ermutigten einander und sprachen von zu Hause. Eines Morgens wachte der jüngste Sohn auf und merkte, dass er allein war. Er suchte nach seinem Bruder und fand ihn nahe beim Fluss, wo er Steine aufeinander schichtete.

»Es nützt nichts«, erklärte der Steine aufschichtende Bruder, ohne mit seiner Arbeit aufzuhören. »Vater holt mich nicht ab. Ich muss zu ihm gehen. Ich habe ihn gekränkt, beleidigt, enttäuscht. Ich habe keine andere Wahl. Ich werde einen Weg stromaufwärts bauen und zu unserem Vater gehen. Ich werde Stein um Stein aufeinander schichten, bis ich genug Steine habe, um flussaufwärts zum Schloss gehen zu können. Wenn er sieht, wie schwer ich arbeitete und wie geschickt ich vorging, kann er gar nicht anders, als mir die Tür aufzumachen und mich in sein Haus einzulassen.«

Der jüngste Bruder wusste nicht, was er sagen sollte. Er ging zurück und saß allein am Feuer. Eines Morgens hörte er eine wohl bekannte Stimme hinter sich. »Vater hat mich geschickt, um euch nach Hause zu bringen.«

Der Jüngste hob die Augen und schaute in das Gesicht seines ältesten Bruders. »Du bist gekommen, um uns abzuholen!«, rief er. Lange lagen sich beide in den Armen.

»Und deine Brüder?«, fragte der Älteste schließlich.

»Einer hat sich hier häuslich eingerichtet. Ein anderer beobachtet ihn. Der Dritte baut einen Weg stromaufwärts.«

So machte sich der Erstgeborene auf, um seine Brüder zu suchen. Zuerst ging er zu der strohgedeckten Hütte im Tal.

»Geh fort, fremder Mann!«, schrie der Bruder aus dem Fenster. »Du bist hier unerwünscht!«

»Ich bin gekommen, um dich nach Hause zu holen.«

»Stimmt nicht. Du bist gekommen, um mir meine Villa wegzunehmen.«

»Das ist keine Villa«, widersprach der Erstgeborene. »Das ist eine Hütte.«

»Es ist eine Villa! Die schönste der ganzen Ebene. Ich habe sie mit meinen eigenen Händen gebaut. Geh jetzt fort. Du kannst meine Villa nicht bekommen.«

»Erinnerst du dich nicht an das Haus deines Vaters?«

»Ich habe keinen Vater.«

»Du wurdest in einem Schloss geboren, in einem fernen Land, in dem die Luft warm ist und in dem es Früchte in Hülle und Fülle gibt. Du warst deinem Vater ungehorsam, dann hat es dich in dieses fremde Land verschlagen. Ich bin gekommen, um dich nach Hause zu bringen.«

Der Bruder spähte aus dem Fenster und betrachtete den Erstgeborenen, als erinnere er sich an ein Gesicht aus einem Traum. Aber die Pause war kurz, denn plötzlich schauten zahllose Wilde aus dem Fenster des Hauses und forderten: »Geh weg, du Eindringling! Das ist nicht dein Heim.«

»Ihr habt Recht«, antwortete der erstgeborene Sohn. »Aber seines auch nicht.«

Die Blicke der beiden Brüder trafen sich noch einmal. Wieder kämpfte es im Innern des Hütten bauenden Bruders. Aber die

Wilden hatten sein Vertrauen gewonnen. »Er will nur deine Villa«, schrien sie. »Schick ihn fort!«

Er tat, was sie sagten.

Der Erstgeborene suchte den zweiten Bruder. Er musste nicht weit gehen. Auf der Anhöhe hinter der Hütte, in Sichtweite der Wilden, saß der tadelsüchtige Bruder. Als er den Erstgeborenen kommen sah, rief er ihm zu: »Nur gut, dass du da bist, um den Sünden unseres Bruders nachzugehen! Weißt du, dass er dem Schloss den Rücken gekehrt hat? Weißt du, dass er nie von zu Hause spricht? Ich weiß, du würdest kommen. Ich habe sorgfältig über seine Taten Buch geführt. Strafe ihn! Ich werde deinem Zorn Beifall spenden. Er hat ihn verdient! Setze dich mit den Sünden unseres Bruders auseinander.«

Der Erstgeborene sagte gütig: »Wir müssen uns erst mit deinen Sünden auseinandersetzen.«

»Meine Sünden?«

»Ja, du warst Vater ungehorsam.«

Der Sohn schmunzelte und machte eine wegwerfende Bewegung mit der Hand. »Meine Sünden sind nichts. *Dort* ist der Sünder«, rief er aus und zeigte auf die Hütte. »Ich kann dir sagen, die Wilden, die dort hausen ...«

»Mir wäre es lieber, du würdest mir von dir erzählen.«

»Mach dir keine Sorgen um mich. Ich zeige dir, wer Hilfe braucht«, sagte er und rannte auf die Hütte zu. »Komm, wir schauen schnell durchs Fenster. Er sieht mich nie. Gehen wir zusammen.« Erst als der Sohn vor der Hütte stand, merkte er, dass der Erstgeborene ihm nicht gefolgt war.

Daraufhin ging der älteste Sohn zum Fluss. Dort fand er den letzten Bruder bis zu den Knien im Wasser stehen und Steine aufeinander schichten.

»Vater hat mich geschickt, um dich nach Hause zu holen.«

Der Bruder schaute nicht einmal hoch. »Ich kann jetzt nicht plaudern. Ich muss arbeiten.«

»Vater weiß, dass du gefallen bist. Aber er vergibt dir ...«

»Vielleicht«, unterbrach der Bruder und kämpfte in der Strömung mit dem Gleichgewicht. »Aber ich muss zuerst zum Schloss kommen. Ich muss flussaufwärts einen Weg bauen. Erst will ich ihm zeigen, dass ich seiner würdig bin. Dann werde ich ihn um Barmherzigkeit bitten.«

»Er hat dir schon Barmherzigkeit widerfahren lassen. Ich werde dich den Fluss aufwärts tragen. Du wirst nie einen Weg bauen können. Der Fluss ist zu lang. Du bist dieser Aufgabe nicht gewachsen. Vater hat mich geschickt, um dich nach Hause zu tragen. Ich bin stärker.«

Zum ersten Mal schaute der Steine aufschichtende Bruder hoch. »Wie wagst du es, so respektlos zu sprechen! Mein Vater wird mir nicht einfach vergeben. Ich habe gesündigt. Ich habe schwer gesündigt! Er sagte, wir sollten uns vom Fluss fern halten, und wir haben ihm nicht gehorcht. Ich bin ein großer Sünder. Ich muss viel leisten.«

»Nein, mein Bruder, du brauchst nicht viel zu leisten. Du brauchst viel Gnade. Die Entfernung zwischen dir und dem Haus unseres Vaters ist zu groß. Du hast weder Kraft noch Steine genug, um den Weg dahin zu bauen. Deshalb hat unser Vater mich gesandt. Er will, dass ich dich nach Hause trage.«

»Willst du damit sagen, dass ich es nicht schaffe? Sagst du, dass ich nicht stark genug bin? Schau an, was ich schon geleistet habe. Schau meine Steine an. Ich kann schon fünf Schritte gehen!«

»Aber du hast noch fünf Millionen Schritte vor dir!«

Der jüngere Bruder schaute den Erstgeborenen wütend an. »Ich weiß, wer du bist. Du bist die Stimme des Bösen. Du versuchst, mich von meinem heiligen Werk abzubringen. Geh weg von mir, du Schlange!« Er schleuderte den Stein, den er gerade in den Fluss legen wollte, dem Erstgeborenen entgegen.

»Ketzer!«, brüllte der Wegbauer. »Verlasse dieses Land. Du kannst mich nicht abhalten! Ich werde diesen Weg bauen und vor meinem Vater stehen. Dann muss er mir vergeben. Ich werde seine Gunst gewinnen. Ich will seine Gnade verdienen.«

Der Erstgeborene schüttelte den Kopf. »Gewonnene Gunst ist keine Gunst. Verdiente Gnade ist keine Gnade. Ich flehe dich an, lass es zu, dass ich dich den Fluss aufwärts trage.«

Die Antwort war ein weiterer Stein. Da drehte sich der Erstgeborene um und ging davon.

Der jüngste Bruder wartete am Feuer auf den Erstgeborenen.

»Sind die anderen nicht gekommen?«

»Nein. Einer will in Saus und Braus leben, der andere will richten und der Letzte will etwas leisten. Keiner von ihnen hat sich für unseren Vater entschieden.«

»Also bleiben sie hier?«

Der älteste Bruder nickte langsam. »Zunächst ja.«

»Und wir werden zu Vater zurückkehren?«, fragte der Bruder.

»Ja.«

»Wird er mir vergeben?«

»Hätte er mich sonst geschickt?«

Also kletterte der jüngere Bruder auf den Rücken des Erstgeborenen, und sie begannen die Heimreise.

***

Alle vier Brüder hatten die gleiche Einladung gehört. Jeder hatte die Gelegenheit, sich vom älteren Bruder nach Hause tragen zu lassen. Der Erste lehnte ab und zog dem Haus seines Vaters eine Grashütte vor. Der Zweite lehnte ab, weil er lieber die Fehler seines Bruders auseinander nahm als seine eigenen zuzugeben. Der Dritte lehnte ab, weil er dachte, es sei klüger, einen guten Eindruck zu machen als ein ehrliches Bekenntnis abzulegen. Und der Vierte sagte Ja, denn er zog Dankbarkeit seinen Schuldgefühlen vor.

»Ich will mein Leben genießen«, beschloss ein Sohn.

»Ich vergleiche mich mit anderen«, entschied der andere.

»Ich werde mich selbst retten«, setzte sich der andere in den Kopf.

»Ich vertraue mich dir an«, beschloss der Vierte.

Darf ich Ihnen eine grundlegende Frage stellen? Welcher der Brüder beschreibt Ihre Beziehung zu Gott? Haben Sie wie der vierte Bruder erkannt, dass Sie die Heimreise alleine nicht schaffen? Ergreifen Sie die Hand, die Ihr Vater Ihnen entgegenstreckt? Sind Sie fest im Griff seiner Gnade?

Oder sind Sie wie einer der drei anderen Söhne?

Deutung des Gleichnisses

	Der Hütten bauende Hedonist	Der tadelsüchtige Kritikaster
	Römer 1,18-32	Römer 2,1-11
Strategie	Das Leben genießen	Sich mit anderen vergleichen
Ziel	Meine Leidenschaften befriedigen	Meine Mitmenschen genau überwachen
Beschreibung	Lebemann	Fingerzeiger
Persönlichkeit	Lässig	Hochnäsig
Selbsteinschätzung	Ich bin vielleicht schlecht. Na und?	Ich bin vielleicht schlecht, aber besser als …
Theologie	Gott links liegen lassen	Gott ablenken
Autoaufkleber	»Das Leben ist kurz. Genieße jede Sekunde.«	»Gott beobachtet dich. Ich auch.«
Klage	Ich kann nicht genug Spaß haben.	Ich kann nicht genug sehen.
Lieblingstier	Kater	Wachhund
Schaut	die Speisekarte durch und sucht nach anderen Möglichkeiten.	über den Zaun des Nachbarn.
Einstellung zur Gnade	Wer, ich?	Ja, du!
Einstellung zur Sünde	Niemand ist schuldig.	Er ist schuldig.
Arbeitsethik	Was ich tue, ist meine Sache.	Was du tust, ist meine Sache.
Lieblingsausspruch	Koste das Leben aus!	Führe ein anständiges Leben!

	Der Hütten bauende Hedonist	Der tadelsüchtige Kritikaster
	Römer 1,18-32	Römer 2,1-11
Grenzen	Wenn es Spaß macht, tue es.	Wenn er Spaß hat, vermerke es.
Befinden	Gelangweilt	Verbittert
Erklärungen des Apostels Paulus	Für das, was du tust gibt es keine Entschuldigung.	Du bist nicht zu den Urteilen befugt, die du fällst.
Maßgeblicher Bibelvers	»Darum hat Gott sie in den Begierden ihrer Herzen dahingegeben.« (1,24)	»Darum, o Mensch, kannst du dich nicht entschuldigen, wer du auch bist, der du richtest. Denn worin du den andern richtest, verdammst du dich selbst, weil du ebendasselbe tust, was du richtest.« (2,1)

Deutung des Gleichnisses

	Der Steine aufschichtende Gesetzeskonforme	Der von Gnade getriebene Christ
	Römer 2,17-20	Römer 3,21-25
Strategie	Mich selbst retten	Mich Christus anvertrauen
Ziel	Meine Verdienste messen	Meinen Vater kennen
Beschreibung	Lastenträger	Gott lieben
Persönlichkeit	Gestresst	Innerlich ruhig
Selbsteinschätzung	Ich bin vielleicht schlecht, aber wenn ich mich mehr anstrenge.	Ich bin vielleicht schlecht, aber mir wurde vergeben.
Theologie	Gott alles zurückzahlen	Gott suchen
Autoaufkleber	»Arbeit ist mein Leben.«	»Ich bin nicht perfekt, aber mir wurde vergeben.«

	Der Steine aufschichtende Gesetzeskonforme	Der von Gnade getriebene Christ
	Römer 2,17-20	Römer 3,21-25
Klage	Ich kann nicht genug arbeiten.	Ich kann ihm nicht genug danken.
Lieblingstier	Biber	Adler
Schaut	die Erfordernisliste durch	auf die Fülle von Gottes Wohltaten
Einstellung zur Gnade	Nicht für mich!	Ja, ich!
Einstellung zur Sünde	Ich bin immer schuldig.	Ich war schuldig.
Arbeitsethik	Was Gott fordert, ist meine Sache.	Was Gott tut, ist meine Sache.
Lieblingsausspruch	Mach dich an die Arbeit!	Danke!
Grenzen	Wenn es Spaß macht, höre damit auf.	Wenn er Spaß hat, prüfe es.
Befinden	Erschöpft	Dankbar
Erklärungen des Apostels Paulus	Du hast keine Lösung für deine Probleme.	Du hast keinen Grund zur Angst.
Maßgeblicher Bibelvers	»Dem aber, der nicht mit Werken umgeht, glaubt aber an den, der die Gottlosen gerecht macht, dem wird sein Glaube gerechnet zur Gerechtigkeit.« (4,5)	»Der Gerechte wird aus Glauben leben.« (1,17)

Ein Hedonist. Ein Kritikaster. Ein Gesetzeskonformer. Alle sind mit sich selbst beschäftigt und lassen ihren Vater außer Acht. In den drei ersten Kapiteln des Römerbriefes wendete sich Paulus an diese drei. Betrachten wir jeden gesondert.

Der Hütten bauende Hedonist
Römer 1,21-32

Fühlen Sie sich dem Hüttenbauer verwandt? Er tauschte sein Verlangen nach dem Schloss gegen die Liebe zur Ebene ein. Anstatt sich nach der Heimat zu sehnen, ließ er sich in einer Hütte nieder. Sein Lebensziel ist der Genuss. Das ist die Definition von Hedonismus, und dementsprechend lebte dieser Sohn.

Der Hedonist führt sein Leben, als gäbe es keinen Vater in seiner Vergangenheit, Gegenwart oder Zukunft. Möglicherweise gab es irgendwo in irgendeiner fernen Vergangenheit einen Vater, ja, wie im Märchen: Es war einmal. Aber im Hier und Jetzt? Der Sohn will ohne ihn leben. In weiter Zukunft kommt vielleicht einmal ein Vater und erhebt Anspruch auf ihn. Aber heute? Der Sohn will sein Leben selbst gestalten. Anstatt die Zukunft zu ergreifen, begnügt er sich mit dem heutigen Tag.

Paulus hatte einen solchen Menschen vor Augen, als er sagte: »Sie haben die Herrlichkeit des unvergänglichen Gottes vertauscht mit einem Bild gleich dem eines vergänglichen Menschen und der Vögel und der vierfüßigen und der kriechenden Tiere …, sie, die … das Geschöpf verehrt und ihm gedient haben statt dem Schöpfer« (Röm 1,23 + 25). Hedonisten machen ein schlechtes Tauschgeschäft; sie tauschen Villen gegen Hütten und ihren Bruder gegen einen Fremden ein. Sie handeln das Haus ihres Vaters für ein Ghetto ein und schicken seinen Sohn fort.

Der tadelsüchtige Kritikaster
Römer 2,1-11

Die Einstellung des zweiten Bruders war einfach: »Warum soll ich mich mit meinen Fehlern auseinander setzen, wenn ich mein Augenmerk auf die Fehler anderer richten kann?«

Er ist ein Kritikaster. *Ich bin vielleicht schlecht, aber solange ich jemanden finden kann, der schlechter ist als ich, bin ich in Sicherheit.* Er wertet seine Rechtschaffenheit mit Hilfe des Versagens anderer auf. Er ist der selbst ernannte Liebling des Lehrers in der Grundschule. Er redet abfällig über die schlampige Arbeit der anderen und übergeht die Sechs auf seiner eigenen Klassenarbeit. Er ist der Wachhund des ganzen Wohnviertels, ruft die Leute zur Ordnung, damit sie ihren Schmutz wegräumen, bemerkt aber nie den Unrat vor seiner eigenen Haustür.

»Komm Gott, ich möchte dir die schlechten Taten meines Nachbarn zeigen«, ruft der Moralist. Aber Gott folgt ihm nicht ins Tal hinunter. »Wenn du meinst, du kannst andere richten, hast du Unrecht. Worin du den anderen richtest, verdammst du dich selbst, weil du ebendasselbe tust, was du richtest« (Röm 2,1). Es ist eine einfallsarme List, und Gott fällt darauf nicht herein.

Der Steine aufschichtende Gesetzeskonforme
Römer 2,17-3,20

Kommen wir zu dem Bruder am Fluss. Nun, das ist ein Sohn, den wir respektieren. Fleißig. Arbeitsam. Eifrig. Angestrengt. Hier ist einer, der seine Sünde sieht und sich daranmacht, sie selbst in Ordnung zu bringen. Gewiss verdient er unseren Beifall. Gewiss verdient er, dass wir es ihm nachtun. Und ganz gewiss verdient er die Gnade des Vaters. Wird der Vater nicht die Türen seines Schlosses weit aufreißen, wenn er sieht, wie sehr der Sohn sich angestrengt hat, um nach Hause zu kommen!

Ohne Hilfe des Vaters geht der Gesetzeskonforme die Schwierigkeiten an und watet durch den Fluss des Versagens.

Gewiss wird der Vater glücklich sein, ihn zu sehen. Das heißt, wenn es jemals soweit kommt.

Wie Sie sehen, liegt das Problem nicht in der Zuneigung des Vaters, sondern in der Stärke des Flusses. Was den Sohn vom Haus seines Vaters wegzog, war keine sanfte Strömung, sondern ein tosender, reißender Gebirgsstrom. Ist der Sohn stark genug, um einen Weg den Fluss hinauf zu des Vaters Haus zu bauen?

Das ist fraglich. Wir können es mit Sicherheit nicht. »Da ist keiner, der gerecht ist, auch nicht einer« (Röm 3,10). Aber wir versuchen es. Wir schichten keine Steine in einem Fluss auf, aber wir tun gute Werke auf Erden.

Wir denken: *Wenn ich das tue, wird Gott mich annehmen.*

Wenn ich Kindergottesdienst halte ... und wir nehmen einen Stein auf.

Wenn ich in die Kirche gehe ... und wir legen den Stein in den Fluss.

Wenn ich so viel Geld gebe ... ein weiterer Stein.

Wenn ich ein Buch von Lucado ertrage ... zehn große Steine.

Wenn ich die Bibel lese, die richtige Meinung zur richtigen Lehre habe, wenn ich dieser Bewegung beitrete ... Stein um Stein um Stein.

Das Problem? Sie tun möglicherweise fünf Schritte, aber fünf Millionen Schritte liegen vor Ihnen. Der Fluss ist zu lang. Was uns von Gott trennt, ist kein seichtes Rinnsal, sondern ein reißender, herabstürzender, überwältigender Strom der Sünde. Wir können pausenlos Steine schichten und können doch kaum Halt finden, geschweige denn Fortschritte machen.

Die Wirkung auf die Steineschichter ist leicht vorhersehbar: entweder Verzweiflung oder Arroganz. Entweder sie geben auf oder sie werden hochmütig. Entweder denken sie, dass sie es nie schaffen oder dass sie die Einzigen sind, die es jemals schaffen. Seltsam, dass zwei Menschen dieselben aufgeschichteten Steine anschauen können und einer den Kopf hängen lässt und dem anderen die Brust vor Stolz schwillt.

Nennen wir diesen Zustand *religiöse* Gottlosigkeit. Das ist das Thema hinter der forschen Feststellung von Paulus: »Die ganze Welt steht vor Gott schuldig da« (3,19).

Mit oder ohne Gott?

Welch ein Trio, denken Sie nicht auch?
Der Erste auf einem Barhocker.
Der Zweite auf dem Richterstuhl.
Der Dritte in der Kirchenbank.

Obwohl jeder von ihnen ganz anders aussieht, sind sie sich doch sehr ähnlich. Alle sind vom Vater getrennt. Und keiner bittet um Hilfe. Der Erste schwelgt in seinen Begierden, der Zweite überwacht seinen Nachbarn und der Dritte misst seine Verdienste. Selbstverwirklichung. Selbstrechtfertigung. Selbsterlösung. Das entscheidende Wort hier ist *selbst.* Selbstständig, nicht auf fremde Hilfe angewiesen. »Vor Gott haben sie nie Achtung gehabt« (3,18).

Paulus nennt dies *Gottlosigkeit* (Röm 1,18). *Gottlosigkeit.* Das Wort erklärt sich selbst. Ein Leben ohne Gott. Schlimmer als die Verachtung Gottes ist die Nichtbeachtung Gottes. Die Verachtung erkennt zumindest seine Gegenwart an. Die Gottlosigkeit tut das nicht. Die Verachtung führt dazu, dass Menschen unehrerbietig handeln, Nichtbeachtung bewirkt, dass sie so handeln, als wäre Gott belanglos, als würde er im Leben keine Rolle spielen.

Wie reagiert Gott auf gottloses Leben? Nicht leichtfertig. »Denn Gottes Zorn wird vom Himmel her offenbart über alles gottlose Wesen und alle Ungerechtigkeit der Menschen« (Röm 1,18). Was Paulus hiermit sagen will, ist ernst. Gott ist zu Recht über die Taten seiner Kinder verärgert.

Ich möchte Sie jetzt schon vorwarnen: Die ersten Kapitel des Römerbriefes sind nicht gerade erheiternd. Paulus gibt uns die schlechten Nachrichten vor den guten. Schließlich wird er uns sagen, dass wir alle in gleicher Weise Kandidaten für die Gnade sind, aber zuvor beweist er, dass wir alle hoffnungslos sündhaft sind. Wir müssen erkennen, wie verfahren unsere Lage ist, bevor wir richtig schätzen können, was für einen Gott wir haben. Bevor wir von der Gnade Gottes sprechen können, müssen wir den Zorn Gottes verstehen.

Und da Paulus damit beginnt, werden auch wir damit beginnen.

Teil 1

Welch verfahrene Lage!

Der Verlust des Geheimnisses führte zum Verlust der Majestät.

Je mehr wir wissen, um so weniger glauben wir.

Kein Wunder, dass kein Wunder geschieht.

Wir denken, wir hätten alles durchschaut.

Seltsam, denken Sie nicht auch?

Das Wissen um das Funktionieren der Welt dürfte die Wunder nicht abstreiten.

Wer hat mehr Grund anzubeten als der Astronom, der die Sterne sah?

Als der Chirurg, der ein Herz in der Hand hielt?

Als der Ozeanograph, der die Tiefen des Meeres erforschte?

2

Gottes gnädiger Zorn

Römer 1,18–19

Denn Gottes Zorn wird vom Himmel her offenbart über alles gottlose Wesen und alle Ungerechtigkeit der Menschen, die die Wahrheit durch Ungerechtigkeit niederhalten. Denn was man von Gott erkennen kann, ist unter ihnen offenbar; denn Gott hat es ihnen offenbart.
Römer 1,18-19

»Und du hast herausbekommen, dass dein Freund mit deiner Mutter ins Bett geht?« Das Publikum gluckste. Das Mädchen auf der Bühne zog Kopf und Schultern ein, als alle gespannt auf sie starrten.

Die Mutter, eine Frau mittleren Alters in einem allzu engen schwarzen Kleid, und ein magerer Junge im ärmellosen T-Shirt saßen eng umschlungen da. Sie winkte der Menge zu. Er grinste.

Showmasterin Christy Adams verlor keine Zeit. »Geht ihr beide wirklich miteinander ins Bett?«

Die Mutter hielt immer noch die Hand des Jungen und schaute ihn an. Er grinste, und sie lächelte. »Ja.«

Sie erklärte dann, wie einsam sie seit ihrer Scheidung gewesen war. Der Freund ihrer Tochter trieb sich zu jeder Tages- oder Nachtzeit in ihrem Haus herum, und, eines Nachmittags, ließ er sich auf die Couch neben ihr plumpsen, und sie begannen, miteinander zu plaudern. Das eine führte zum anderen, und dann waren sie plötzlich ... Sie errötete, der Junge zuckte mit den Schultern, und sie ließen das Publikum den Satz beenden.

Das Mädchen saß schweigend, mit ausdruckslosem Gesicht da.

»Machen Sie sich keine Gedanken darüber, was Ihre Tochter daraus lernen könnte?«, fragte Christy nach.

»Ich bringe ihr bei, wie das Leben nun einmal ist.«

»Und du?«, fragte Christy den Jungen. »Bist du deiner Freundin nicht untreu?«

Der Junge blickte ehrlich erstaunt auf. »Ich liebe sie noch«, verkündete er. »Ich helfe ihr nur, indem ich ihre Mutter liebe. Wir sind eine glückliche Familie. Daran ist nichts Verkehrtes!«

Das Publikum brach in Pfeifen und Klatschen aus. Als der Tumult nachließ, wandte Christy sich an die Liebenden: »Nicht jeder denkt wie Sie. Ich habe einen Gast eingeladen, der sich zu Ihrem Lebensstil äußern möchte.« Die Menge verstummte, gespannt darauf, wen Christy eingeladen hatte, um die Unterhaltung noch etwas pikanter zu machen.

»Er ist der berühmteste Theologe der Welt. Seine Schriften werden seit langem von einigen befolgt und von anderen diskutiert. Er nimmt zum ersten Mal an der Christy-Adams-Show teil. Ich bitte Sie um Ihren Applaus für den umstrittenen Theologen, Gelehrten und Autor, den Apostel Paulus!«

Dem zerbrechlich wirkenden kleinen Mann mit beginnender Glatze, Brille und Tweedjacke wurde höflich Beifall gezollt. Er lockerte seine Krawatte etwas, als er auf einem Stuhl auf der Bühne Platz nahm. Christy sparte sich die Begrüßung. »Sie haben Schwierigkeiten mit dem, was diese Leute tun?«

Paulus hatte die Hände auf dem Schoß liegen, schaute zu den dreien hinüber und dann wieder zu Christy. »Nicht, was ich denke, ist ausschlaggebend, sondern was Gott denkt.«

Christy machte eine Pause, damit die Fernsehzuschauer die »Oooohs«, die durch das Studio raunten, hören konnten.

»Paulus, dann erzählen Sie uns bitte, was Gott über dieses kreative Stelldichein denkt.«

»Es macht ihn zornig.«

»Und warum?«

»Gott ist über das Böse zornig, weil das Böse seine Kinder zerstört. Was diese Leute tun, ist böse.«

Diese starken Worte lösten ein paar Buhrufe, hier und da etwas Applaus und jede Menge erhobene Hände aus. Bevor Christy sprechen konnte, fuhr Paulus fort: »Darum hat Gott sie in den Begierden ihrer Herzen dahingegeben. In ihren Herzen ist es Nacht, ihre Taten sind böse, und Gott empfindet Abscheu.«

Ein schlaksiger junger Mann in den vorderen Reihen protestierte lautstark: »Es ist ihr Körper. Sie kann damit tun, was sie will!«

»Oh, hier irren Sie sich. Ihr Körper gehört Gott und muss für ihn benutzt werden.«

»Was wir tun, ist harmlos«, warf die Mutter ein.

»Schauen Sie Ihre Tochter an«, drängte Paulus und zeigte auf das Mädchen, dem Tränen in den Augen standen. »Sehen Sie nicht, dass Sie ihr wehtun? Sie haben gesunde Liebe gegen Wollust getauscht. Sie haben die Liebe Gottes gegen die Liebe des Fleisches getauscht. Sie haben die Wahrheit gegen die Lüge getauscht. Und Sie haben das Natürliche gegen das Unnatürliche getauscht ...«

Christy konnte sich nicht länger zurückhalten. »Wissen Sie, wie unzeitgemäß Sie klingen? All dieses Gerede über Gott und Recht und Unrecht und Sittenlosigkeit. Kommen Sie sich nicht wirklichkeitsfremd vor?«

»Wirklichkeitsfremd? Nein. Fehl am Platze, ja. Aber nicht wirklichkeitsfremd. Gott schaut nicht unbekümmert zu, während seine Kinder in Perversionen schwelgen. Er lässt uns unseren sündigen Lebenswandel führen und die Konsequenzen ernten. Jedes gebrochene Herz, jedes ungewollte Kind, jeder Krieg und jede Tragödie kann auf unsere Auflehnung gegen Gott zurückgeführt werden.«

Die Menschen sprangen auf die Füße, die Mutter fuchtelte mit dem Finger vor Paulus' Gesicht herum, und Christy wandte sich der Kamera zu, begeistert über den Trubel. »Wir müssen eine Pause machen«, übertönte sie den Lärm. »Gehen Sie nicht weg. Wir möchten unserem Freund, dem Apostel, noch mehr Fragen stellen.«

Gott hasst das Böse

Was halten Sie von dem voranstehenden Dialog? Hart? (Paulus war zu kleinkariert.) Unrealistisch? (Die Szene war zu ausgefallen.) Befremdend? (Niemand würde solche Überzeugungen akzeptieren.)

Egal wie Sie reagieren, es ist wichtig, sich klar zu machen, dass das Drehbuch erfunden ist, die Worte des Apostels Paulus jedoch nicht.

Gott ist gegen »alle Sünde und Schlechtigkeit der Menschen« (Röm 1,18). Der Eine, der uns drängt, das Böse zu hassen (Röm 12,9), hasst das Böse.

In drei herben Versen stellt Paulus fest:

»Gott hat sie in den Begierden … dahingegeben …« (Röm 1,24).

»Gott hat sie dahingegeben in schändliche Leidenschaften …« (Röm 1,26).

»Gott hat sie dahingegeben in verkehrten Sinn« (Röm 1,28).

Gott ist auf das Böse zornig.

Für viele ist das neu. Manche Leute nehmen an, Gott sei wie ein geplagter Schulleiter, der so sehr mit der Überwachung der Planeten beschäftigt ist, dass er keine Zeit hat, auf uns zu achten. Doch dem ist nicht so.

Andere glauben, er sei wie ein weichlicher Vater, der die Augen vor den bösen Taten seiner Kinder verschließt. Das trifft auch nicht zu.

Wieder andere bestehen darauf, dass er uns so sehr liebt, dass er über unsere bösen Taten nicht zornig sein kann.

Sie verstehen nicht, dass Liebe *immer* auf das Böse zornig ist.

Gott hat allen Grund, zornig zu sein

Viele verstehen Gottes Verärgerung nicht, weil sie den Zorn Gottes mit dem Zorn der Menschen verwechseln. Beide haben wenig gemeinsam. Der menschliche Zorn ist unverkennbar ichbezogen und anfällig für Wutausbrüche und Gewalthandlungen. Wir werden sauer, weil wir übersehen, übergangen oder betrogen worden sind. So ist der Zorn des Menschen, aber nicht der Zorn Gottes.

Gott wird nicht zornig, weil es nicht nach seinem Kopf geht. Er wird zornig, weil Ungehorsam immer zu Selbstzerstörung führt. Welcher Vater schaut schon unbekümmert zu, wie sein Kind sich verletzt?

Welcher Gott würde dies tun? Glauben wir, er würde über Ehebruch schmunzeln und sich über Mord schieflachen? Glauben Sie, er schaut weg, wenn wir Fernseh-Talkshows auf der Grundlage perverser Vergnügungen produzieren? Schüttelt er den Kopf und sagt: »Menschen sind und bleiben eben Menschen«?

Ich glaube nicht. Schreiben Sie es auf und unterstreichen es rot. Gott ist mit Recht zornig. Gott ist heilig. Unsere Sünden sind eine Beleidigung für seine Heiligkeit. Seine Augen »sind zu rein, als dass er Böses ansehen könnte, und dem Jammer kann er nicht zusehen« (Hab 1,13).

Gott ist über das Böse zornig, das seine Kinder zugrunde richtet. »Solange Gott Gott ist, kann er nicht gleichgültig zusehen, wie seine Schöpfung zerstört und sein heiliger Wille mit Füßen getreten wird.«[1]

Wir haben keine Entschuldigung

Mein Vater hatte eine ähnlich feindselige Haltung zu Alkohol. Jack Lucado hasste Trinken in jeder Form, weil er von seiner Macht wusste. Sein gütiges Wesen begehrte allein bei dem Gedanken an Betrunkensein auf. Ich zweifelte nicht im Geringsten daran, dass er Trinken hasste und wollte, dass seine Kinder nichts damit zu tun haben.

Kinder jedoch hören nicht immer auf ihren Vater. Als Fünfzehnjähriger heckte ich den Plan aus, mich zu betrinken, und es gelang mir. Ich trank Bier, bis ich nicht mehr richtig sehen konnte. Dann kam ich nach Hause und übergab mich, bis ich nicht mehr stehen konnte. Mein Vater trat ins Badezimmer, roch das Bier, warf ein Handtuch in meine Richtung und machte sich angewidert davon. Ich stolperte ins Bett zurück und wusste, dass es mir ganz und gar nicht gut ging.

Am folgenden Morgen weckte er mich früh auf. (Ich hatte keineswegs das Vergnügen, meinen Kater auszuschlafen.) Beim Duschen versuchte ich, eine Erklärung zu finden. »Meine Freunde haben mich dazu angestiftet« oder »Es war ein Unfall« oder »Jemand muss Whiskey in den Fruchtsaft gemischt haben.« Aber eine Möglichkeit habe ich nie ins Auge gefasst, nämlich Nichtwissen. Nicht ein einziges Mal dachte ich daran zu behaupten: »Du hast mir nie gesagt, dass ich mich nicht betrinken soll.«

Das wäre nicht nur eine Lüge, sondern eine Verleumdung meines Vaters gewesen. Hatte er es mir nicht gesagt? Hatte er mich nicht gewarnt? Hatte er nicht versucht, mich zur Einsicht zu bringen? Ich wusste, dass ich nicht sagen konnte, ich hätte es nicht gewusst.

Ich hatte keine Entschuldigung. Paulus zufolge hat keiner von uns eine Entschuldigung. Zu den eindrucksvollsten Stellen der Bibel gehören folgende Worte von Paulus:

> Denn was man von Gott erkennen kann, ist unter ihnen offenbar; denn Gott hat es ihnen offenbart. Denn Gottes unsichtbares Wesen, das ist seine ewige Kraft und Gottheit, wird seit der Schöpfung der Welt ersehen aus seinen Werken, wenn man sie wahrnimmt, so dass sie keine Entschuldigung haben. *Deshalb haben die Menschen keine Entschuldigung für die schlechten Dinge, die sie tun.* (Röm 1,19-20, Kursivschrift vom Autor)

Wir haben keine Entschuldigung, weil Gott sich uns durch die Schöpfung offenbart hat.

Der Psalmist schrieb: »Die Himmel erzählen die Ehre Gottes, und die Feste verkündigt seiner Hände Werk. Ein Tag sagt's dem andern, und eine Nacht tut's kund der andern, ohne Sprache und ohne Worte; unhörbar ist ihre Stimme. Ihr Schall geht aus in alle Lande und ihr Reden bis an die Enden der Welt« (Ps 19,1-5).

Jeder Stern ist eine Verkündigung, jedes Blatt ein Fingerzeig. Die Gletscher sind Sprachrohre, die Jahreszeiten Kapitel und die Wolken Banner. Die Natur ist ein Lied aus vielen Teilen, aber mit nur einem Thema und einem Vers: *Gott gibt es.*

Vor Hunderten von Jahren erklärte Tertullian:

> »Nicht durch die Schriften Moses wurde das Wissen vom Schöpfer bekannt … Obwohl die meisten Menschen nie den Namen Moses gehört hatten, von seinen Büchern ganz zu schweigen, kannten sie dennoch den Gott Moses … Die Natur ist der Lehrer, die Seele der Schüler … Eine Blüte an der Hecke … eine Muschel aus irgendeinem Meer … die Feder eines Teichhuhns …, sprechen sie von einem mittelmäßigen Schöpfer? … Wenn ich dir eine Rose schenke, wirst du ihren Schöpfer nicht gering schätzen.«[2]

Die Schöpfung ist Gottes erster Missionar. Manche Menschen haben nie eine Bibel in der Hand gehalten und nie einen Vers daraus gehört. Manche sterben, bevor ein Übersetzer das Wort Gottes in ihre Sprache übertragen hat. Millionen lebten, bevor Christus in die Welt kam, oder leben in fernen Ländern, weit von Christen entfernt. Es gibt geistig Behinderte, die das Evangelium nicht verstehen können. Was bringt die Zukunft dem Menschen, der nie von Gott gehört hat?

Wieder ist die Antwort von Paulus klar. Das menschliche Herz kann Gott durch die Werke der Natur erkennen. Wenn das alles ist, was man jemals zu sehen bekommt, ist es genug. Jeder braucht nur auf das anzusprechen, was ihm gegeben wurde. Und wenn einem Menschen nur das Zeugnis der Schöpfung gegeben wurde, dann hat er genug.

Das Problem liegt nicht darin, dass Gott nicht gesprochen hat, sondern dass wir nicht zugehört haben. Gott sagt, dass sein Zorn gegen *alles* und *jeden* gerichtet ist, der das Wissen um die Wahrheit unterdrückt. Gott liebt seine Kinder, und er hasst, was sie zerstört. Das bedeutet nicht, dass er in Wut ausbricht oder seine Beherrschung verliert oder unberechenbar reagiert. Es bedeutet einfach, dass er Sie liebt und dass er das hasst, was Sie werden, wenn Sie sich von ihm abwenden.

Nennen Sie es heilige Feindseligkeit. Es ist ein gerechter Hass des Unrechts. Eine göttliche Abscheu vor dem Bösen, das seine Kinder zerstört.

Die Frage ist nicht: »Wie kann ein liebender Gott zornig sein?«, sondern: »Wie könnte ein liebender Gott etwas anderes empfinden?«

3

Gottloses Leben

Römer 1,21–32

Und sie haben die Herrlichkeit des unvergänglichen Gottes vertauscht mit einem Bild gleich dem eines vergänglichen Menschen und der Vögel und der vierfüßigen und der kriechenden Tiere …« sie, die Gottes Wahrheit in Lüge verkehrt und das Geschöpf verehrt und ihm gedient haben statt dem Schöpfer. Römer 1,23 und 25

Kann eine Grille das Abendmahl verstehen? Seit letztem Sonntag denke ich über diese Frage nach, als mir eine Grille über den Weg lief und mir diese Frage in den Kopf kam. Das Abendmahl sollte ausgeteilt werden, als ich meinen Kopf senkte und den Besucher unter meiner Kirchenbank entdeckte. Sie war vermutlich durch eine Seitentür hereingekrochen und hatte sich den Weg bis zum vordersten Teil der Kirche gebahnt.

Der Anblick einer Grille erweckt viele ganz und gar nicht geistliche Gefühle in mir. Ich bitte alle Insektenliebhaber, mir zu verzeihen, aber ich bin weder von ihrer Schönheit fasziniert noch von ihrer Kraft beeindruckt. Normalerweise hätte ich mich nicht für das Insekt interessiert, aber den Anblick einer Grille in der Kirche empfand ich als Symbol.

Wir haben etwas gemeinsam, Sie, ich und die Grille. Einen begrenzten Blick. Ich hoffe, der Vergleich ärgert Sie nicht. Aber ich denke, er ist begründet. Keiner von uns kann sich wirklich das Leben außerhalb unseres Lebenskreises vorstellen.

Sehen Sie, das gesamte Universum der Grille ist ein Kirchenraum. Ich kann mir vorstellen, wie sie nachts ihren Sohn von der Mauer wegführt und ihm sagt, die Dachbalken anzuschauen. Sie legt ihr langes Bein um den Rücken des Jungen und seufzt: »Wir leben unter einem gewaltigen Himmel, mein Sohn.« Weiß sie nicht, dass sie nur einen Bruchteil sieht?

Und denken wir an das Sinnen und Trachten einer Grille. Ihr größter Traum ist es, ein Stück Brot zu finden. Sie schläft mit Wunschvorstellungen von Kuchenkrümeln und vertropfter Marmelade ein.

Oder denken Sie an den Helden der Grillenwelt. Grillen feiern ihre Matadore. Einen Schnellen, der quer durch ein Zimmer voller Füße stürmen kann. Einen Beherzten, der die Ländereien hinter dem Taufstein erforscht hat. Einen Mutigen, der sich bis zum Rand einer riesigen Vitrine vorwagt oder am jähen Abgrund eines Fensterbretts entlang hüpft. Gibt es im Grillenreich einen Grille Revere*, der an den Wänden entlang stürmt und schreit: »Der Kammerjäger kommt! Der Kammerjäger kommt!«?

Schauen Grillen einander manchmal erstaunt an und rufen: »Wirklich toll!«?

Die beste Frage ist vielleicht, wen eine Grille anbetet. Erkennt sie, dass hinter dem Gebäude ein Baumeister steht? Oder betet sie das Gebäude selbst an? Oder vielleicht einen Platz in dem Gebäude? Nimmt sie an, dass es keinen Baumeister gibt, da sie ihn nie gesehen hat?

So handelt der Hedonist. Da er nie den Baumeister gesehen hat, der das Weltall erschuf, nimmt er an, dass es kein Leben jenseits des Hier und Jetzt gibt. Er glaubt, dass es außerhalb dieses Raumes keine Wahrheit gibt, keinen Zweck jenseits seines eigenen Genusses, nichts Göttliches. Er verschwendet keinen Gedanken an das Ewige. Wie eine Grille, die sich weigert, einen Baumeister anzuerkennen, weigert er sich, seinen Schöpfer anzuerkennen.

* Anm. d. Übers.: Nach Paul Revere, einem Volkshelden der amerikanischen Revolution, dessen dramatischer Ritt in der Nacht des 18. April 1775 die Einwohner Bostons vor dem Eintreffen der Briten warnte.

Der Hedonist beschließt, so zu leben, als gäbe es überhaupt keinen Schöpfer. Paulus nennt dies wiederum *Gottlosigkeit.* Er schrieb: »Die Menschen nahmen es mit dem Erkennen Gottes nicht ernst« (Röm 1,28).

Was geschieht, wenn eine Gesellschaft die Welt mit den Augen einer Grille sieht? Was geschieht, wenn eine Kultur sich mit Grashütten anstelle des Schlosses ihres Vaters begnügt? Hat die gottlose Jagd nach Genuss irgendwelche Folgen? Kostet das Leben für das Hier und Jetzt seinen Preis?

Der Hedonist sagt: »Wen kümmert es? Ich bin vielleicht schlecht. Na und? Was ich tue, ist meine Sache.« Die Befriedigung seiner Leidenschaften ist ihm wichtiger, als seinen Vater zu kennen. Er ist so sehr auf Genuss aus, dass er keine Zeit und keinen Raum für Gott hat.

Hat er Recht? Müssen wir denn Tag und Nacht den Blick auf Gott heften und uns befleißigen, seinen Ansprüchen zu genügen?

»Ganz und gar nicht!«, sagt Paulus.

Nach Römer 1 verlieren wir mehr als bunte Kirchenfenster, wenn wir Gott als erledigt betrachten. Wir verlieren unsere Maßstäbe, den Sinn unseres Lebens und den Gegenstand unserer Anbetung. »[Sie] sind dem Nichtigen verfallen in ihren Gedanken, und ihr unverständiges Herz ist verfinstert. Da sie sich für Weise hielten, sind sie zu Narren geworden« (Röm 1,21-22).

1. Wir verlieren unsere Maßstäbe

Als ich neun Jahre alt war, bewunderte ich das Modellflugzeug eines Freundes. Er antwortete kurz und bündig: »Ich habe es gestohlen.« Er konnte meine Verblüffung sehen, weil er fragte: »Glaubst du, dass es unrecht war?«

Als ich nickte, antwortete er einfach: »Vielleicht ist es für dich unrecht, nicht aber für mich. Ich habe niemandem weh getan, als ich das Flugzeug stahl. Ich kenne den Besitzer. Er ist reich. Ich nicht. Er kann sich ein Flugzeug leisten. Ich nicht.«

Was kann man darauf antworten? Wenn Sie nicht an ein Leben »jenseits der Dachbalken« glauben, haben Sie wenig zu sagen. Wenn es *hinter* der Welt kein höchstes Gutes gibt, wie definieren wir dann das »Gute« *in* der Welt? Wenn Gut und Böse von der Meinung der Mehrheit bestimmt werden, was geschieht, wenn die Mehrheit Unrecht hat? Was tun Sie, wenn die Mehrheit der Jugendlichen einer Gruppe sagt, dass es in Ordnung ist, zu stehlen, zu rauben oder gar aus fahrenden Autos heraus zu schießen?

Die Welt des Hedonisten ohne absolute sittliche Maßstäbe sieht auf dem Papier recht faszinierend aus und klingt großartig in der Philosophievorlesung an der Universität. Aber im Leben? Fragen Sie den Vater von drei Kindern, dessen Frau ihn mit den Worten verließ: »Eine Ehescheidung ist vielleicht für dich unrecht, aber für mich ist sie in Ordnung.« Oder was denkt das Mädchen, das schwanger ist und Angst hat und von ihrem Freund zu hören bekommt: »Wenn du das Baby bekommst, übernimmst du die Verantwortung.« Oder fragen Sie die alten Leute, denen ein Hausierer die Rente entreißt, weil er glaubt, dass alles in Ordnung ist, solange man sich nicht erwischen lässt.

Wenn man dagegen an Gott glaubt, hat man dem kleinen Dieb aus meiner Kindheit etwas zu sagen. Der Glaube fordert Menschen mit einem Grillengehirn heraus, einem höheren Maßstab als der persönlichen Meinung zu genügen: »Du denkst vielleicht, dass es recht ist. Die Gesellschaft denkt vielleicht, dass es in Ordnung ist. Aber Gott, der dich schuf, hat gesagt: ›Du sollst nicht stehlen‹ – und er meinte es ernst.«

Nebenbei gesagt, verfolgen Sie doch einmal gottloses Denken bis zu seinen logischen Folgen und schauen, wohin es führt. Was geschieht, wenn eine Gesellschaft die Bedeutung von Recht und Unrecht abstreitet? Lesen Sie die Antwort an einer Gefängnismauer in Polen: »Ich habe Deutschland von den dummen und entwürdigenden Irrtümern des Gewissens und der Sittlichkeit befreit.«[1]

Wer hat sich so gerühmt? Adolf Hitler. Wo stehen die Worte? In einem Vernichtungslager der Nazis. Die Besucher lesen die Behauptung und sehen das Ergebnis: ein Zimmer, voll gestopft mit mehreren tausend Kilo Frauenhaar, Zimmer voller Bilder von kastrierten Kindern, Gasöfen, die Hitlers Endlösung dienten. Paulus beschreibt es treffend: »Ihr unverständiges Herz ist verfinstert« (Röm 1,21).

Na, na, Max, jetzt gehst du aber zu weit. Ist es nicht übertrieben zu behaupten, dass das, was als gestohlenes Modellflugzeug begann, zu einem Holocaust führt?

Meistens kommt es nicht so weit. Aber es könnte dazu führen, und womit kann es verhindert werden? Welchen Deich hat der Denker, der Gott leugnet, um der Flut Einhalt zu gebieten? Welchen Anker benutzt der Freidenker, um zu verhindern, dass die Gesellschaft ins offene Meer hinaus gezogen wird? Wenn eine Gesellschaft Gott aus der menschlichen Gleichung streicht, welche Sandsäcke setzt sie dann der anschwellenden Flut der Barbarei und des Hedonismus entgegen?

Es ist, wie Dostojewski sagte: »Wenn Gott tot ist, ist alles erlaubt.«

2. Wir verlieren den Sinn unseres Lebens

Das folgende Gespräch fand zwischen einem Kanarienvogel in einem Käfig und einer Lerche auf der Fensterbank statt. Die Lerche schaute zum Kanarienvogel herein und fragte: »Was ist dein Ziel?«

»Mein Ziel ist es, Körner zu essen.«

»Wozu?«

»Damit ich stark werde.«

»Wozu?«

»Damit ich singen kann«, antwortete der Kanarienvogel.

»Wozu?«, fuhr die Lerche fort.

»Wenn ich singe, bekomme ich mehr Körner.«

»Du isst also, um stark zu sein, damit du singen kannst, damit du mehr Körner bekommst, damit du essen kannst?«

»Ja.«

»Du bist für mehr bestimmt«, erwiderte die Lerche. »Wenn du mir folgst, helfe ich dir, es zu finden, aber du musst deinen Käfig verlassen.«

Es ist schwierig, hinter Gittern einen Sinn zu finden. Aber wir können es doch versuchen. Suchen Sie tief im Herzen der Menschen, dann finden Sie etwas: ein Verlangen nach Sinn, ein Streben nach Ziel und Zweck. So gewiss wie ein Kind atmet, wird es sich eines Tages fragen: »Was ist der Sinn meines Lebens?«

Manche suchen nach dem Sinn des Lebens in einer Karriere. »Mein höchstes Ziel ist es, Zahnarzt zu werden.« Ein anerkennenswerter Beruf, aber wohl kaum eine Daseinsberechtigung. Für diese Menschen ist »tun« wichtiger als »sein«. Sie sind, was sie tun; folglich tun sie eine Menge. Sie arbeiten viele Stunden, denn wenn sie nicht arbeiten, haben sie keine Identität.

Für andere gilt: Ich bin, was ich habe. Sie finden den Sinn in einem neuen Auto, einem neuen Haus oder neuen Kleidern. Diese Menschen sind hervorragend für die Wirtschaft, strapazieren aber ihren Geldbeutel, weil sie ständig auf der Suche nach dem Sinn in Gegenständen sind, die sie besitzen.

Wieder andere suchen nach dem Sinn in ihrem Nachwuchs. Sie leben stellvertretend durch ihre Kinder. Bedauernswerte Kinder. Es ist schon schwer genug, als Jugendlicher zu leben, ohne auch noch der Lebenszweck eines anderen zu sein.

Manche versuchen es mit Sport, Unterhaltung, Kultgemeinschaften, Sex und so weiter.

Nichts als Luftspiegelungen in der Wüste des Sinns. »Da sie sich für Weise hielten, sind sie zu Narren geworden« (Röm 1,22).

Sollten wir nicht der Wahrheit ins Auge sehen? Wenn wir Gott nicht anerkennen, sind wir Treibgut im All. Im besten Fall sind wir weiterentwickelte Tiere, im schlimmsten Fall angeordneter Staub im Weltall. Letzten Endes haben Freidenker nur eine Antwort auf die Frage: »Was ist der Sinn des Lebens?« Ihre Antwort? »Wir wissen es nicht.«

Oder wie der Paläontologe Stephen J. Gould folgerte:

> »Wir existieren, weil eine sonderbare Gruppe von Fischen eine eigenartige Flossenanatomie hatte, die sich in Beine für Landlebewesen umbilden konnte; weil die Erde während der Eiszeit nie vollständig zufror; weil es einer kleinen, unbedeu-

> tenden Spezies, die vor einer viertel Million Jahren in Afrika entstand, bis heute gelang, auf Biegen und Brechen zu überleben. Wir sehnen uns vielleicht nach einer ›*höheren*‹ *Antwort – aber es gibt keine.*«[2]

Der Sinn des Menschen ist auf dem Altar der Gottlosigkeit geopfert.

Vergleichen Sie es mit Gottes Bild vom Leben: »Denn wir sind sein Werk, geschaffen in Christus Jesus zu guten Werken, die Gott zuvor bereitet hat, dass wir darin wandeln sollen« (Eph 2,10).

Mit Gott sind Sie kein Zufall oder Zwischenfall; Sie sind ein Geschenk für die Welt, ein göttliches Kunstwerk, von Gott signiert.

Eines der schönsten Geschenke, die ich jemals erhalten habe, ist ein Fußball, auf dem dreißig ehemalige Stürmer unterschrieben hatten. An diesem Ball ist nichts Einzigartiges. So weit ich weiß, wurde er in der Sportabteilung eines Discountladens gekauft. Einzigartig wurde er erst durch die Unterschriften.

Das Gleiche gilt auch für uns. Im Plan der Natur ist *Homo sapiens* nicht einzigartig. Wir sind nicht die einzigen Lebewesen mit Fleisch und Haaren und Blut und einem Herzen. Was uns besonders macht, ist nicht unser Körper, sondern die Unterschrift Gottes auf unserem Leben. Wir sind seine Kunstwerke. Wir sind nach seinem Bild geschaffen, um gute Werke zu tun. Wir sind bedeutend, nicht auf Grund unserer Taten, sondern auf Grund unseres Eigentümers.

3. Wir verlieren den Gegenstand unserer Anbetung

Kennen Sie die Geschichte von dem Mann, der seine Schlüssel unter der Straßenlampe sucht? Sein Freund sieht ihn und hilft ihm suchen. Nach einigen Minuten fragt er: »Wo genau hast du deine Schlüssel fallen lassen?«

»In meinem Haus«, antwortet der Mann.

»In deinem Haus? Warum suchen wir dann hier draußen?«

»Weil hier draußen das Licht besser ist.«

Sie werden nie finden, was Sie brauchen, wenn Sie nicht am richtigen Ort suchen. Wenn Sie nach Schlüsseln suchen, suchen Sie da, wo Sie sie verloren haben. Wenn Sie nach Wahrheit und Sinn suchen, dann schauen Sie über die Dachbalken hinaus. Und wenn Sie nach Heiligem suchen, werden Sie es nicht finden, wenn Sie wie eine Grille denken.

»Sie tauschten die Wahrheit über Gott gegen eine Lüge. Sie verehrten, was Gott gemacht hat, statt ihm selbst zu dienen« (Röm 1,21).

Kehren wir für einen Augenblick zu den Grillen zurück. Nehmen wir an, diese Grillen sind recht hoch entwickelt und geben sich oft mit der philosophischen Frage ab: »Gibt es Leben jenseits der Dachbalken?«

Einige Grillen glauben, ja. Es muss einen Schöpfer dieses Ortes geben. Wie sonst würden die Lichter angehen? Wie sonst würde Luft durch die Öffnungen geblasen? Wie sonst würde Musik den Raum erfüllen? Aus Staunen über das, was sie sehen, verehren sie das, was sie nicht sehen können.

Aber andere Grillen sind damit nicht einverstanden. Bei ihren Forschungen haben sie herausgefunden, dass die Lichter aufgrund des elektrischen Stroms angehen. Die Luft wird durch die Klimaanlage hereingeblasen, und die Musik kommt aus einer Stereoanlage mit Lautsprechern. »Es gibt kein Leben jenseits dieses Raumes«, erklären sie. »Wir haben erkannt, wie alles funktioniert.«

Würden wir die Grillen damit durchkommen lassen? Natürlich nicht! »Ihr versteht vielleicht das System«, würden wir ihnen sagen, »aber dadurch wird noch lange nicht die Existenz einer Person außerhalb des Systems widerlegt. Wer hat es schließlich erbaut? Wer hat die Schalter angebracht? Wer entwarf das Gebläse und wer baute den Generator?

Aber machen wir nicht den gleichen Fehler? Wir verstehen, wie Stürme entstehen. Wir stellen Sonnensysteme kartographisch dar und transplantieren Herzen. Wir messen die Tiefen der Ozeane und senden Signale zu fernen Planeten. Wir Grillen haben das System erforscht und lernen, wie es funktioniert.

Und für einige ging mit dem Schleier des Geheimnisses auch die Herrlichkeit Gottes verloren. Je mehr wir wissen, umso weniger glauben wir. Seltsam, oder? Das Wissen um das Funktionieren sollte eigentlich Wunder nicht abstreiten. Das Wissen sollte auf Wunder hinweisen. Wer hat mehr Grund anzubeten als der Astronom, der die Sterne sah? Als der Chirurg, der ein Herz in der Hand hielt? Als der Ozeanograph, der die Tiefen des Meeres erforschte? Je mehr wir wissen, umso erstaunter müssten wir sein.

Es ist widersinnig, aber je mehr wir wissen, umso weniger beten wir an. Wir sind von unserer Entdeckung des Lichtschalters mehr beeindruckt als von dem, der die Elektrizität erfunden hat. Nennen wir es Grillenhirn-Logik. Anstatt den Schöpfer anzubeten, beten wir die Schöpfung an (siehe Röm 1,25).

Eine der beliebtesten Attraktionen von Disney World ist die Dschungelkreuzfahrt. Die Leute warten eine Dreiviertelstunde in der Hitze Floridas, damit sie das Boot besteigen und auf engen Flusswindungen durch die von Schlangen wimmelnden Wälder fahren können. Sie kommen wegen der Spannung, der Erregung. Man weiß nie, wann ein Eingeborener hinter einem Baum hervorspringt oder ein Krokodil aus dem Wasser auftaucht. Die Wasserfälle durchnässen sie bis auf die Haut, der Regenbogen erweckt Gefühle in ihnen, und sie amüsieren sich über die Elefantenbabys, die im Wasser spielen.

Es ist eine beeindruckende Reise – die ersten paar Male. Aber nach vier oder fünf Fahrten den Fluss hinunter verliert sie allmählich an Reiz. Ich muss es wissen. In den drei Jahren, in denen ich in Florida wohnte, war ich fast zwanzigmal in Orlando. Ich war ledig und Besitzer eines Wohnmobils und ließ mich von allen überreden, die einen Tag im Magic Kingdom verbringen wollten. Nach der achten oder neunten Fahrt kannte ich die Namen der Führer und die Witze, die sie erzählten, auswendig.

Ein paar Mal döste ich tatsächlich während der Fahrt ein. Die Tour hatte ihre Geheimnisse verloren. Haben Sie sich jemals gefragt, warum die Leute den Sonntagmorgen zum Schlafen benutzen (entweder im Bett oder in der Kirche)? Jetzt wissen Sie es. Sie haben schon alles gesehen. Warum sich begeistern? Sie kennen schon alles. Es gibt nichts Heiliges mehr. Das Heilige ist langweilig geworden. Wir stürmen nicht ins Leben wie Kinder in den Park, sondern verdösen unsere Tage wie Pendler in einem Zug.

Verstehen Sie, warum Menschen in »Unreinheit« leben, »so dass ihre Leiber durch sie selbst geschändet werden«? (Röm 1,24). Von irgendwoher muss man ja Erregung bekommen.

Nach Römer 1 ist Gottlosigkeit ein schlechter Tausch. Indem er für das Heute lebt, zerstört der Hütten bauende Hedonist seine Hoffnung, morgen in einem Schloss leben zu können.

Was für die Zeit des Apostels Paulus galt, gilt auch für uns, und wir wären gut beraten, seine Warnungen nicht in den Wind zu schlagen. Was kann uns sonst vor einer Selbstzerstörung schützen? Wenn wir in diesem Leben keine Maßstäbe haben, wenn wir in diesem Leben keinen Sinn und nichts Heiliges finden, was hält uns dann davon ab, alles zu tun, was wir wollen?

»Nichts«, sagte eine Grille zur anderen.

Was hält Gott von einer solchen Lebensanschauung? Ich gebe Ihnen einen Wink. Wie würden Sie sich vorkommen, wenn Sie sehen, dass Ihre Kinder sich mit Krümeln zufrieden geben, während Sie ihnen ein Festessen bereitet haben?

4

Gottloses Richten

Römer 2,1–11

Darum, o Mensch, kannst du dich nicht entschuldigen, wer du auch bist, der du richtest. Denn worin du den andern richtest, verdammst du dich selbst, weil du ebendasselbe tust, was du richtest. Römer 2,1

Wissen Sie, was mich am meisten an Jeffrey Dahmer stört?

Was mich am meisten stört, sind nicht seine Taten, obwohl sie grauenhaft sind. Dahmer wurde wegen siebzehn Morden verurteilt. In seiner Wohnung fand man elf Leichen. Er schnitt die Arme ab. Er aß Körperteile. In meinem Thesaurus stehen 204 Synonyme für *abscheulich*, aber keines wird der Beschreibung eines Mannes gerecht, der in seinem Kühlschrank Schädel aufbewahrte und menschliche Herzen sammelte. Er hat die Grenzen der Brutalität neu festgelegt. Das Ungeheuer aus Milwaukee fiel unter die unterste Stufe menschlichen Verhaltens. Aber das ist nicht, was mich am meisten stört.

Darf ich Ihnen sagen, was mich am meisten an Jeffrey Dahmer stört? Nicht sein Prozess, wie beängstigend er auch war, mit all den Bildern von ihm, wie er ruhig und gelassen im Gerichtssaal saß, das Gesicht teilnahmslos, regungslos. Kein Anzeichen von Gewissensbissen, kein Hinweis auf Reue. Aber ich spreche nicht wegen seines Prozesses von ihm. Es gibt einen anderen Grund. Kann ich Ihnen sagen, was mich wirklich an Jeffrey Dahmer stört?

Nicht seine Strafe, obwohl lebenslängliche Haft ohne Bewährung kaum eine Vergeltung für seine Taten sein kann. Wie viele

Jahre würden gerecht sein? Ein Leben lang im Gefängnis für jedes Leben, das er mordete? Aber das ist etwas anderes – und es ist nicht das, was mich am meisten an Jeffrey Dahmer stört. Darf ich es Ihnen sagen?

Es ist seine Bekehrung.

Einige Monate bevor ein Mitgefangener ihn umbrachte, wurde Jeffrey Dahmer Christ. Er sagte, dass er Reue empfand, dass er seine Taten zutiefst bedauerte. Er sagte, dass er an Christus glaubte. Er wurde getauft, begann sein Leben neu. Er begann, christliche Bücher zu lesen und den Gottesdienst zu besuchen.

Seine Sünden wurden hinweggewaschen, seine Seele gereinigt, die Vergangenheit vergeben.

Das stört mich. Es dürfte mich nicht stören, tut es aber trotzdem. Gnade für einen Menschenfresser!?

Vielleicht haben Sie dieselben Vorbehalte. Wenn nicht über Dahmer, dann vielleicht über jemand anderen. Haben Sie jemals mit der Bekehrung eines Vergewaltigers oder eines Kinderschänders auf dem Sterbebett gerungen? Wir haben sie verurteilt, vielleicht nicht im Gerichtssaal, aber in unserem Herzen. Wir haben sie hinter Gitter gesteckt und die Tür verriegelt. Sie bleiben für immer im Gefängnis unserer Abscheu eingesperrt. Und dann geschieht das Unmögliche. Sie tun Buße.

Unsere Reaktion? (Wagen wir es zu sagen?) Wir verschränken die Arme, ziehen die Augenbrauen hoch und sagen: »Gott lässt dich nicht so glimpflich davonkommen. Nicht nach allem, was du getan hast. Gott ist gütig, aber er ist kein Trottel. Die Gnade gilt für Durchschnittssünder wie mich, aber nicht für Leute wie dich.«

Als Beweis können wir Römer 1 anführen: *»Denn Gottes Zorn wird vom Himmel her offenbart über …«* Und dann listet Paulus alles auf: sexuelle Sünden, Schlechtigkeit, Selbstsucht, Hass, Eifersucht, Mord (siehe 1,26-30). Wir würden am liebsten rufen: »Geh, zeig es ihnen, Paulus! Es wird Zeit, dass jemand klar und deutlich gegen Sünde spricht! Es ist höchste Zeit, dass jemand Ehebruch anprangert und Unehrlichkeit aufzeigt. Bringe diese verderbten Menschen zur Strecke. Schnapp dir diese schamlosen Typen.

Wir stimmen dir zu, Paulus! Wir anständigen, gesetzestreuen Leute sind auf deiner Seite!«

Welche Antwort gibt Paulus?

»Urteilst du über andere Menschen? Dafür gibt es keine Entschuldigung, gleichgültig wer du bist. Wenn du über andere richtest, aber selbst genauso handelst, verurteilst du dich selbst« (Röm 2,1).

Nicht wir sitzen auf dem Richterstuhl

In Römer 1 tritt Paulus den Hedonisten gegenüber. Im zweiten Kapitel befasst er sich mit einer anderen Gruppe: den richtenden Moralisten (siehe Röm 2,1). Irgendwo unter diesen Anständigen und Frommen ist einer, der mit dem Finger auf andere zeigt.

»Darum, o Mensch, kannst du dich nicht entschuldigen, wer du auch bist, der du richtest. Denn worin du den andern richtest, verdammst du dich selbst, weil du ebendasselbe tust, was du richtest« (2,1).

Wer ist dieser Mensch? Es kann irgendeiner sein (»o Mensch, … wer du auch bist«), der die Gnade Gottes durch seine eigene Meinung filtert. Einer, der Gottes Barmherzigkeit mit seinen eigenen Vorurteilen verwässert. Er ist der ältere Bruder des verlorenen Sohnes, der nicht zu dem Fest gehen wollte (siehe Lk 15,11-32). Er ist der Arbeiter, der zehn Stunden lang geschuftet hat und außer Fassung gerät, weil der Mann, der nur eine Stunde gearbeitet hat, den gleichen Lohn erhält (siehe Mt 20,1-16). Er ist der tadelsüchtige Bruder, der die Sünden seines Bruders genau verfolgt, seinen Eigenen gegenüber aber blind ist.

Wenn Sie andere »richten« (Röm 2,1), richtet Paulus eine ernste Mahnung an Sie: Es ist nicht Ihre Aufgabe, Richter zu spielen. »Wir wissen aber, dass Gottes Urteil recht ist über die, die solches tun« (V. 2).

Das Schlüsselwort hier ist *Urteil.* Es ist eine Sache, eine Meinung zu haben. Es ist etwas ganz anderes, ein Urteil zu sprechen. Es ist eine Sache, eine Überzeugung zu haben; es ist etwas ganz anderes, jemanden schuldig zu sprechen. Es ist eine Sache, von den Taten Jeffrey Dahmers angewidert zu sein (ich bin es). Es ist etwas völlig anderes, zu behaupten, dass ich besser bin (ich bin es nicht) oder dass die Gnade Gottes ihn nicht erreicht (sie erreicht jeden).

Es ist, wie John Stott schrieb: »Dieser [Vers] ist kein Aufruf dazu, entweder unsere Kritikfähigkeit auszusetzen oder auf alle Kritik und auf jede Missbilligung des Unrechts anderer zu verzichten; es ist vielmehr ein Verbot, über andere Menschen ein Urteil zu sprechen, sie zu verurteilen (wozu wir als Menschen kein Recht haben), besonders, wenn wir uns selbst nicht verurteilen.«[1]

Es ist unser Auftrag, die Sünde zu hassen. Aber es ist Gottes Angelegenheit, sich mit dem Sünder auseinander zu setzen. Gott hat uns aufgefordert, das Böse zu verachten, aber er hat uns nie dazu aufgefordert, den Übeltäter zu verachten.

Doch wie gerne würden wir das tun! Gibt es etwas Herrlicheres, als andere zu richten? Es tut dem Ich gut, und es ist ja so befriedigend, die Richterrobe anzulegen, sich auf den Richterstuhl zu setzen und das Urteil zu verkünden. »Schuldig!«

Andere zu richten ist außerdem die schnelle und bequeme Art, sich selbst gut vorzukommen, eine unkomplizierte Förderung unseres Egos. Wir stellen uns neben all die Mussolinis und Hitlers und Dahmers der Welt und prahlen: »Schau, lieber Gott, verglichen mit ihnen schneide ich gar nicht so schlecht ab.«

Aber hier liegt das Problem. Gott vergleicht uns nicht mit ihnen. Sie sind nicht der Maßstab. Der Maßstab ist Gott. Und im Vergleich zu ihm schließt Paulus: »Da ist keiner, der Gutes tut, auch nicht einer« (Röm 3,12). Das ist in der Tat einer von zwei Gründen, weshalb Gott der Eine ist, der richtet.

Grund Nr. 1: Wir sind nicht gut genug

Nehmen wir an, Gott würde die Sache vereinfachen und die Bibel auf ein Gebot beschränken: »Du sollst so hoch in die Luft springen, dass du den Mond berühren kannst.« Es ist nicht nötig, seinen Nächsten zu lieben oder zu beten oder Jesus nachzufolgen; man braucht nur mittels eines Sprunges den Mond zu berühren und man wird gerettet.

Wir werden es nie schaffen. Vielleicht gibt es ein paar, die einen Meter oder etwas höher springen, noch weniger, die einen Meter fünfzig oder einen Meter achtzig hoch springen; aber verglichen zu dem Abstand, den wir zu überwinden haben, kommt keiner sehr weit. Auch wenn Sie fünfzehn Zentimeter höher springen als ich, haben Sie kaum Grund, stolz zu sein.

Nun, Gott hat uns nicht dazu aufgefordert, den Mond zu berühren, aber er hätte es genauso gut tun können. Er sagte: »Darum sollt ihr vollkommen sein, wie euer Vater im Himmel vollkommen ist« (Mt 5,48). Keiner von uns kann Gottes Maßstab genügen. Folglich verdient es keiner von uns, die Robe anzulegen und auf dem Richterstuhl zu sitzen und andere zu verurteilen. Warum? Wir sind nicht gut genug. Dahmer springt vielleicht fünfzehn Zentimeter, und Sie springen einen Meter achtzig, aber wer kann auf sich stolz sein, wenn man an die über 400 000 Kilometer denkt, die uns vom Ziel trennen?

Der Gedanke ist fast belustigend. Wir, die wir neunzig Zentimeter hoch springen, schauen auf den, der drei Zentimeter hoch springt, herab und sagen: »Welch kläglicher Sprung.« Warum lassen wir uns auf solche Beschuldigungen ein? Es ist eine List. Solange ich über ihre Schwächen nachdenke, brauche ich nicht an meine zu denken. Solange ich auf ihren jämmerlichen Sprung schaue, brauche ich über meinen nicht ehrlich zu sein. Ich bin wie der Mann, dem eine Schildkröte auf dem Kopf saß und der zum Psychiater ging und sagte: »Ich muss mit Ihnen über meinen Bruder sprechen.«

Es handelt sich dabei um die allgemeine Strategie der Straflosigkeit. Sogar Kinder benutzen sie. *Wenn Papa sich über meinen Bruder mehr ärgert als über mich, dann komme ich ungestraft davon.* Also beschuldige ich. Ich vergleiche. Anstatt meine eigenen Fehler zuzugeben, finde ich Fehler an anderen. Die einfachste Möglichkeit, Fehler in meinem Haus zu rechtfertigen, ist es, schlimmere Fehler im Haus meines Nachbarn zu finden.

Mit solchen Finten kommen Sie bei Gott nicht weit. Lesen Sie sorgfältig, was Paulus schreibt.

»Wir wissen aber, dass Gottes Urteil recht ist über die, die solches tun. Denkst du aber, o Mensch, der du die richtest, die solches tun, und tust auch dasselbe, dass du dem Urteil Gottes entrinnen wirst? Oder verachtest du den Reichtum seiner Güte, Geduld und Langmut? Weißt du nicht, dass dich Gottes Güte zur Buße leitet?« (Röm 2,2-4).

Wir sind nicht gut genug, um richten zu können. Können die Hungrigen den Bettler beschuldigen? Können Kränkelnde sich über Kranke lustig machen? Können Blinde Taube richten? Kann der Sünder den Sünder verurteilen? Nein. Nur Einer kann richten, und dieser Eine ist weder der Verfasser noch ein Leser dieses Buches.

Grund Nr. 2: Wir wissen nicht genug

Wir sind nicht nur unwürdig sondern auch untauglich. Wir wissen nicht genug über einen Menschen, um ihn richten zu können. Wir wissen nicht genug über seine Vergangenheit. Wir verurteilen einen Mann dafür, dass er heute strauchelt, aber wir sehen die Schläge nicht, die er gestern einsteckte. Wir richten eine Frau, weil sie hinkt, können aber den Nagel in ihrem Schuh nicht erkennen. Wir machen uns über die Angst in ihren Augen lustig, haben aber keine Ahnung, vor wie vielen Steinen sie sich geduckt hat oder wie vielen Pfeilen sie ausgewichen ist.

Sind Sie zu laut? Vielleicht kommen Sie sich wieder hintangesetzt vor. Sind Sie zu schüchtern? Vielleicht haben Sie Angst, wieder zu versagen. Zu langsam? Vielleicht sind Sie das letzte Mal, als Sie sich beeilten, gefallen. Wir wissen es nicht. Nur einer, der gestern ihren Schritten gefolgt ist, kann ihr Richter sein.

Wir wissen nichts über die Vergangenheit, und wir kennen auch die Zukunft nicht. Wagen wir es, ein Buch zu beurteilen, dessen Kapitel noch nicht alle geschrieben sind? Können wir ein Urteil über ein Gemälde abgeben, solange der Maler noch den Pinsel in der Hand hält? Wie können wir eine Seele abschreiben, bevor Gottes Werk beendet ist? »... [Gott], der in euch angefangen hat das gute Werk, der wird's auch vollenden bis an den Tag Christi Jesu« (Phil 1,6).

Nehmen Sie sich in Acht! Der Petrus, der heute am Feuer Jesus verleugnet, kann ihn am morgigen Pfingsttag mit Feuer verkündigen. Der Simson, der heute blind und schwach ist, benutzt vielleicht seine letzte Kraft, um die Säulen der Gottlosigkeit zu Boden zu schlagen. Ein stotternder Schafhirte in dieser Generation kann in der nächsten zum mächtigen Mose werden. Nennen Sie Noah keinen Dummkopf, denn Sie müssen ihn vielleicht einmal um eine Mitfahrgelegenheit bitten. »Darum richtet nicht vor der Zeit, bis der Herr kommt« (1. Kor 4,5).

Ein zum Tode verurteilter Verbrecher wurde hingerichtet. In seinen letzten Atemzügen bat er um Barmherzigkeit. Hätte er das Volk um Barmherzigkeit gebeten, wäre sie ihm abgeschlagen worden. Hätte er die Regierung darum gebeten, wäre es abgelehnt worden. Hätte er seine Opfer darum gebeten, wären seine Bitten auf taube Ohren gestoßen. Aber an all diese wandte er sich nicht. Stattdessen wandte er sich an dic blutüberströmte Gestalt, die an dem Kreuz neben ihm hing, und bat inständig: »Jesus, gedenke an mich, wenn du in dein Reich kommst.« Und Jesus antwortete ihm: »Wahrlich, ich sage dir: Heute wirst du mit mir im Paradies sein« (Lk 23,42-43).

Soweit wir wissen, tat Jeffrey Dahmer das Gleiche. Und soweit wir wissen, bekam Jeffrey Dahmer die gleiche Antwort. Und wenn Sie es recht überlegen, unterscheidet sich Dahmers Bitte nicht von Ihrer oder meiner. Er spricht sie vielleicht in einer Gefängniszelle aus und Sie in einer Kirchenbank, aber vom Himmel her gesehen bitten wir alle um den Mond.

Und durch Gottes Gnade erhalten wir ihn alle.

5

Religion ohne Gott

Römer 2,17– 3,18

Wenn du dich aber Jude nennst und verlässt dich aufs Gesetz und rühmst dich Gottes ... [denkst du] ein Erzieher der Unverständigen, ein Lehrer der Unmündigen [zu sein], weil du im Gesetz die Richtschnur der Erkenntnis und Wahrheit hast – : Du lehrst nun andere, und lehrst dich selber nicht? Römer 2,17.20-21

Nehmen wir an, ich lade Sie zum Segeln ein.

»Ich wusste nicht, dass Sie segeln können«, werfen Sie ein.

»Aber hundertprozentig kann ich das«, antworte ich.

»Erzählen Sie mir, wo Sie das Segeln gelernt haben?«

Ich lächle selbstbewusst und ziehe ein vergilbtes Foto aus der Tasche. Darauf erkennt man einen Matrosen, der am Bug eines Schoners steht. »Das ist mein Urgroßvater. Er umsegelte das Kap Horn. Segeln liegt mir im Blut. Ich habe Salzwasser in den Adern.«

»Ihr Urgroßvater hat Ihnen das Segeln beigebracht?«

»Natürlich nicht. Er war schon tot, als ich geboren wurde.«

»Wer hat Ihnen dann das Segeln beigebracht?«

Ich ziehe ein in Leder gebundenes Buch hervor und schneide auf: »Ich habe das Handbuch gelesen.«

»Sie haben ein Buch über Segeln gelesen?«

»Mehr als das. Ich habe in der Volkshochschule einen Kurs belegt. Ich kann Ihnen den Unterschied zwischen Vorderschiff und Achterschiff erklären, und ich kann Ihnen den Bug und das Heck zeigen. Ich kann Knoten knüpfen. Sie sollten einmal sehen, wie ich einen Mast hisse.«

»Sie meinen ein Segel hissen?«

»Egal. Wir machten sogar eine Lehrfahrt, und ich lernte einen echten Kapitän kennen. Ich schüttelte seine Hand! Also, wollen Sie segeln?«

»Ehrlich, Max. Ich glaube nicht, dass Sie segeln können.«

»Wollen Sie einen Beweis? Einen *echten* Beweis? Schauen Sie, mein Freund, ich habe eine Original-Tätowierung.« Ich rolle meinen Ärmel hoch, und zum Vorschein kommt eine Meerjungfrau, die auf einem Anker sitzt. »Schau mal, wie sie springt, wenn ich den Arm beuge.«

Sie sind nicht beeindruckt. »Ist das der ganze Beweis, den Sie haben?«

»Was brauche ich sonst noch? Ich habe die Ahnentafel. Ich habe das Buch. Und ich habe die Tätowierung. Alle an Bord!«

Sehr wahrscheinlich werden Sie an Land bleiben. Sogar eine Landratte weiß, dass zur Seetüchtigkeit mehr gehört als ein Stammbaum, ein Abendkurs und eine Haut voller Tintenflecken. Sie würden einem wie mir nicht das Boot anvertrauen, in dem Sie sitzen, und Paulus würde einem wie mir nicht die Leitung der Kirche anvertrauen.

Anscheinend haben es einige versucht. Sie fuhren allerdings nicht zur See, sondern gingen in die Kirche. Ihre Vorfahren dienten nicht auf einem Schiff sondern in der Kirchenbank. Sie besaßen kein Buch über Schiffe sondern ein Buch, das sie Thora nannten. Und das Wichtigste, sie waren tätowiert: Sie waren beschnitten. Und sie waren stolz; stolz auf ihre Abstammung, ihr Gesetz und ihre Aufnahmefeierlichkeiten.

Ich hege den Verdacht, dass diese Menschen auch stolz auf den Brief des Apostels waren. Stellen Sie sich die Gemeinde vor, wie sie der Lesung dieser Epistel lauschte. Die Juden auf der einen Seite, die Nichtjuden auf der anderen. Können Sie vor Ihrem inneren Auge sehen, wie die Juden strahlten? Paulus spricht klar und deutlich gegen die gottlosen Menschen, die das Gesetz nicht halten, und sie nicken zustimmend. Paulus warnt vor dem Zorn

Gottes gegen die hedonistischen Hüttenbauer, und sie lächeln. Und als Paulus, ihr jüdischer Mitbruder, über die Schlechtigkeit der Ungläubigen herzieht, rufen sie im Chor: »Amen! Paulus. Predige es!«

Aber dann überrascht sie Paulus. Er zeigt mit dem Finger auf ihre vor Stolz geschwellte Brust und fragt: »Wie steht es nun mit dir? Du nennst dich Jude. Du verlässt dich darauf, dass du das Gesetz hast, und prahlst mit deinem besonderen Verhältnis zu Gott. Du kennst den Willen Gottes. Aus dem Gesetz hast du gelernt, das Richtige zu wählen. Du traust dir zu, die Blinden zu führen und die zu erleuchten, die im Dunkeln sind. Du gibst den Unvernünftigen Anweisungen und unterrichtest die jungen Leute. Mit dem Gesetz besitzt du alles Wissen und alle Wahrheit« (Röm 2,17-20).

Bildet euch auf euren Stammbaum nichts ein

Paulus lässt kein Feuerwerk los, er lässt Bomben einschlagen. Genau gesagt sieben Bomben. Sieben zielgesteuerte Verben, die mitten in die starke Betonung der äußerlichen Gesetzesvorschriften hineingeworfen werden. Hören Sie, wie sie explodieren.

»Du *nennst* dich Jude.«

»Du *verlässt* dich darauf, dass du das Gesetz hast, und *prahlst* mit deinem besonderen Verhältnis zu Gott.«

»Du *kennst* den Willen Gottes. Aus dem Gesetz hast du gelernt, das Richtige zu wählen.«

»Du *traust dir zu*, die Blinden zu führen und die zu erleuchten, die im Dunkeln sind.«

»Du *gibst* den Unvernünftigen *Anweisungen* und unterrichtest die jungen Leute.«

»Mit dem Gesetz *besitzt* du alles Wissen und alle Wahrheit.«

Bumm. Bumm. Bumm. Gerade als die Frommen dachten, sie würden gelobt, wurden sie heruntergemacht. Paulus sagt ihnen: »Ihr seid mir vielleicht Juden. Ihr verlasst euch mehr auf das Gesetz als auf den Gesetzgeber und prahlt, dass ihr auf Gott das Monopol habt. Ihr seid davon überzeugt, dass ihr zu den wenigen Auserwählten gehört, die ›wissen‹ (ohne den geringsten Zweifel), was Gott von euch will. Aber das ist nicht alles; ihr denkt auch, dass ihr Gottes Geschenk für die Unvernünftigen und Unwissenden seid. Tatsächlich denkt ihr, dass ihr alles wisst.«

Irgendwie habe ich den Eindruck, Paulus zielte auf die Auszeichnung »Geistlicher des Jahres« ab. Doch Spaß beiseite. Der Apostel Paulus wollte auf den springenden Punkt zu sprechen kommen, und der ist für den religiösen Steineaufschichter eindeutig: »Bilde dir auf deinen Stammbaum nichts ein.« Eine silberne Mesusah im Haus zu haben bedeutet im Himmel nichts. Der Glaube ist etwas sehr Persönliches. In Gottes Reich gibt es keine königliche Ahnentafel oder heilige Blutsverwandtschaft.

Hier muss ich an die Geschichte vom Sohn des Holzfällers denken. Irgendwie war der Junge zu der Überzeugung gelangt, dass im Wald Gespenster hausen. Das störte den Vater, der seinen Lebensunterhalt mit Bäumen verdiente und sich für seinen Sohn dasselbe erhoffte. Um seinen Sohn zu trösten, gab der Vater ihm sein Halstuch und sagte: »Die Gespenster fürchten sich vor mir, mein Sohn. Trage dieses Halstuch, dann fürchten sich die Gespenster vor dir. Das Halstuch macht einen Holzfäller aus dir.«

Und das tat der Sohn. Er trug stolz das Halstuch und sagte allen, die ihm zuhörten, dass er ein Holzfäller war. Jedoch betrat er nie den Wald und fällte keinen einzigen Baum, aber da er das Halstuch seines Vaters trug, hielt er sich für einen Holzfäller.

Die Juden verließen sich auf die Halstücher ihrer Väter. Sie schmückten sich mit den Federn ihres Erbes. Es machte nichts, dass sie Diebe, Ehebrecher und Erpresser waren (siehe Röm 2,21-23); sie hielten sich trotzdem für Gottes kleine Schar von Auserwählten. Warum? Weil sie das Halstuch hatten.

Möglicherweise haben Sie auch ein Halstuch bekommen. Vielleicht biegen sich die Zweige Ihres Stammbaums unter der Last unzähliger Heiliger und Seher. Womöglich wurden Sie in einem Pfarrhaus geboren und saugten Gottes Wort mit der Muttermilch ein. Wenn dem so ist, seien Sie dankbar, aber nicht faul. Verlassen Sie sich lieber auf die Wahrheit als auf das Halstuch.

Möglicherweise haben Sie gar keinen Stammbaum. Ihre Vorfahren erinnern eher an die Insassen des Bezirksgefängnisses als an eine Versammlung von Sonntagsschullehrern. Machen Sie sich in diesem Fall keine Sorgen. Genau wie ein religiöses Erbe keine Pluspunkte bringt, bringt ein weltliches Erbe keine Minuspunkte. Ein Stammbaum kann Sie weder retten noch verdammen; die endgültige Entscheidung liegt in Ihren Händen.

Verlasst euch nicht auf ein Symbol

Nachdem er das Problem mit dem Stammbaum ausdiskutiert hat, kommt Paulus auf das Problem der Tätowierung zu sprechen. Er widmet seine Aufmerksamkeit dem heiligsten Merkmal des Juden: der Beschneidung. Beschneidung war das Symbol für die Nähe, die Gott zu seinem Volk wünschte. Gott setzt das Messer an unserer Selbstzufriedenheit an. Er will Teil unserer Persönlichkeit, unserer Intimsphäre und sogar unserer Potenz werden. Die Beschneidung brachte zum Ausdruck, dass kein Teil unseres Lebens zu privat oder zu persönlich für Gott ist.

Doch anstatt die Beschneidung als Zeichen der Unterordnung zu sehen, betrachteten die Juden sie allmählich als Zeichen von Überlegenheit. Mit der Zeit verließen sie sich mehr auf das Symbol als auf den Vater. Paulus zerschlägt diese Illusion, indem er verkündet: »Denn nicht der ist ein Jude, der es äußerlich ist, auch ist nicht das die Beschneidung, die äußerlich am Fleisch geschieht; sondern der ist ein Jude, der es inwendig verborgen ist, und das ist die Beschneidung des Herzens, die im Geist und nicht im Buchstaben geschieht. Das Lob eines solchen ist nicht von Menschen, sondern von Gott« (Röm 2, 28-29).

Später fragt Paulus: »Nahm Gott Abraham vor oder nach seiner Beschneidung an?« (siehe Röm 4,10). Eine wichtige Frage. Wenn Gott Abraham erst nach seiner Beschneidung annahm, dann wurde Abraham aufgrund seines Verdienstes und nicht kraft seines Glaubens angenommen.

Welche Antwort gibt Paulus? Abraham wurde vor seiner Beschneidung angenommen (V. 10). Abraham wurde von Gott in 1. Mose 15 angenommen und in 1. Mose 17 beschnitten. Zwischen diesen beiden Ereignissen liegen vierzehn Jahre!

Warum wurde Abraham dann beschnitten, wenn er doch schon von Gott angenommen war? Paulus beantwortet diese Frage im nächsten Vers: »Das Zeichen der Beschneidung aber empfing er [Abraham] als Siegel der Gerechtigkeit des Glaubens, den er hatte, als er noch nicht beschnitten war« (V. 11).

Was Paulus hier sagt, ist entscheidend: Die Beschneidung war ein Symbol. Ihr Zweck war es zu zeigen, was Gott schon getan hatte.

Während ich diese Worte schreibe, sehe ich ein großartiges Beispiel. An meiner rechten Hand ist ein Symbol – ein goldener Ring. Obwohl er nicht sehr kunstvoll gearbeitet ist, ist er unbezahlbar. Eine hübsche junge Lehrerin steckte ihn mir am Tag unserer Eheschließung an den Finger. Der Ring ist ein Symbol unserer Liebe, eine Erklärung unserer Liebe, aber er ist nicht die Quelle unserer Liebe.

Wenn wir Schwierigkeiten oder Streit haben, ziehe ich den Ring nicht aus, lege ihn auf ein Piedestal und bete ihn an. Ich reibe nicht an ihm, um Weisheit zu erlangen. Würde ich den Ring verlieren, wäre ich enttäuscht, aber unsere Ehe würde weitergehen. Er ist ein Symbol, mehr nicht.

Nehmen wir an, ich würde versuchen, aus dem Ring mehr zu machen, als er ist. Nehmen wir an, ich würde ein miserabler Ehemann werden, grausam und untreu. Stellen Sie sich vor, ich würde nicht mehr für Denalyns Bedürfnisse aufkommen und mich nicht mehr um unsere Kinder kümmern. Was würde geschehen, wenn sie eines Tages am Ende ihrer Kräfte ist und sagt: »Du bist kein Ehemann für mich. In deinem Herzen ist keine Liebe oder Hingabe. Ich will, dass du gehst.«

Wie würde sie Ihrer Meinung nach wohl reagieren, wenn ich erwidern würde: »Wie kannst du wagen, so etwas zu sagen? Ich trage den Ring, den du mir gegeben hast. Ich habe ihn nie abgelegt. Ich habe dich zwar geschlagen und betrogen, aber ich habe diesen Ring getragen. Ist das nicht genug?«

Wer von Ihnen denkt wohl, eine solche Verteidigung würde sie dazu bewegen, sich zu entschuldigen und zu weinen: »O Max, wie vergesslich von mir. Es war so aufopferungsvoll von dir, diesen Ring all die Jahre hindurch zu tragen. Gewiss hast du mich geschlagen, im Stich gelassen, vernachlässigt, aber ich gehe über all das hinweg, weil du den Ring getragen hast«?

Quatsch. Das würde sie nie sagen. Warum nicht? Weil abgesehen von Liebe der Ring nichts bedeutet. Das Symbol steht für Liebe, aber es kann Liebe nicht ersetzen. Paulus beschuldigt die Juden, sich auf das Symbol der Beschneidung zu verlassen und ihre Seelen zu vernachlässigen. Könnte er uns desselben Fehlers beschuldigen?

Setzen wir ein Symbol aus der heutigen Zeit an die Stelle der Beschneidung, etwa die Taufe oder das Abendmahl oder die Mitgliedschaft in einer Kirche.

»Gott, ich weiß, dass ich nie an dich denke. Ich weiß, dass ich Menschen hasse und meine Freunde betrüge. Ich missbrauche meinen Körper und lüge meinen Ehepartner an. Aber das ist dir egal, nicht wahr? Ich meine, schließlich bin ich doch getauft.«

Oder: »Jedes Jahr an Ostern gehe ich zum Abendmahl.«

Oder: »Mein Vater und meine Mutter waren Presbyter der fünften Generation, weißt du.«

Glauben Sie, Gott würde sagen: »Du hast Recht. Du denkst nie an mich und ehrst mich nicht. Du hasst deinen Nachbarn und misshandelst deine Kinder, aber da du getauft bist, sehe ich über deine Rebellion und deine bösen Taten hinweg«?

Quatsch. Losgelöst von denen, die daran teilhaben, hat ein Symbol keine Macht.

In meinem Schrank hängt ein T-Shirt der Fußballmannschaft meiner Schule. Ich habe es dadurch verdient, dass ich zwei Jahre lang im Gymnasium in der Schulmannschaft spielte. Es ist auch ein Symbol. Es steht für Schweiß und lange Trainingsstunden. Das T-Shirt und ein schmerzhaftes Knie erinnern mich an etwas, was ich vor zwanzig Jahren tat. Glauben Sie, dass ich augenblicklich zwanzig Pfund leichter und sehr viel schneller werde, wenn ich das T-Shirt heute anziehe? Wenn ich mit dem T-Shirt zu einem Trainer gehe, glauben Sie, er würde die Hand ausstrecken und sagen: »Wir haben auf einen Spieler wie Sie gewartet. Gehen Sie auf den Platz und machen Sie mit!«?

Nein! Dieses T-Shirt ist nur eine Erinnerung an etwas, was ich einmal getan habe. Es sagt nichts über das aus, was ich heute tun kann. Es allein kann mich nicht umwandeln, stark oder fähig machen.

Ihr Erbe kann das auch nicht, nicht einmal, wenn Sie ein Nachkomme John Wesleys wären. Auch das Abendmahl kann das nicht, und wenn Sie zweimal anstehen. Auch die Taufe kann es nicht, nicht einmal, wenn Sie im Jordan untergetaucht würden.

Bitte verstehen Sie mich recht. Symbole sind wichtig. Manche von ihnen, wie das Abendmahl oder die Taufe, veranschaulichen das Kreuz Christi. Sie sind ein Sinnbild für die Rettung, zeigen die Rettung und bringen sogar die Rettung zum Ausdruck. Aber sie bewirken nicht die Rettung.

Wenn Sie sich auf ein Symbol verlassen, ist das so, als würden Sie behaupten, segeln zu können, weil Sie eine Tätowierung haben, oder ein guter Ehemann zu sein, weil Sie einen Ring tragen, oder ein Fußballer zu sein, weil Sie ein T-Shirt mit der Aufschrift eines Klubs besitzen.

Glauben wir ehrlich, Gott würde seine Kinder aufgrund eines Symbols retten?

Welcher Gott würde einen Heuchler anschauen und sagen: »Du hast mich nie geliebt, nie nach mir gefragt, mir nie gehorcht, aber weil dein Name auf der Mitgliederliste einer Kirche der richtigen Konfession stand, werde ich dich retten«?

Andererseits, welcher Gott würde den aufrichtig Suchenden anschauen und sagen: »Du hast dein Leben lang mich und meine Kinder geliebt. Du hast mir dein Herz ausgeliefert und deine Sünden bekannt. Ich würde dich wirklich gerne retten. Es tut mir ja so Leid, dass ihr in eurer Kirche das Abendmahl einmal im Monat zu oft gefeiert habt. Wegen eines Formfehlers gehst du ewig in der Hölle verloren«?

Nein. Unser Gott hat Liebe im Überfluss, und seine Barmherzigkeit ist unerschütterlich. Er rettet uns, nicht weil wir uns auf ein

Symbol verlassen, sondern weil wir uns auf einen Heiland verlassen.

Bitte achten Sie darauf, dass Paulus nicht das Thema gewechselt hat; er wendet sich nur einem anderen Zuhörerkreis zu. Sein Thema ist immer noch die Tragödie eines gottlosen Lebens. »Denn Gottes Zorn wird vom Himmel her offenbart über alles gottlose Wesen« (Röm 1,18).

Von Gottes Standpunkt her besteht kein Unterschied zwischen dem gottlosen Partybesucher, dem gottlosen Fingerzeiger und dem gottlosen Kirchgänger. Die Salonlöwen, die Belegschaft des Gerichtshofes und der Kirchenchor, sie alle brauchen dieselbe Botschaft: Ohne Gott sind alle verloren.

Oder wie Paulus es zusammenfasst: »Da ist keiner, der gerecht ist, auch nicht einer« (Röm 3,10).

Genauso wie ein Stammbaum, Gesetze und Tätowierungen mich nicht zu einem Seemann machen, werde ich durch Erbe, Riten und Zeremonien kein Christ. »Gott macht den Glaubenden gerecht, nicht wegen des Verdienstes seines Glaubens, sondern wegen des Verdienstes Jesu Christi.«[1]

Versuchen Sie nicht, etwas zu tun, was nur Gott tun kann

Kommen wir auf meine Einladung zum Segeln zurück. Ich weiß, dass ich sagte, dass Sie der Einladung wahrscheinlich nicht Folge leisten, aber nehmen wir an, Sie sind nicht so intelligent, wie Sie aussehen, und nehmen die Einladung an.

Sie beginnen, sich Sorgen zu machen, wenn Sie sehen, dass ich das Segel nur ein paar Zentimeter am Mast hochziehe. Es kommt Ihnen noch komischer vor, dass ich mich selbst hinter das nur zum Teil gehisste Segel stelle und zu blasen beginne.

»Warum ziehst du das Segel nicht hoch?«, fragen Sie.

»Weil ich nicht genug Luft für das ganze Segel habe«, keuche ich.

»Lass es doch vom Wind blasen«, drängen Sie.

»O, das kann ich nicht. Ich segle das Boot selbst.«

Das sind die Worte des Gesetzeskonformen, der schnaubt und keucht, um sein Schiff in den Himmel zu schieben. (Haben Sie sich schon einmal gefragt, warum so viele Fromme immer außer Atem zu sein scheinen?)

Mit der Zeit treiben wir aufs Meer hinaus, und ein heftiger Sturm kommt auf. Der Regen trommelt auf das Deck, und das kleine Boot wird von den Wellen hin und her geworfen. »Ich werfe den Anker aus!«, schreie ich. Sie sind erleichtert, dass ich wenigstens weiß, wo der Anker ist, aber entsetzt, als Sie sehen, was ich mit dem Anker mache.

Zunächst nehme ich den Anker und stelle ihn am Bug auf. »Dadurch müsste das Boot Halt gewinnen!«, rufe ich. Aber das ist natürlich nicht der Fall. Als Nächstes trage ich den Anker zum Heck. »Jetzt sind wir sicher!« Das Schaukeln geht weiter. Ich hänge den Anker an den Mast, doch es hilft nichts. Schließlich nehmen Sie in Ihrer Angst und Frustration den Anker und werfen ihn aus dem Schiff, in die Tiefe, und schreien: »Weißt du nicht, dass du den Anker an etwas anderem als dir selbst festmachen musst!«

Ein Gesetzeskonformer weiß das nicht. Er wirft den Anker nur auf sich selbst. Seine Sicherheit gewinnt er aus seinen Leistungen, seiner Abstammung, seinem Gesetz und seiner Tätowierung. Wenn der Sturm tobt, wirft der Gesetzeskonforme seinen Anker auf seine eigenen Werke. Er will sich selbst retten. Er ist doch schließlich in der richtigen Gruppe! Hat er nicht das richtige Gesetz? Und hat er nicht die richtigen Aufnahmefeierlichkeiten mitgemacht? (Haben Sie sich schon einmal gefragt, warum so viele Fromme ein solch turbulentes Leben führen?)

Der springende Punkt: Die Rettung ist Gottes Sache.

Erinnern Sie sich an das Gleichnis vom Fluss? Der erste Bruder, der Hedonist, baute eine Hütte und nannte sie eine Villa. Der zweite Bruder, der Kritikaster, beobachtete ihn und nannte ihn einen Abtrünnigen. Der dritte Bruder, ein Gesetzeskonformer, schichtete Steine auf und verließ sich auf seine eigene Kraft. Er steht für den gottlosen religiösen Menschen, der seine guten Taten gegen den Strom aufstapelt, und denkt, dass er damit einen Weg flussaufwärts bauen kann. Letztendlich lehnen alle drei die Einladung des erstgeborenen Sohnes ab, und alle drei sind gleich weit vom Vater entfernt.

Der Kerngedanke des Gleichnisses und die Botschaft des Apostels Paulus an die Römer bringen dasselbe zum Ausdruck: Gott ist der Eine, der seine Kinder rettet. Es gibt nur einen Namen unter dem Himmel, der die Macht hat zu retten, und dieser Name ist nicht Ihrer.

Trotz der Meerjungfrau auf Ihrer Tätowierung.

Teil 2

Welch ein Gott!

Denken Sie über das nach, was Gott getan hat.

Er übt unseren Sünden gegenüber keine Nachsicht und steckt seine Maßstäbe nicht zurück.

Er verschließt die Augen nicht vor unserer Rebellion und setzt seine Anforderungen nicht herab.

Anstatt über unsere Sünde hinwegzugehen, nimmt er sie auf sich und – es ist unfassbar – verurteilt sich selbst.

Gottes Heiligkeit ist gewahrt. Unsere Sünde ist bestraft ... und wir sind erlöst.

Gott tut, was wir nicht tun können, damit wir sein können, wovon wir nicht zu träumen wagen: vollkommen vor Gott.

6

Tote rufen

Römer 3,21–26

Sie sind alle abgewichen und allesamt verdorben. Da ist keiner, der Gutes tut, auch nicht einer … Wir wissen aber, was das Gesetz sagt, das sagt es denen, die unter dem Gesetz sind, damit allen der Mund gestopft werde und alle Welt vor Gott schuldig sei.

Römer 3,12+19

Vor ein paar Wochen reiste ich in den Mittleren Westen, um meine beiden ältesten Töchter abzuholen. Sie hatten eine Woche in einem Ferienlager verbracht. Es war nicht das erste Mal, dass sie in die Ferien fuhren, aber es war das erste Mal, dass sie so weit von zu Hause weg waren. Das Ferienlager war großartig und die Aktivitäten hervorragend, aber ihr Herz war schwer. Sie vermissten ihre Mama und ihren Papa. Und auch für uns war es nicht ganz einfach.

Um das Risiko verspäteter Flüge zu vermeiden, flog ich einen Tag früher ab. Die Eltern durften ihre Kinder nicht vor fünf Uhr nachmittags sehen. Also machte ich mir einen angenehmen Tag in der Gegend, besichtigte einige Sehenswürdigkeiten und schaute immer wieder auf die Uhr. Eigentlich wollte ich gar keine Besichtigungen machen. Ich wollte meine Kinder.

Um drei Uhr kam ich am Ferienlager an. Ein Seil war über den ungeteerten Zufahrtsweg gespannt, und an dem Seil baumelte ein Schild, das mir in Erinnerung brachte: »Eltern dürfen nicht vor fünf Uhr eintreten.«

Ich stand nicht alleine vor dem Seil. Andere Eltern waren auch schon da. Alle warfen immer wieder einen Blick auf ihre Armbanduhr. Es wurden keine tief schürfenden Gespräche geführt, nur das Übliche »Wie geht es Ihnen?« »Woher kommen Sie?« »Wie viele Kinder haben Sie?« Darüber hinaus praktisch nichts. Unsere Gedanken eilten den Feldweg hinunter. Um halb fünf bemerkte ich, wie einige Väter sich in der Nähe des Seiles aufstellten. Um nicht abgehängt zu werden, tat ich dasselbe. Obwohl die meisten Fahrbahnen besetzt waren, war noch Platz für ein weiteres Auto. Ich drängte mich an einer Mutter vorbei, die noch nicht gemerkt hatte, dass man sich zum Sprint aufstellte. Sie tat mir Leid, aber nicht genug, um ihr meinen Platz zu überlassen.

Noch fünf Minuten. Die Gespräche verstummten. Man spielte nicht mehr; jetzt wurde es ernst. Die Autos standen startbereit. Die Läufer waren in den Startblöcken. Der Countdown lief. Wir warteten nur noch darauf, dass jemand das Seil abnahm.

Zwei Mitarbeiter kamen, um die Honneurs zu machen. Sie hatten Erfahrung genug, um nicht ein Seilende zu nehmen und die Straße damit zu überqueren. Das wäre tödlich ausgegangen; sie hätten kaum den wilden Angriff überlebt. Anstatt ihr Leben in Gefahr zu bringen, nahm jeder ein Seilende in die Hand, dann senkten sie es nach einem vorher abgemachten Zeichen auf den Boden. (Sie taten dies nicht zum ersten Mal.) Wir sausten los!

Ich war für diesen Augenblick bereit. Ich hatte lange genug gewartet. Ich begann mit einem flotten Schritt, aber aus den Augenwinkeln heraus sah ich, wie ein Vater zu laufen begann. *So macht man das also?* Nur gut, dass ich Turnschuhe anhatte. Ich fiel in einen Laufschritt. Genug der Vorbereitungen. Die Stunde hatte geschlagen, das Seil war unten, und ich war bereit, alles zu tun, um meine Kinder zu sehen.

Gott ist bereit, die Seinen zu sehen. Auch er ist von seinen Kindern getrennt. Auch er will alles tun, was notwendig ist, um sie nach Hause zu holen. Doch verglichen mit seiner Sehnsucht ist unsere nichts. Vergessen Sie Flugreisen und Mietwagen; wir sprechen über Fleischwerdung und Opfer. Vergessen Sie eine Nacht in einem Hotel; es geht um ein ganzes Leben auf der Erde! Ich verließ

Texas und ging nach Missouri. Er verließ den Zustand der Verehrung im Himmel und wurde ein Baby in Bethlehem.

Warum? Er weiß, dass seine Kinder ohne Vater sind. Und er weiß, dass wir ohne seine Hilfe nicht zurückkommen können.

Sünde, das allgemeine Problem

Was uns von Gott trennt, ist kein Seil und keine Regelung eines Ferienlagers. Was uns von Gott trennt, ist Sünde. Wir sind nicht stark genug, sie wegzuräumen, und wir sind nicht gut genug, sie auszulöschen. Trotz aller Unterschiede haben wir alle ein Problem gemeinsam. Wir sind von Gott getrennt.

»Da ist keiner, der gerecht ist, auch nicht einer. Da ist keiner, der verständig ist; da ist keiner, der nach Gott fragt. Sie sind alle abgewichen und allesamt verdorben. Da ist keiner, der Gutes tut, auch nicht einer« (Röm 3,10-12).

Haben Sie nicht den Eindruck, dass Paulus uns etwas sagen möchte?

Jeder Mensch auf Gottes schöner Erde hat es vermasselt. Die Hedonisten haben es vermasselt, weil bei ihnen Genuss und nicht Gott an erster Stelle steht. Die Kritikaster haben es vermasselt, weil sie hochmütig und nicht göttlich gesinnt sind. Die Gesetzeskonformen haben es vermasselt, weil sie von Leistung und nicht von Gnade getrieben werden.

Die Hüttenbauer suchten Genuss, die Krittler suchten Straflosigkeit, und die Steineaufschichter suchten Frömmigkeit. Der Erste schenkt Gott keine Beachtung, der Zweite versucht, Gott abzulenken, und der Dritte hofft, Gott alles zurückerstatten zu können. Aber jeder verpasst Gott. Alle sind gottlos.

Keiner von ihnen ist wie der vierte Sohn, der sich auf den Plan seines Vaters verließ, der ihn nach Hause bringen wollte.

Der Tod, der allgemeine Zustand

Hier liegt das große Manko der Menschheit. Wir sind weit weg von unserem Vater und haben keinen blassen Schimmer davon, wie wir nach Hause kommen können.

Hören Sie, wie Paulus in die Rolle des amtlichen Leichenbeschauers schlüpft und die Leiche des Sünders beschreibt.

»Ihre Kehle ist wie ein offenes Grab.«

»Bösartige Lügen haben sie auf der Zunge.«

»Die Worte von ihren Lippen sind tödlich wie Schlangengift.«

»Ihre Füße eilen, Blut zu vergießen« (siehe Röm 3,13.14.15).

Welch abstoßende Anatomie! Kehlen wie offene Gräber. Betrügerische Zungen. Lippen wie Schlangen. Füße, die auf Gewalt zusteuern. Und zusammenfassend nennt Paulus den Grund von dem allem: »Es ist keine Gottesfurcht bei ihnen« (V. 18).

Die Sünde infiziert die ganze Person, von Kopf bis Fuß. Die Sünde verdirbt nicht nur jeden Menschen, sie verdirbt auch das Wesen eines jeden Menschen. Paulus sagt das später im Römerbrief sehr deutlich. »Der Sünde Sold ist der Tod« (6,23).

Die Sünde ist eine tödliche Krankheit.

Die Sünde hat uns zu einem langsamen, schmerzhaften Tod verurteilt.

Sünde ist für das Leben wie eine Schere für Blumen. Ein Schnitt in den Stengel trennt die Blume von der Quelle des Lebens. Zunächst ist die Blume noch reizvoll, sie ist noch farbig und kraftstrotzend. Aber beobachten Sie diese Blume eine Zeit lang. Die Blätter welken und die Blütenblätter fallen ab. Egal was Sie tun, die Blume wird nie mehr leben. Stellen Sie sie ins Wasser. Stecken Sie den Stengel in die Erde. Versorgen Sie sie mit Dünger. Kleben Sie die Blume wieder an den Stengel. Sie können tun, was Sie wollen. Die Blume ist tot.

Als der chinesische Diktator Mao Tse-tung 1976 starb, wurde sein Arzt Dr. Li Tsi-sui vor eine unmögliche Aufgabe gestellt. Das Politbüro forderte: »Der Körper des Vorsitzenden muss dauerhaft konserviert werden.« Das Personal erhob Einspruch. Der Arzt erhob Einspruch. Er hatte die vertrockneten und zusammengeschrumpften Überreste von Lenin und Stalin gesehen. Er wusste, dass ein Körper ohne Leben zur Verwesung verurteilt ist.

Aber er hatte seine Befehle. Zweiundzwanzig Liter Formaldehyd wurden in den Körper gepumpt. Das Ergebnis war erschreckend. Maos Gesicht schwoll an wie ein Ball, und sein Hals wurde so dick wie sein Kopf. Seine Ohren standen im rechten Winkel ab, und die Chemikalie sickerte aus allen Poren. Ein Team von Einbalsamierern arbeitete fünf Stunden lang mit Handtüchern und Wattebäuschen, um die Flüssigkeiten in den Körper zu pressen. Schließlich schaute das Gesicht normal aus, aber die Brust war so angeschwollen, dass die Jacke im Rücken aufgeschnitten und der Körper mit der roten Fahne der kommunistischen Partei bedeckt werden musste.

Das genügte für die Totenfeier, aber die Machthaber wollten, dass der Körper dauerhaft konserviert wird, damit er auf dem Tiananmen-Platz aufgebahrt werden kann. Ein Jahr lang überwachte Dr. Tsi-sui ein Team, das in einem unterirdischen Krankenhaus an dem Versuch arbeitete, die Überreste zu konservieren. Aufgrund der Sinnlosigkeit des Unterfangens ordnete ein Regierungsbeamter die Herstellung einer identischen Wachsfigur an. Sowohl der Körper als auch die Nachbildung wurden ins Mausoleum am Tiananmen-Platz gebracht. Zehntausende zogen an einem Kristallsarg vorbei und erwiesen dem Mann die Ehre, der China siebenundzwanzig Jahre lang regiert hatte. Aber nicht einmal der Arzt wusste, ob sie Mao sahen oder eine Wachsfigur.[1]

Tun wir nicht dasselbe? Besteht darin nicht die Hauptbeschäftigung der Menschheit? Ist das nicht die Hoffnung des Arbeitsbesessenen? Ist das nicht das Bestreben des Habsüchtigen, des Machtgierigen und des Ehebrechers? Ich meine damit nicht das Unterfangen, Formaldehyd in eine Leiche zu pumpen, sondern den Versuch, Leben in eine Seele zu pumpen?

Wir halten gerade genug Menschen zum Narren, damit wir es ein bisschen länger probieren können. Manchmal wissen wir selbst nicht, ob die Leute das wahre Ich oder eine Wachsfigur sehen.

Eine tote Blume hat kein Leben.
Ein toter Körper hat kein Leben.
Eine tote Seele hat kein Leben.

Von Gott abgeschnitten verwelkt die Seele und stirbt. Die Folge der Sünde ist nicht ein schlechter Tag oder schlechte Laune sondern eine tote Seele. Das Zeichen einer toten Seele ist klar: vergiftete Lippen und ein fluchender Mund, Füße, die auf Gewalt zusteuern, und Augen, die Gott nicht sehen.

Jetzt wissen Sie, warum die Leute so gemein sein können. Ihre Seelen sind tot. Jetzt sehen Sie, warum manche Religionen so tyrannisch sein können. Sie haben kein Leben. Jetzt verstehen Sie, warum der Drogendealer nachts schlafen und der Diktator ruhigen Gewissens leben kann. Er hat keines.

Das Werk der Sünde ist die Tötung der Seele.

Wir brauchen ein Wunder

Können wir, nachdem wir das Problem erkannt haben, eine Lösung sehen? Die Lösung liegt nicht in mehr Regierung oder Ausbildung, nicht in mehr Formaldehyd in der Leiche. Die Lösung liegt auch nicht in mehr Religion. Vom Menschen erdachte Rituale und Lehren erwecken vielleicht den Eindruck, dass sie die Blume wieder am Stengel fest machen. Doch das können sie nicht. Wir brauchen nicht mehr Religion, wir brauchen ein Wunder. Wir brauchen niemanden, der Tote kostümiert, sondern einen, der Tote auferweckt.

Dieser »Eine« wird in Römer 3,22 vorgestellt.

Aber bevor wir diesen Vers lesen, muss ich Sie kurz warnen: Machen Sie sich auf seine Einfachheit gefasst. Es ist nicht erforderlich, Mystisches auszubrüten. Ausgeklügelte Zeremonien sind unnötig, komplizierte Behandlungen überflüssig. Langwierige Stunden für Rehabilitierung sind entbehrlich. Gottes Lösung für unser Gebrechen ist denkbar einfach.

Bevor wir den Vers lesen, muss ich fragen: Sind Sie nicht froh, dass die Geschichte nicht mit Vers 19 und 20 endet? »Keiner kann sich also herausreden. Die ganze Welt steht vor Gott schuldig da. Keiner kann sich vor Gott darauf berufen, dass er das Gesetz erfüllt hat. Das Gesetz macht dem Menschen vielmehr klar, dass er schuldig ist.«

Sind Sie nicht erleichtert, dass Paulus die Leiche nicht auf dem Tisch liegen ließ? Sind Sie nicht glücklich darüber, dass der Apostel nicht nur eine Lagebeschreibung gab, sondern auch Gottes Lösung aufzeigte? Machen Sie sich keine Sorgen. Diese Gefahr bestand nicht. Nicht einmal ein Güterzug hätte Paulus davon abhalten können, den folgenden Vers zu schreiben. Er hat die ganze Zeit darauf abgezielt, genau diese Worte zu schreiben. Die folgenden Zeilen sind der Zweck für den Brief, ja sogar sein Lebenszweck.

Einundsechzig Verse lang saßen wir mit Paulus in einem verdunkelten Raum, während er die verhängnisvolle Auswirkung der Sünde beschrieb. Alle Kerzen sind bis zum Docht abgebrannt. In keiner Lampe ist Öl. Es gibt einen Herd, aber kein Holz. Es gibt eine Laterne, aber in ihr ist keine Flamme. Wir haben jede Ecke durchstöbert und kein Licht gefunden. Da wir nicht einmal die Hand vor unseren Augen erkennen können, bleibt uns nichts übrig, als in die Nacht hineinzustarren. Wir merken nicht, dass Paulus zu einem Fenster geschlichen ist und seine Hand auf den Griff gelegt hat. Gerade wenn wir uns fragen, ob überhaupt noch ein Licht gefunden wird, stößt Paulus die Fensterläden auf und verkündet: »Aber jetzt hat Gott ... eingegriffen!« (V. 21).

»Aber jetzt hat Gott so eingegriffen, wie es die Schrift vorausgesagt hat. Ohne Rücksicht auf das Gesetz macht er die Menschen gerecht, wenn sie an Jesus Christus glauben. Alle ohne Ausnahme nimmt er an, wenn sie nur glauben. Er macht keinen Unterschied. Alle sind schuldig geworden und können vor seinem Urteil nicht bestehen. Aber er hatte Erbarmen und machte alle ohne Gegenleistung gerecht. Das ist durch Jesus Christus geschehen. Gott opferte ihn vor aller Welt. Alle, die an ihn glauben, sollten durch seinen Tod von ihrer Schuld frei werden. Gott wollte damit zeigen, wer er ist. In der Vergangenheit hatte er Geduld und übersah die Sünden der Menschen« (V. 21-25).

Der unerwartete Gewinn des Menschen

Als Kinder spielten wir oft auf der Straße Fußball. Kaum waren wir von der Schule zu Hause, warfen wir die Bücher hin und rannten auf die Straße. Der Junge von gegenüber hatte einen Vater, der von Fußball sehr begeistert war. Sobald wir sahen, dass er von der Arbeit nach Hause kam, schrien wir ihm zu, er solle kommen und mit uns spielen. Er konnte nicht widerstehen. Er war so fair, jedes Mal zu fragen: »Welche Mannschaft ist am Verlieren?« Dann spielte er in dieser Mannschaft mit, die, wie es schien, oft meine war.

Wenn wir uns um ihn als Mannschaftsführer drängten, um Spielanweisungen zu bekommen, änderte sich das ganze Spiel. Er war zuversichtlich, stark und, was am wichtigsten war, er hatte einen Plan. Wir stellten uns im Kreis um ihn herum auf, und er schaute uns an und sagte: »O. k., Jungs, wir machen dies und das.« Die andere Seite stöhnte, schon bevor wir zu spielen begannen. Wir hatten ja nicht nur einen neuen Plan, sondern einen neuen Führer.

Er brachte neues Leben in unsere Mannschaft. Gott tut genau das Gleiche. Wir brauchten kein neues Spiel; wir brauchten einen neuen Plan. Wir brauchten nicht die Positionen zu wechseln; wir brauchten einen neuen Spieler. Dieser Spieler ist Jesus Christus, Gottes erstgeborener Sohn.

»[Er hat] auch uns, die wir tot waren in den Sünden, mit Christus lebendig gemacht« (Eph 2,5). Gottes Lösung besteht nicht in der Konservierung der Toten, sondern in der Auferweckung der Toten. »Darum: Ist jemand in Christus, so ist er eine neue Kreatur; das Alte ist vergangen, siehe, Neues ist geworden!« (2. Kor 5,17).

Was Jesus mit Lazarus tat, will er auch mit uns tun. Das ist gut zu wissen, denn was Martha über Lazarus sagte, trifft auch auf uns zu: »Herr, er stinkt schon; denn er liegt seit vier Tagen« (Joh 11,39). Martha sprach für uns alle. Die Menschheit ist tot, und sie stinkt. Wir sind schon lange tot und begraben. Wir brauchen keinen, der uns zurechtmacht, wir brauchen einen, der uns auferweckt. In dem Schmutz und Dreck, den wir Leben nennen, ist der Tod, und wir stecken schon so lange drin, dass wir uns an den Gestank gewöhnt haben. Nicht so Christus.

Und Christus kann den Gedanken nicht ertragen, dass seine Kinder im Friedhof vermodern. Also kommt er und ruft uns heraus. Wir sind die Leiche, und er ruft die Leiche. Wir sind der Tote, und er erweckt die Toten. Unsere Aufgabe ist es nicht, aufzustehen, sondern zuzugeben, dass wir tot sind. Die einzigen, die im Grab bleiben, sind diejenigen, die nicht glauben, dass sie dort sind.

Der Stein wurde weggewälzt. »Lazarus!«, ruft er. »Lars! Susanne! Achim! Kommt heraus!« Er ruft.

»Andrea! Jenna! Ich bin hier!«, rief ich, als ich den Weg zum Freizeitlager entlangeilte. (Ich gewann das Rennen.) Zuerst entdeckte ich Andrea. Sie war unter einem Vordach und übte Gymnastik. Ich rief ihren Namen noch einmal. »Papa!«, schrie sie, und schon lag sie in meinen Armen.

Ich hatte keine Gewähr dafür, dass sie reagieren würde. Obwohl ich weit über tausend Kilometer geflogen war, ein Auto gemietet und eine Stunde gewartet hatte, wäre es möglich gewesen, dass sie mich sieht und – Gott behüte! – mich links liegen lässt. Manche Kinder fühlen sich zu erwachsen, um vor ihren Freunden auf ihre Eltern zuzulaufen.

Aber es gibt auch solche, die vom Essen im Ferienlager und den Stechmücken derart genug haben, dass sie beim Anblick ihres Vaters vor Freude springen. So war es bei Andrea.

Ganz plötzlich hatte Andrea kein Heimweh mehr, sondern fühlte sich glücklich. Warum? Es war nur eines geschehen: Ihr Vater war gekommen, um sie nach Hause zu holen.

7

Wo Liebe und Gerechtigkeit zusammenkommen

Römer 3,21–25

Nun aber ist ohne Zutun des Gesetzes die Gerechtigkeit, die vor Gott gilt, offenbart, bezeugt durch das Gesetz und die Propheten. Ich rede aber von der Gerechtigkeit vor Gott, die da kommt durch den Glauben an Jesus Christus zu allen, die glauben. Römer 3,21-22

Ich bin froh, dass der Brief nicht vom Himmel kam. Er kam von meiner Kraftfahrzeugversicherung, besser gesagt meiner *ehemaligen* Kraftfahrzeugversicherung. Ich habe ihnen nicht gekündigt; sie haben mir gekündigt. Nicht weil ich meine Beiträge nicht bezahlte; ich hatte immer pünktlich bezahlt. Nicht weil ich den Papierkram vernachlässigte; jedes Dokument wurde unterzeichnet und zurückgeschickt.

Mir wurde gekündigt, weil ich zu viele Fehler machte.

Der Brief beginnt höflich mit der Feststellung, dass meine Akte geprüft worden war.

Wir überprüften die Kraftfahrzeugakte und stellten eine Geschwindigkeitsüberschreitung von Max Lucado im Dezember und Januar fest, sowie einen unverschuldeten Unfall von Denalyn Lucado im Dezember. Weitere Unterlagen weisen eine weitere Geschwindigkeitsüberschreitung von Max Lucado im April und von Frau Lucado im Dezember des folgenden Jahres nach.

Nun bin ich der Letzte, der bestreitet, dass Denalyn und ich hin und wieder etwas rasant fahren. Doch wurde nicht der ganze

Versicherungskram für Leute wie mich erfunden? Leben nicht die Versicherungsangestellten von meinen verbeulten Kotflügeln und Dellen? Was könnte ein Versicherungsmathematiker kalkulieren, wenn ich nie einen Fehler machen würde?

Mein erster Gedanke war, die Versicherung würde mir schreiben, um mich zu beglückwünschen, weil ich ein so guter Kunde bin. *Vielleicht laden sie mich zu einem Festessen ein oder sagen mir, dass ich einen Preis gewonnen habe*, dachte ich.

Der Brief deckte weitere Geheimnisse unserer Vergangenheit auf: *Aus unseren Unterlagen geht hervor, dass wir am 18. November einen Schaden an einem anderen Kraftfahrzeug begleichen mussten, als Max Lucado auf einem Parkplatz beim Rückwärtsfahren ein anderes Fahrzeug beschädigte.*

Das zweifache Auftreten des Wortes *ein anderes* machte mich unruhig. »Ein anderes« Kraftfahrzeug. »Ein anderes« Fahrzeug. Jemand zählte! Vielleicht müsste ich ihnen anraten, 1. Korinther 13,5 zu lesen: »Die Liebe … rechnet das Böse nicht zu.« Der Brief fuhr fort, mit einer weiteren Aufzählung von »anderen«.

Im April beglichen wir den Schaden an einem anderen Kraftfahrzeug, als Denalyn Lucado an einem Haltezeichen auf ein anderes Fahrzeug auffuhr.

»Aber sie gab dem Baby das Fläschchen!«, sagte ich zu ihrer Verteidigung, obwohl niemand zuhörte. Denalyn näherte sich einer Ampel. Sara ließ ihr Fläschchen auf den Boden fallen und weinte. Also lehnte Denalyn sich zurück, hob das Fläschchen auf und stieß dann in das Auto, das vor ihr stand. Ein ehrbarer Fehler. Könnte jedem passieren.

Zu jener Zeit hatte ich beim Rückwärtsfahren ein anderes Auto gerammt? Ich hatte es gemeldet! Ich ging in das Gebäude, suchte nach dem Eigentümer und sagte ihm, was ich getan hatte. Ich habe meinen Fehler bekannt. Ich habe meinerseits alles getan. Ich hätte das Auto rammen und davonfahren können, was ich ehrlich gesagt erwogen hatte, es aber nicht tat. Sollte ich sie ebenfalls auf 1. Johannes 1,9 aufmerksam machen? »Wenn wir aber unsre Sünden bekennen, so ist er treu und gerecht, dass er uns die Sünden vergibt …«

Bekomme ich für meine Ehrlichkeit keine Anerkennung?

Anscheinend nicht. Lesen Sie den Schluss des Briefes.

Aufgrund obiger Informationen sind wir nicht bereit, Ihre Kraftfahrzeugversicherung weiterzuführen. Die Versicherung endet am 4. Januar um 0.01 Uhr. Es tut mir Leid, Ihnen keinen positiveren Bescheid geben zu können. Zu Ihrer Sicherheit werden Sie dringend gebeten, eine andere Versicherung abzuschließen, damit keine Deckungslücke entsteht.

Moment mal. Wie kann ich das verstehen? Ich habe die Versicherung abgeschlossen, damit meine Fehler gedeckt werden. Aber ich werde herausgeworfen, weil ich Fehler machte. Habe ich etwas übersehen? Habe ich eine Fußnote übergangen? Habe ich das Kleingedruckte im Vertrag nicht beachtet?

Habe ich einen Paragraphen übersehen, der besagt: »Wir, die genannte Versicherungsgesellschaft, betrachten Max Lucado als versicherbar, bis sich erweist, dass er eine Versicherung braucht, woraufhin sein Versicherungsschutz endet«?

Ist das nicht so, als würde ein Arzt nur gesunde Patienten behandeln? Oder als würde ein Zahnarzt ein Schild an sein Fenster hängen, auf dem steht: »Keine Karies, bitte«? Oder wie ein Lehrer, der einen Schüler bestraft, weil er zu viele Fragen stellt? Ist es nicht so, als würde man dadurch kreditwürdig, dass man beweist, dass man keinen Kredit braucht? Was wäre, wenn die Feuerwehr sagen würde, sie würde Ihr Haus schützen, *bis* ein Brand ausbricht? Was wäre, wenn ein Leibwächter Ihnen zusichert, Sie zu schützen, *bis* jemand hinter Ihnen her ist? Oder ein Rettungsschwimmer, der sagt, er würde über Sie wachen, außer Sie beginnen zu ertrinken?

Oder was wäre – nieder mit dem Gedanken – wenn der Himmel seine Deckung begrenzen würde? Was wäre, wenn Sie von der Versicherungsabteilung des Perlentores folgenden Brief bekämen:

Sehr geehrter Herr Schmidt,

hiermit beantworte ich Ihre Bitte um Vergebung von heute Morgen. Es tut mir Leid, Ihnen mitteilen zu müssen, dass Sie Ihr Sündenkontingent ausgeschöpft haben. Unsere Unterlagen belegen, dass Sie seit Inanspruchnahme unserer Dienste siebenmal auf dem Gebiet der Habsucht gefehlt haben und dass Ihr Gebetsleben im Vergleich zu anderen Angehörigen der entsprechenden Altersgruppe und eines vergleichbaren Umfelds der vorgeschriebenen Norm nicht entspricht.

Weitere Überprüfungen haben ergeben, dass Ihr Verständnis der Lehre sich im Rahmen der untersten zwanzig Prozent bewegt und dass sie eine übermäßige Neigung zum Klatsch haben. Aufgrund Ihrer Sünden sind Sie ein risikoreicher Kandidat für den Himmel. Verstehen Sie bitte, dass Gnade ihre Grenzen hat. Jesus spricht Ihnen sein Bedauern aus, lässt Sie grüßen und hofft, dass Sie eine andere Form der Deckung finden.

Viele fürchten, einen solchen Brief zu erhalten. Manche machen sich Sorgen, schon einen bekommen zu haben! Wenn eine Versicherungsgesellschaft meine ehrbaren Fehler nicht decken kann, wie kann ich dann erwarten, dass Gott meine vorsätzliche Rebellion deckt?

Paulus beantwortet diese Frage mit der nach John Stott »verblüffendsten Feststellung des Römerbriefes«[1]: Gott, »der den Schuldigen für schuldlos erklärt« (Röm 4,5). Welch unglaubliche Behauptung! Es ist eine Sache, gute Menschen für gerecht zu erklären, aber solche, die böse sind? Wir können erwarten, dass Gott die Anständigen für gerecht erklärt, aber die Unanständigen? Sicherlich gilt die Deckung für den Fahrer ohne Eintrag im Verkehrsregister, aber den Raser? Den mit den Strafzetteln? Den risikoreichen Kunden? Wie in aller Welt kann die Rechtfertigung für den Bösen möglich sein?

Die Richtung der Gnade

Es geht nicht. Es kann nicht von der Welt kommen. Es muss vom Himmel her geschehen. Der Mensch hat keine Möglichkeit, doch *Gott hat eine Möglichkeit…*

Bis zu diesem Punkt im Brief des Paulus gingen alle Rettungsversuche von der Erde aus und waren nach oben gerichtet. Der Mensch blies seinen Ballon mit seiner eigenen Heißluft auf und war nicht in der Lage, die Atmosphäre zu verlassen. Wir entschuldigen uns mit Nichtwissen, doch das zählt nicht (Röm 1,20). Wir vergleichen uns mit anderen, doch das ist nicht zulässig (Röm 2,1). Unsere religiösen Verdienste sind unbrauchbar (2,29). Die Schlussfolgerung ist zwingend: Selbsterlösung funktioniert einfach nicht. Der Mensch hat keine Möglichkeit, sich selbst zu retten.

Aber Paulus verkündigt, dass *Gott eine Möglichkeit hat*. Wo der Mensch versagt, tritt Gott auf den Plan. Die Rettung kommt vom Himmel her nach unten, nicht von der Erde nach oben, »durch die herzliche Barmherzigkeit unseres Gottes, durch die uns besuchen wird das aufgehende Licht aus der Höhe« (Lk 1,78). »Alle gute Gabe und alle vollkommene Gabe kommt von oben herab, von dem Vater des Lichts« (Jak 1,17).

Bitte prägen Sie sich ein: Die Rettung ist von Gott geschenkt, von Gott angetrieben, von Gott bevollmächtigt und hat ihren Ursprung in Gott. Nicht der Mensch gibt Gott ein Geschenk. Das Geschenk kommt von Gott zum Menschen. »Darin besteht die Liebe: nicht, dass wir Gott geliebt haben, sondern dass er uns geliebt hat und gesandt seinen Sohn zur Versöhnung für unsre Sünden« (1. Joh 4,10).

Die Gnade wurde von Gott geschaffen und wird dem Menschen gegeben. »Träufelt, ihr Himmel, von oben, und ihr Wolken, regnet Gerechtigkeit! Die Erde tue sich auf und bringe Heil, und Gerechtigkeit wachse mit auf! Ich, der Herr, habe es geschaffen« (Jes 45,8).

In diesem Punkt alleine unterscheidet sich das Christentum von jeder anderen Religion auf der Welt. »Kein anderes System, keine Ideologie oder Religion verkündet die unentgeltliche Vergebung und ein neues Leben für Menschen, die nichts getan haben, um dies zu verdienen, sondern stattdessen nur das Gericht verdienen.«[2]

Ich möchte an dieser Stelle John MacArthur zitieren: »Was den Weg der Rettung betrifft, so gibt es nur zwei Religionen, die die Welt je kannte oder kennen wird – die Religion der göttlichen Vollendung, also das biblische Christentum, und die Religion der menschlichen Leistung, die alle anderen Religionen einschließt, unter welchem Namen sie auch immer geführt werden.«[3]

Jedes andere Verhalten gegenüber Gott ist ein Tauschhandel; wenn ich das tue, wird Gott jenes tun. Ich werde entweder durch

Werke (das, was ich tue), durch Gefühle (das, was ich empfinde) oder durch Wissen (das, was ich weiß) gerettet.

Im Gegensatz dazu gibt es im Christentum keinen Hauch von Verhandlung. Der Mensch verhandelt nicht; in der Tat hat der Mensch gar keine Grundlage, auf der er verhandeln könnte.

Wer Gott ganz nahe ist, hat das verstanden. Die ihm am nächsten stehen, haben sich nie ihrer Taten gerühmt. Der Gedanke an Selbsterlösung erfüllte sie vielmehr mit Abscheu. Sie beschreiben die Gesetzlichkeit mit abstoßenden Worten. Jesaja sagt, dass unsere Gerechtigkeit »wie ein beflecktes Kleid« ist und bezieht sich dabei auf ein durch die Menstruation verschmutztes Stück Stoff (Jes 64,6). Paulus setzte unsere religiösen Referenzen mit einem stinkenden Haufen gleich, dem wir auf einer Kuhweide ausweichen (»... ich erachte es für Dreck« [Phil 3,8]).

Die ersten dreieinhalb Kapitel des Römerbriefs können wir in drei Worten zusammenfassen: *Wir haben versagt.*

Wir haben versucht, den Mond zu erreichen, sind aber kaum vom Boden abgehoben. Wir versuchten, schwimmend den Atlantik zu überqueren, kamen aber nicht über das Riff hinaus. Wir versuchten, den Mount Everest der Erlösung zu erklimmen, haben aber noch nicht einmal das Lager an seinem Fuß verlassen, geschweige denn den ersten leichten Abhang genommen. Die Anforderung ist einfach zu groß; wir brauchen nicht mehr Proviant, wir brauchen einen Hubschrauber.

Hören Sie nicht, wie er herannaht?

»Ohne Rücksicht auf das Gesetz *macht er [Gott] die Menschen gerecht*« (Röm 3,21, Kursivschrift vom Autor). Diese Wahrheit müssen wir unbedingt annehmen. Gottes höchster Wunschtraum ist es nicht, uns reich oder erfolgreich oder beliebt oder berühmt zu machen. Gottes Wunsch ist es, uns vor ihm gerecht zu machen.

Das Dilemma der Gnade

Wie macht Gott uns gerecht vor ihm? Kommen wir zu der Versicherung zurück und stellen ein paar Fragen: Erstens, war es ungerecht, mir als Kunden zu kündigen? Nein. Ich halte diese Entscheidung vielleicht für bedauerlich, unerfreulich, ja entmutigend, aber ich kann sie nicht unfair nennen. Sie tat nur, was sie angekündigt hatte.

Das tat auch unser Vater. Er sagte zu Adam: »An dem Tage, da du von ihm [dem Baum] issest, musst du des Todes sterben« (1. Mose 2,17). Hier ist nichts Kleingedrucktes, kein geheimer Vorbehalt, kein Hintertürchen und kein unverständlicher Fachjargon. Gott hat uns nicht übervorteilt. Er war fair. Seit dem Garten Eden ist der Sünde Sold der Tod (Röm 6,23).

Leichtfertiges Leben hat genauso Folgen wie leichtfertiges Autofahren. Vor Gott kann ich genauso wenig zu meiner Verteidigung vorbringen wie vor der Versicherungsgesellschaft. Meine Akte klagt mich an. Meine Vergangenheit überführt mich.

Nehmen wir einmal an, der Gründer und Generaldirektor der Versicherung beschließt, barmherzig mit mir zu sein. Nehmen wir an, aus irgendeinem Grund will er mich als Kunden behalten. Was kann er tun? Kann er einfach die Augen zudrücken und so tun, als hätte ich keine Fehler gemacht? Warum nimmt er nicht einfach die Liste meiner Verkehrssünden und zerreißt sie? Dafür gibt es zwei Gründe.

Erstens würde dadurch die Integrität der Gesellschaft aufs Spiel gesetzt. Er müsste dann die Richtlinien der Organisation lockern, was er keinesfalls tun könnte oder sollte. Die Ideale der Organisation sind zu wertvoll, um sie fallen zu lassen. Die Versicherungsgesellschaft kann nicht ihre Vorschriften fallen lassen und dennoch ihre Integrität bewahren.

Zweitens, er würde dadurch die Fehler des Fahrers bestärken. Wenn ich für meine Fehler nicht bezahlen muss, warum sollte ich dann vorsichtig fahren? Wenn der Direktor über meine Verfehlungen hinweggeht, was hält mich davon ab, so zu fahren, wie ich will? Wenn er von meinen Verstößen keine Notiz nimmt, dann kann ich ja weiter pfuschen!

Ist das das Ziel des Direktors? Ist das der Zweck seiner Barmherzigkeit? Herabgesetzte Maßstäbe und schlechtes Autofahren? Nein. Der Direktor steht vor diesem Dilemma: *Wie kann ich gleichzeitig barmherzig und gerecht sein? Wie kann ich Gnade anbieten, ohne Fehler gutzuheißen?*

Oder biblisch ausgedrückt, wie kann Gott Sünde bestrafen und den Sünder lieben? Paulus stellte es klar: »Denn Gottes Zorn wird vom Himmel her offenbart über alles gottlose Wesen und alle Ungerechtigkeit der Menschen« (Röm 1,18). Wird Gott seine Maßstäbe zurückstecken, damit wir Vergebung erhalten können? Wird Gott wegschauen und so tun, als hätte ich nie gesündigt? Wollten wir einen Gott, der die Regeln ändert und Ausnahmen macht? Nein. Wir wollen einen Gott, der »keinem Wechsel und keiner Verfinsterung« unterliegt (Jak 1,17) und der »keine Unterschiede zwischen den Menschen« macht (Röm 6,23).

Von meiner Sünde keine Notiz nehmen bedeutet außerdem meine Sünde billigen. Wenn ich für meine Sünde nicht bezahlen muss, dann kann ich ja weiter sündigen! Wenn meine Sünde keine schmerzhaften Folgen hat, dann kann ich weiter Sünden begehen! In der Tat: »Lasst uns Böses tun, damit Gutes daraus komme« (Röm 3,8). Ist das das Ziel Gottes? Seine Heiligkeit aufs Spiel zu setzen und unsere bösen Taten zu ermöglichen?

Natürlich nicht. Was kann er dann tun? Wie kann er gerecht sein und den Sünder lieben? Wie kann er liebevoll sein und die Sünde bestrafen? Wie kann er seinem Maßstab gerecht werden *und* meine Fehler vergeben? Gibt es eine Möglichkeit, wie Gott die Integrität des Himmels wahren kann, ohne sich von mir abzuwenden?

Die Entscheidung der Gnade

Die Heiligkeit fordert die Bestrafung der Sünde. Barmherzigkeit besteht darauf, dass der Sünder geliebt wird. Wie kann Gott beides tun? Ich möchte diese Frage beantworten, indem ich zu dem Versicherungsdirektor zurückkomme. Stellen Sie sich vor, er lässt mich in sein Büro kommen und sagt »Herr Lucado, ich habe eine Möglichkeit gefunden, mit Ihren Fehlern abzurechnen. Ich kann vor Ihnen die Augen nicht verschließen; das wäre ungerecht. Ich kann nicht so tun, als hätten Sie diese Fehler nicht begangen; das wäre eine Lüge. Aber ich kann Folgendes tun. In unseren Akten fanden wir jemanden mit einer makellosen Vergangenheit. Er hat nie das Gesetz gebrochen. Nicht ein einziger Verstoß, keine Übertretung, nicht einmal ein Strafzettel wegen falschen Parkens liegt gegen ihn vor. Er hat sich dazu bereit erklärt, mit Ihnen die Akten zu tauschen. Wir nehmen Ihren Namen und schreiben ihn auf seine Akte. Wir nehmen seinen Namen und schreiben ihn auf Ihre Akte. Wir bestrafen ihn für das, was Sie taten. Sie, der Sie Unrecht begangen haben, werden dadurch gerecht. Er, der Recht getan hat, gerät dadurch ins Unrecht.«

Meine Antwort? »Sie machen wohl Witze! Wer würde das für mich tun? Wer ist diese Person?«

Daraufhin antwortet der Direktor: »Ich.«

Warten Sie nicht darauf, dass ein Versicherungsdirektor so etwas sagt. Er tut es nicht. Er kann es nicht. Auch wenn er wollte, könnte er es nicht. Seine Akte ist nicht einwandfrei.

Aber wenn Sie wollen, dass Gott diese Worte sagt, dann können Sie erleichtert aufatmen. Er hat es getan. Er kann es. »Denn Gott war in Christus und versöhnte die Welt mit sich selber und rechnete ihnen ihre Sünden nicht zu ... Denn er hat den, der von keiner Sünde wusste, für uns zur Sünde gemacht, damit wir in ihm die Gerechtigkeit würden, die vor Gott gilt« (2. Kor 5,19+21).

Die einwandfreie Akte Jesu wurde Ihnen gegeben, und Ihre mangelhafte Akte wurde Christus gegeben. Jesus »hat einmal für die Sünden gelitten, der Gerechte für die Ungerechten« (1. Petr 3,18). Als Ergebnis wird Gottes Heiligkeit gewahrt, und seinen Kindern wird vergeben.

Durch sein fehlerloses Leben erfüllte Jesus die Anforderungen des Gesetzes. Durch seinen Tod tat er den Ansprüchen der Sünde Genüge. Jesus litt nicht wie ein Sünder, sondern als ein Sünder. Warum sonst würde er schreien: »Mein Gott, mein Gott, warum hast du mich verlassen?« (Mt 27,46).

Denken Sie über das nach, was Gott getan hat. Er übt unseren Sünden gegenüber keine Nachsicht und steckt seine Maßstäbe nicht zurück. Er verschließt die Augen nicht vor unserer Rebellion und setzt seine Anforderungen nicht herab. Anstatt über unsere Sünde hinwegzugehen, nimmt er unsere Sünde auf sich und – es ist unfassbar – verurteilt sich selbst. Gottes Heiligkeit ist gewahrt. Unsere Sünde ist bestraft. Und wir sind erlöst. Gott ist noch Gott. Der Sünde Sold ist immer noch der Tod. Und wir sind vollkommen geworden.

Es stimmt: *vollkommen.* »Mit einem Opfer hat er für immer die vollendet, die geheiligt werden« (Hebr 10,14).

Gott macht gerecht (vollkommen oder vollendet), dann heiligt er. Gott tut, was wir nicht tun können, damit wir sein können, wovon wir nicht zu träumen wagen: vollkommen vor Gott. Er macht den Ungerechten wirklich gerecht.

Und was macht er mit Ihrer Verkehrssünderkartei? »Er hat den Schuldbrief getilgt, der mit seinen Forderungen gegen uns war, und hat ihn weggetan und an das Kreuz geheftet« (Kol 2,14).

Und wie sollte Ihre Antwort darauf aussehen? Gehen wir noch einmal zu der Versicherungsgesellschaft. Ich kehre zu meinem Vertreter zurück und bitte ihn, noch einmal meine Akte aufzurufen. Er tut es und starrt ungläubig auf den Bildschirm des Computers. »Herr Lucado, Ihre Vergangenheit ist fehlerlos. Ihre Führung ist makellos.«

Meine Antwort? Wenn ich unehrlich und undankbar bin, verschränke ich die Arme und sage im Brustton der Überzeugung: »Sie haben Recht. Es ist nicht leicht, ausgezeichnet zu sein.«

Wenn ich ehrlich und dankbar bin, werde ich einfach lächeln und sagen: »Ich verdiene dieses Kompliment nicht. In der Tat verdiene ich diese Akte nicht. Sie war und ist ein kaum in Worte zu fassendes Geschenk der Gnade.«

Nebenbei gesagt habe ich eine neue Kraftfahrzeugversicherung. Sie berechnen mir etwas mehr, da ich von einem Konkurrenten herausgeworfen wurde. Und wer weiß? Vielleicht bekomme ich noch ein paar Briefe, bevor alles vorüber ist.

Meine ewige Seele ist unter himmlischer Deckung, und Jesus

ist nicht dafür bekannt, dass er Kunden entlässt. Er ist vielmehr dafür bekannt, dass er Prämien bezahlt, und meine sind schon für mein ganzes Leben beglichen. Bei ihm bin ich in guten Händen.

Bevor wir zum nächsten Kapitel kommen, möchte ich eine Frage beantworten. Hier ist jemand, der schon seit dem dritten Absatz dieses Abschnitts die Hand hebt. Ja, bitte? Sie finden das alles zu ... was?

Es tut mir Leid, ich habe immer noch nicht verstanden ... zu schön, um was zu sein? Zu schön, um *wahr* zu sein? Ach so. Sie sind nicht der Erste. Paulus wusste in der Tat, dass viele von uns dieses Problem aufwerfen würden. Deshalb schrieb er das vierte Kapitel des Römerbriefs. Und deshalb schrieb ich das folgende Kapitel.

Ja bitte? Sie haben noch eine Frage? Ja, Sie kommen mir bekannt vor. Sie verkauften mir was? Die Versicherung? Die, die Sie später kündigten? Hmmm. Ich glaube, es fällt Ihnen wirklich schwer, die Gnade zu verstehen.

8

Anerkennung, wo Anerkennung nicht gebührt

Römer 3,27– 4,25

So halten wir nun dafür, dass der Mensch gerecht wird ohne des Gesetzes Werke, allein durch den Glauben. Römer 3,28

Erinnern Sie sich an die gute alte Zeit, als Kreditkarten noch von Hand abgedruckt wurden? Der Angestellte nahm Ihre Plastikkarte und steckte sie in die Maschine, und *krrack-krrack* waren die Zahlen registriert und der Kauf getätigt. Als ich vierzehn war, lernte ich an einer Tankstelle mit solch einem Ding umzugehen. Für einen Dollar die Stunde putzte ich Windschutzscheiben, füllte Benzin ein und überprüfte den Ölstand. (Ja, damals taten die Tankwarte so etwas noch.)

Meine Lieblingsarbeit aber war es, die Kreditkarten abzudrucken. Welch ein Machtgefühl durchströmt einen, wenn man mit dem Drucker über die Plastikkarte fährt. Ich warf jedes Mal dem Kunden einen verstohlenen Blick zu, um zu sehen, wie er zusammenzuckte, wenn seine Karte *krrack-krrack* machte.

Einkäufe mit Kreditkarten sind heute nicht annähernd mehr so dramatisch. Heute wird der Magnetstreifen durch einen Schlitz geschoben, oder die Zahlen werden mit einer Tastatur eingegeben. Kein Krach. Kein Drama. Kein Schmerz. Denken Sie an die Tage des »*Krrack-krrack*« zurück, als alle den Kauf hören konnten.

Sie kaufen Benzin, *krrack-krrack*.

Sie bezahlen einige Kleidungsstücke, *krrack-krrack*.

Sie waren zum Abendessen im Restaurant, *krrack-krrack*.

Wenn Ihnen der Krach nichts ausmachte, dann ganz bestimmt der Kontoauszug am Ende des Monats. Dreißig Tage sind ausreichend Zeit für genügend Einkäufe, um ein Loch in Ihrer Brieftasche zu hinterlassen, *krrack-krrack*.

Und ein Leben reicht aus, um einige größere Schulden im Himmel anzuhäufen.

Sie schreien Ihre Kinder an, *krrack-krrack*.

Sie begehren das Auto Ihres Freundes, *krrack-krrack*.

Sie gönnen Ihrem Nachbarn seinen Erfolg nicht, *krrack-krrack*.

Sie halten ein Versprechen nicht, *krrack-krrack*.

Sie lügen, *krrack-krrack*.

Sie verlieren die Beherrschung, *krrack-krrack*.

Sie dösen über diesem Buch ein, *krrack-krrack, krrack-krrack, krrack-krrack*.

Sie versinken tiefer und tiefer in Schulden.

Zunächst versuchen wir, das zurückzuzahlen, was wir schulden. (Erinnern Sie sich an den Steineaufschichter?) Jedes Gebet ist ein ausgestellter Scheck, jede gute Tat eine geleistete Zahlung. Wenn wir für jede schlechte Tat eine gute Tat verrichten können, dann wäre doch am Ende das Konto ausgeglichen? Wenn ich meinem Fluchen Komplimente, meinen Süchten Rechtschaffenheit, meinen Klagen Spenden, meinen Lastern Siege entgegensetzen kann – wird dann die Abrechnung nicht stimmen?

Sie würde, wären da nicht zwei Probleme.

Erstens kenne ich nicht die Kosten jeder Sünde. Der Benzinpreis ist leicht herauszufinden. Wenn es nur mit der Sünde auch so einfach wäre. Aber das ist es nicht. Wie hoch ist zum Beispiel die Gebühr für Gereiztheit im Straßenverkehr? Ich werde auf einen Typen sauer, der mir die Vorfahrt nimmt; was tue ich, um für dieses Vergehen zu bezahlen? Fünfzig in der Siebzigerzone fahren? Den zehn nächsten Autofahrern zuwinken und zulächeln? Wer weiß? Oder wenn ich schlecht gelaunt aufwache? Wie hoch ist die Gebühr für ein paar griesgrämige Stunden? Kann ein Gottesdienst am nächsten Sonntag einen verdrießlichen Vormittag heute wettmachen? Und welche Bedingungen gibt es für schlechte Laune? Kostet Missstimmung an wolkenverhangenen Tagen weniger als an sonnigen? Oder sind mir eine bestimmte Anzahl missmutiger Tage im Jahr erlaubt?

Es kann recht verwirrend werden, wie Sie sehen.

Ich kenne weder die Kosten meiner Sünden noch kenne ich immer den *Anlass* meiner Sünden. Es gibt Zeiten, in denen ich sündige und es nicht einmal weiß! Erst als ich zwölf Jahre alt war, erkannte ich, dass es eine Sünde ist, seinen Feind zu hassen. Als ich acht war, wurde mir mein Fahrrad gestohlen. Ich hasste den Dieb vier Jahre lang! Wie bezahle ich für diese Sünden? Bekomme ich eine Befreiung wegen Unwissenheit?

Und was geschieht mit den Sünden, die ich jetzt begehe, ohne es zu merken? Was wäre, wenn irgendwo jemand entdeckte, dass Golfspielen Sünde ist? Oder wenn Gott denkt, dass meine Art Golf zu spielen Sünde ist? O je, ich habe allerhand in Ordnung zu bringen.

Und wie steht es mit unseren geheimen Sünden? Sogar während ich dieses Buch schreibe, sündige ich. Ich würde gerne denken, dass ich zur Ehre Gottes schreibe, aber tue ich das wirklich? Bin ich frei von Eitelkeit? Geht es hier nur um den Inhalt und nicht auch um das Gefäß? Kaum. Ich frage mich, ob die Leser mit mir übereinstimmen, ob ihnen das Buch zusagt, ob sie all die langen, anstrengenden Stunden zu schätzen wissen, die ich demütig für diese wegweisenden, historischen Gedanken aufbringe.

Und wie steht es mit Ihnen? Irgendwelche Unterlassungssünden auf dem Kontoauszug für diesen Monat? Haben Sie eine Gelegenheit versäumt, Gutes zu tun? Eine Gelegenheit zur Vergebung übersehen? Eine offene Tür für den Dienst nicht beachtet? Haben Sie *jede* Möglichkeit genutzt, um Ihre Freunde zu ermutigen?

Krrack-krrack, krrack-krrack, krrack-krrack.

Aber es gibt noch andere Probleme. Die Gnadenzeit zum Beispiel. Meine Kreditkarte erlaubt eine Mindestzahlung und überträgt die Schulden auf den nächsten Monat. Macht Gott das auch? Lässt er mich meine Habgier von heute nächstes Jahr abbezahlen? Und wie steht es mit den Zinsen? Wenn ich eine Sünde einige

Monate lang auf meinem Konto stehen lasse, entsteht dann daraus mehr Sünde? Und wenn wir schon vom Konto sprechen, ... wo ist der Auszug? Kann ich ihn sehen? Wer hat ihn? Wie zahle ich das verflixte Ding ab?

Da haben wir es. Das ist die Frage. Wie gehe ich mit den Schulden um, die ich Gott zurückzahlen muss?

Die Schuld abstreiten? Das lässt mein Gewissen nicht zu.

Schlimmere Sünden bei anderen finden? Darauf fällt Gott nicht herein.

Mich auf Straflosigkeit wegen meiner Abstammung berufen? Familienstolz hilft nichts.

Versuchen, die Schulden abzubezahlen? Das könnte ich, aber das bringt uns zu unserem Problem zurück. Wir kennen die Kosten der Sünde nicht. Wir wissen nicht einmal, wie viel wir schulden.

Was tun wir also? Sehen wir, welche Antwort Paulus gibt, in dem, wie ein Gelehrter es ausdrückte, »möglicherweise bedeutendsten einzelnen Abschnitt, der je geschrieben wurde«.[1]

»Alle sind schuldig geworden und können vor seinem Urteil nicht bestehen. Aber er hatte Erbarmen und machte alle ohne Gegenleistung gerecht. Das ist durch Jesus Christus geschehen. Gott opferte ihn vor aller Welt. Alle, die an ihn glauben, sollten durch seinen Tod von ihrer Schuld frei werden« (Röm 3,23-25).

Einfach ausgedrückt: Die Kosten der Sünde sind so hoch, dass wir sie nicht bezahlen können. Das Geschenk unseres Gottes ist größer, als wir uns vorstellen können. Paulus erklärt es folgendermaßen: »So halten wir nun dafür, dass der Mensch gerecht wird ohne des Gesetzes Werke, allein durch den Glauben« (V. 28).

Das ist vielleicht die schwierigste geistliche Wahrheit, die wir annehmen müssen. Aus irgendeinem Grund nehmen Menschen Jesus als Herrn an, bevor sie ihn als Erlöser annehmen. Es ist leichter, seine Macht zu verstehen als seine Barmherzigkeit. Wir feiern das leere Grab, lange bevor wir am Kreuz niederknien. Wie Thomas würden wir für Christus sterben, bevor wir Christus für uns sterben lassen.

Wir sind nicht die Einzigen. Wir sind nicht die Ersten, die mit der Darstellung der Gnade kämpfen. Die Ersten, die den Römerbrief anzweifelten, waren offensichtlich die, die ihn als Erste lasen. Man hat buchstäblich den Eindruck, dass Paulus ihre Fragen hören kann. Der Apostel hält mit dem Schreiben inne und stellt sich seine Leser vor: Einige rutschen verlegen hin und her, andere zweifeln, andere streiten ab. Er nimmt ihre Fragen vorweg und geht auf ihre Einwände ein.

Einwand Nr. 1: Zu riskant, um wahr zu sein

Der erste Einwand kommt vom Pragmatiker. »Heben wir denn das Gesetz auf durch den Glauben?« (Röm 3,31). Das Problem hier ist der Beweggrund. »Wenn ich nicht durch meine Werke gerettet werde, warum soll ich mich anstrengen? Wenn ich nicht durch das Gesetz gerettet werde, warum das Gesetz einhalten? Wenn ich nicht durch das, was ich tue, gerettet werde, warum soll ich dann überhaupt etwas tun?«

Zugegeben, Gnade ist riskant. Es *ist* möglich, sie zu weit zu treiben. Es *ist nicht* ausgeschlossen, dass Menschen Gottes Güte missbrauchen.

Das Beispiel der Kreditkarten kann hier weiterhelfen. Mein Vater hielt sich diesbezüglich an eine einfache Regel: Besitze so wenige wie möglich und zahle so bald wie möglich. Sein Arbeitsverdienst als Mechaniker war ausreichend, aber nicht üppig, und er konnte sich mit dem Gedanken, Zinsen zahlen zu müssen, nicht anfreunden. Er legte Wert darauf, zum Monatsende alles zu bezahlen. Sie können sich vorstellen, wie erstaunt ich war, als er mir eine Kreditkarte in die Hand drückte, als ich mein Studium begann.

Das Auto stand gepackt an der Hofausfahrt, und ich hatte mich schon verabschiedet. Da gab er mir die Kreditkarte. Ich schaute auf den Namen auf der Plastikkarte; da stand nicht mein Name, sondern seiner. Er hatte eine zusätzliche Karte für mich bestellt. Die einzige Anweisung, die er mir gab, war: »Pass auf, wie du sie gebrauchst.«

Ziemlich riskant, nicht wahr? Auf der Fahrt zur Universität kam mir der Gedanke, dass ich ein freier Mann war. Ich konnte gehen, wohin ich wollte. Ich hatte einen fahrbaren Untersatz und den Tank voll Benzin. Ich hatte Kleidung. Ich hatte Geld in der Tasche, eine Stereoanlage im Kofferraum und, das Wichtigste, ich hatte eine Kreditkarte. Ich war ein Sklave, der seine Freiheit erlangt hatte! Die Ketten waren gefallen. Noch vor Einbruch der Dunkelheit könnte ich in Mexiko sein! Was kann mich davon abhalten, in Saus und Braus zu leben?

Das ist die Frage des Pragmatikers. Was kann uns davon abhalten, in Saus und Braus zu leben? Wenn die Teilnahme am Gottesdienst mich nicht rettet, warum in den Gottesdienst gehen? Wenn das Zahlen des Zehnten mich nicht rettet, warum ihn dann geben? Wenn ein sittliches Verhalten mich nicht rettet, dann aufgepasst, meine Damen, ich komme! Judas warnt vor dieser Einstellung, wenn er von Menschen spricht, die »die Gnade unseres Gottes für ihre Ausschweifungen missbrauchen« (Jud 4).

Paulus tritt seinen Kritikern mit der Frage entgegen: »Sollen wir denn in der Sünde beharren, damit die Gnade um so mächtiger werde? Das sei ferne!« (Röm 6,1-2). Oder wie ein anderer Übersetzer schreibt: »Welch grässlicher Gedanke!«

Ein grässlicher Gedanke in der Tat. Gnade leistet dem Bösen Vorschub? Barmherzigkeit bestärkt Sünde? Welch schreckliche Idee! Der Apostel gebraucht die stärkste Redewendung im Griechischen, um diese Idee zurückzuweisen: *Me genoito!* Dieser Ausdruck bedeutet wörtlich »möge es nie so sein!« Es ist, wie er bereits sagte: »Weißt du nicht, dass dich Gottes Güte zur Buße leitet?« (Röm 2,4).

Verstehen Sie es richtig: Jemand, der Gnade als Erlaubnis zum Sündigen betrachtet, hat nichts von Gnade begriffen. Wer Barmherzigkeit versteht, sehnt sich nach Heiligkeit. »[Jesus hat] sich selbst für uns gegeben, damit er uns erlöste von aller Ungerechtigkeit und reinigte sich selbst ein Volk zum Eigentum, *das eifrig wäre zu guten Werken*« (Tit 2,14, Kursivschrift vom Autor).

Achten Sie auf die letzte Aussage: »ein Volk, das eifrig ist zu guten Werken«. Gnade fördert den Eifer, Gutes zu tun. Gnade erzeugt nicht den Wunsch nach Sünde. Jemand, der Gottes Geschenk wirklich angenommen hat, spottet nicht darüber. In der

Tat, wenn ein Mensch Gottes Barmherzigkeit als Freibrief zum Sündigen benutzt, kann man sich zu Recht fragen, ob er überhaupt Gottes Barmherzigkeit kennen gelernt hat.

Als mein Vater mir seine Karte gab, fügte er keine Liste mit Vorschriften bei. Ich musste keinen Vertrag unterschreiben und keine Regeln lesen. Er bat mich nicht, meine Hand auf die Bibel zu legen und feierlich zu versprechen, ihm alle Ausgaben zurückzuerstatten. Er bat genau genommen um gar keine Zahlungen. Es stellte sich heraus, dass das Semester schon ein paar Wochen alt war und ich die Karte noch nicht benutzt hatte. Warum? Weil er mir mehr als eine Karte gab; er gab mir sein Vertrauen. Und wenn ich auch seine Regeln hätte brechen können, so wollte ich doch sein Vertrauen nicht missbrauchen.

Gottes Vertrauen macht uns gewillt, recht zu handeln. Das ist die Genialität der Gnade. Das Gesetz kann uns zeigen, wo wir unrecht gehandelt haben, aber es kann uns nicht gewillt machen, recht zu handeln. Die Gnade kann es. Oder, wie Paulus antwortete: »Aufgrund des Glaubens tun wir, was das Gesetz wirklich verlangt« (Röm 3,31; Übersetzung direkt aus dem englischen Text).

Einwand Nr. 2: Zu neu, um wahr zu sein

Der zweite Einwand gegen Gnade kommt von einem Menschen, der allem Neuen mit Argwohn begegnet. »Komme mir nicht mit einer dieser neumodischen Lehren. Gib mir einfach das Gesetz. Wenn es für Abraham gut genug war, ist es auch für mich gut genug.«

»In Ordnung, ich erzähle dir vom Glauben deines Vaters Abraham«, antwortet Paulus.

»Ist Abraham durch Werke gerecht, so kann er sich wohl rühmen, aber nicht vor Gott. Denn was sagt die Schrift? ›Abraham hat Gott geglaubt, und das ist ihm zur Gerechtigkeit gerechnet worden‹« (4,2-3).

Diese Worte müssen die Juden bestürzt haben. Paulus weist auf Abraham als Vorbild der Gnade hin. Die Juden hielten Abraham als einen Mann in Ehren, der *wegen* seines Gehorsams gesegnet war. Stimmt nicht, behauptet Paulus. Im ersten Buch der Bibel steht: »Abram glaubte dem Herrn, und das rechnete er ihm zur Gerechtigkeit« (1. Mose 15,6). Sein Glaube machte ihn gerecht vor Gott, nicht seine Werke. *The Message* überträgt Römer 4,2 so: »[Abraham] vertraute darauf, dass Gott ihn gerecht macht, anstatt zu versuchen, aus eigener Kraft gerecht zu werden.«

Fünfmal in sechs Versen benutzt Paulus das Wort *zurechnen*. Dieses Wort stammt aus der Welt der Finanzen. Einem Konto etwas zurechnen bedeutet, eine Einzahlung machen. Wenn ich Ihrem Konto etwas zurechne, vergrößere ich Ihr Guthaben oder verringere Ihre Schuld.

Wäre es nicht schön, wenn jemand Ihrem Konto etwas zurechnen würde? Den ganzen Monat lang sammeln sich Rechnungen an, *krrack-krrack*, und Sie fürchten den Tag, an dem der Kontoauszug geschickt wird. Sie lassen den Brief ein paar Tage auf dem Schreibtisch liegen und wollen nicht sehen, wie viel Sie schulden. Schließlich zwingen Sie sich dazu, den Umschlag zu öffnen. Mit halb geschlossenen Augen blinzeln Sie auf die Zahl. Dann reißen Sie unwillkürlich die Augen weit auf. »Ein Nullsaldo!«

Das muss ein Fehler sein, also rufen Sie Ihre Bank an. »Ja«, erklärt der Bankangestellte. »Ihr Konto ist ausgeglichen. Ein Herr Max Lucado schickte uns einen Scheck, um Ihre Schulden zu decken.«

Sie trauen Ihren Ohren nicht. »Wie können Sie wissen, dass sein Scheck gedeckt ist?«

»O, daran besteht kein Zweifel. Seit Jahren bezahlt Herr Lucado die Schulden anderer Leute.«

Übrigens würde ich das sehr gerne für Sie tun, aber machen Sie sich keine Hoffnung. Ich besitze nur wenige Geldscheine. Aber Jesus würde es auch gerne tun, und er kann es! Er hat überhaupt keine persönliche Schuld. Und noch wichtiger, er tut das schon jahrelang. Als Beweis nimmt Paulus eine zweitausend Jahre alte Akte mit der Aufschrift »Abram aus Ur« und zieht aus ihr einen Bericht hervor. Der Bericht enthält eine Anzahl von Belastungen. Es gab Zeiten, in denen er den Ägyptern mehr vertraute als Gott. Er log sogar und gab vor dem Pharao seine Frau als seine Schwester aus. Aber Abram traf eine Entscheidung, die sein ewiges Leben änderte: »Er vertraute darauf, dass Gott ihn gerecht macht, anstatt zu versuchen, aus eigener Kraft gerecht zu werden« (*The Message*).

Hier ist ein Mann, der gerecht gemacht wurde, und zwar vor seiner Beschneidung (Röm 4,10), vor der Verkündigung des Gesetzes (Röm 4,13), vor Mose und den Zehn Geboten. Hier ist ein Mann, der durch den Glauben gerecht gemacht wurde, und zwar bevor Jesus am Kreuz starb! Das Blut von Golgatha bedeckt die Sünden, die weit in der Vergangenheit zurückliegen, genauso wie die Sünden, die in Zukunft noch begangen werden.

Abram ist nicht der einzige Held des Alten Testaments, der sich auf Gottes Gnade verlässt. David tat dasselbe. »Wie ja auch David den Menschen selig preist, dem Gott zurechnet die Gerechtigkeit ohne Zutun der Werke. ›Selig sind die, denen die Ungerechtigkeit vergeben und denen die Sünden bedeckt sind! Selig ist der Mann, dem der Herr die Sünde nicht zurechnet!‹« (Röm 4,6-8).

Wir dürfen die Gnade nicht als Vorkehrung betrachten, die getroffen wurde, nachdem das Gesetz versagt hatte. Die Gnade wurde angeboten, *bevor* das Gesetz offenbart wurde. Ja, die Gnade wurde angeboten, bevor der Mensch geschaffen wurde! »Denn ihr wisst, dass ihr nicht mit vergänglichem Silber oder Gold erlöst seid von eurem nichtigen Wandel nach der Väter Weise, sondern mit dem teuren Blut Christi als eines unschuldigen und unbefleckten Lammes. Er ist zwar zuvor ausersehen, ehe der Welt Grund gelegt wurde, aber offenbart am Ende der Zeiten um euretwillen« (1. Petr 1,18-20).

Warum sollte Gott Gnade anbieten, bevor wir sie brauchen? Gut, dass Sie diese Frage stellen. Kommen wir noch einmal zu der Kreditkarte zurück, die mein Vater mir gegeben hat. Habe ich gesagt, dass ich mehrere Monate lebte, ohne sie zu brauchen? Aber als ich sie brauchte, brauchte ich sie *wirklich*. Sehen Sie, ich wollte jemanden in einer anderen Universität besuchen. Eigentlich handelte es sich um eine Freundin in einer anderen Stadt, die sechs Autostunden entfernt war. Einer augenblicklichen Regung folgend schwänzte ich an einem Freitagvormittag die Vorlesungen und fuhr davon. Da ich nicht wusste, ob meine Eltern dies gutheißen würden, bat ich sie nicht um ihre Erlaubnis. Als ich wegfuhr, war ich in Eile; deshalb vergaß ich, Geld mitzunehmen. Ich machte mich ohne ihr Wissen und mit einer leeren Geldbörse auf die Reise.

Alles klappte wunderbar, bis ich auf der Rückfahrt auf das Heck eines anderen Autos auffuhr. Mit einem Brecheisen riss ich den Kotflügel von meinem Vorderrad ab, so dass ich mich mühsam bis zur nächsten Tankstelle schleppen konnte. Ich sehe immer noch die Telefonzelle, in der ich in der herbstlichen Kälte stand. Mein Vater, der annahm, dass ich auf dem Universitätsgelände war, nahm mein R-Gespräch an und lauschte meiner Geschichte. Ich war recht kleinlaut. Ich hatte die Fahrt ohne sein Wissen und ohne einen Pfennig Geld in der Tasche gemacht, und ich hatte sein Auto zu Schrott gefahren.

»Nun«, sagte er nach einer langen Pause. »So etwas kommt vor. Deshalb habe ich dir die Karte gegeben. Ich hoffe, du hast etwas daraus gelernt.«

Habe ich etwas daraus gelernt? Sicher. Ich lernte, dass die Vergebung meines Vaters schon vor meinem Fehler da war. Er hatte mir die Karte vor meinem Unfall gegeben, für den Fall, dass ich einen baue. Er hatte schon für meinen Fehler vorgesorgt, bevor ich überhaupt einen begangen hatte. Muss ich Ihnen sagen, dass Gott das Gleiche tut? Bitte verstehen Sie mich richtig, mein Vater wollte nicht, dass ich das Auto ramponiere. Er gab mir die Karte nicht, *damit* ich das Auto zu Schrott fahre. Aber er kannte seinen Sohn. Und er wusste, dass sein Sohn eines Tages Gnade braucht.

Bitte verstehen Sie das richtig, Gott will nicht, dass wir sündigen. Er gab uns die Gnade nicht, *damit* wir sündigen. Aber er kennt seine Kinder. »Er hat ihnen Verstand und Willen gegeben und weiß, was sie tun und treiben« (Ps 33,15). »Er weiß, was für ein Gebilde wir sind« (Ps 103,14). Und er wusste, dass wir eines Tages seine Gnade brauchen.

Gnade ist nichts Neues. Gottes Barmherzigkeit war schon vor Paulus und seinen Lesern da, sie war vor David und Abraham da; ja, sie war sogar schon vor der Schöpfung da. Sie war ganz gewiss schon vor jeder Sünde, die Sie begangen haben, da. Gottes Gnade ist älter als Ihre Sünde und größer als Ihre Sünde. Zu schön, um wahr zu sein? Das ist der dritte Einwand.

Einwand Nr. 3: Zu schön, um wahr zu sein

Genauso wie es einen Pragmatiker gab, der sagte, Gnade sei zu riskant, und einen Fortschrittsfeindlichen, der erklärte, Gnade sei zu neu, gab es wahrscheinlich auch einen Skeptiker, der einwarf: »Das ist zu schön, um wahr zu sein.«

Dies ist bei weitem der Einwand, der am häufigsten gegen Gnade vorgebracht wird. Diese Woche kam niemand in mein Büro, um mir Fragen über Abram und Werke, Gesetz und Glauben zu stellen. Aber diese Wände hörten die Frage einer jungen Frau, die zwei Jahre lang zum Studium von zu Hause weg war und dabei zur Sinnenlust Ja und zu Gott Nein gesagt hatte. Ich sprach mit einem jungen Ehemann, der sich fragte, ob Gott ihm wohl vergeben würde, dass er vor zehn Jahren eine Abtreibung finanziert hatte. Und da war noch der Vater, der eben erkannt hatte, dass er sein Leben der Arbeit verschrieben hat und seine Kinder vernachlässigt.

Alle fragten sich, ob sie ihre Kreditlinie bei Gott ausgeschöpft haben. Sie sind nicht die Einzigen. Die große Mehrheit stellt einfach fest: »Gott schenkt vielleicht anderen Gnade, aber mir nicht. Sehen Sie, ich treibe auf dem Strom des Versagens dahin. Ich habe es zu weit getrieben. Ich bin nicht Ihr typischer Sünder. Ich bin schuldig, denn ...« Und sie füllen die leere Stelle aus.

Wie würden Sie die leere Stelle ausfüllen? Gibt es in Ihrem Leben ein Kapitel, das Sie verurteilt? Gibt es in Ihrem Herzen ein Tal, das so tief ist, dass der erstgeborene Sohn es nicht erreichen kann? Wenn Sie denken, dass es für Sie keine Hoffnung mehr gibt, dann möchte Paulus Ihnen jemanden vorstellen. Unsere unfruchtbare Vergangenheit erinnert den Apostel an Saras unfruchtbaren Leib.

Gott hatte Sara und Abram ein Kind versprochen. Der Name Abram bedeutet »erhabener Vater«. Gott änderte Abrams Namen in Abraham um, das bedeutet: »Vater einer großen Menge«, aber immer noch war kein Sohn da. Vierzig Jahre vergingen, bevor die Verheißung erfüllt wurde. Glauben Sie nicht, dass folgendes Gespräch für Abraham schrecklich geläufig wurde?

»Wie heißt du?«

»Abraham.«

»O, ›Vater einer großen Menge‹! Welch großartige Titulierung. Sage mir, wie viele Söhne hast du?«

Und jedes Mal seufzte Abraham und antwortete: »Keinen.«

Gott hatte ein Kind versprochen, aber Abraham hatte keinen Sohn. Er verließ seine Heimat und zog in ein unbekanntes Land, aber kein Sohn wurde geboren. Er durchstand eine Hungersnot, hatte aber immer noch keinen Sohn. Sein Neffe Lot kam und ging, aber immer noch wurde kein Sohn geboren. Er hatte Begegnungen mit Engeln und mit Melchisedek, war aber immer noch ohne Erben.

Inzwischen war Abraham neunundneunzig Jahre alt, und Sara war nicht viel jünger. Sie strickte, und er spielte Solitär, und beide lachten insgeheim bei dem Gedanken, dass ein Junge auf ihren knochigen Knien reiten würde. Er verlor die Haare und sie die Zähne, und keiner von ihnen hatte noch große Lust auf Intimverkehr. Aber irgendwie hatten sie die Hoffnung nie ganz aufgegeben. Gelegentlich dachte er an Gottes Versprechen und blinzelte ihr zu, und sie lächelte ihn an und dachte: *Nun, Gott hat uns ein Kind versprochen, nicht wahr?*

> [Abraham] hoffte, obwohl es keinen Grund zur Hoffnung gab, und vertraute darauf, dass Gott ihn zum Vater vieler Völker machen werde. Denn Gott hatte zu ihm gesagt: »Deine Nachkommen werden so zahlreich sein wie die Sterne.« Abraham war damals fast hundert Jahre alt. Es war ihm klar, dass er keine Kinder mehr zeugen konnte; auch seine Frau Sara konnte keine Kinder mehr bekommen. Trotzdem zweifelte er nicht an dieser Zusage, sondern ehrte Gott mit unerschütterlichem Vertrauen. Er verließ sich darauf, dass Gott die Macht hat, zu tun, was er verspricht. Darum heißt es von Abraham: »Er fand Gottes Anerkennung« (Röm 4,18-22).

Alles war dahin. Keine Jugend mehr. Keine Kraft mehr. Keine Stärke mehr. Der jugendliche Elan war weg. Alles, was der alte Abraham und die alte Sara noch hatten, war ihre Altersversorgung und ein Versprechen vom Himmel. Aber Abraham beschloss, sich nicht so sehr auf das Problem zu konzentrieren, sondern sich vielmehr auf die Verheißung zu verlassen. Mit anderen Worten, die beiden Alten brachten eine Wiege mit ins Altersheim.

Haben wir viel mehr als sie? Nicht wirklich. Jeder von uns hat mehr Rechnungen angesammelt – *krrack-krrack* –, als er je bezahlen kann. Aber nicht einer von uns muss in seinen Schulden stecken bleiben. Derselbe Gott, der Abraham ein Kind schenkte, hat uns Gnade versprochen.

Was ist unglaublicher: dass Sara zu Abraham sagt, dass er Papa geworden ist oder dass Gott Sie und mich für gerecht erklärt? Beides ist absurd. Beides ist zu schön, um wahr zu sein. Aber beides ist von Gott.

9

Gnade der Oberliga

Römer 5,1–3

Da wir nun gerecht geworden sind durch den Glauben, haben wir Frieden mit Gott durch unsern Herrn Jesus Christus; durch ihn haben wir auch Zugang im Glauben zu dieser Gnade, in der wir stehen, und rühmen uns der Hoffnung der zukünftigen Herrlichkeit, die Gott geben wird. Römer 5,1-2

Spieler, die zum Mal drängen? Fragwürdige Entscheidungen, die ohne Protest hingenommen werden? Schiedsrichter, denen nach dem Spiel gedankt wird? Fans, die Aus-Bälle zurückgeben? Ist das Oberliga-Baseball?

Das war es. Im Frühjahr 1995 war Profi-Baseball ein ganz anderes Spiel. Die millionenschweren Spieler waren zu Hause. Die sündhaft teuren Schlaghölzer blieben im Schrank. Die Vertragsspieler verhandelten um mehr Geld. Die Eigentümer, die entschlossen waren, die Saison zu beginnen, öffneten die Tore fast jedem, der einen Bodenball auffangen oder einen Ball schlagen konnte.

Es waren keine Spieler der Zweiten Liga. Diese streikten auch. Es waren Leute, die Baseball-Kindermannschaften trainierten und dann plötzlich die Uniform der Red Sox bekamen.

Die Spiele wurden nicht mit besonderem Können ausgeführt. Die Vorstöße erreichten kaum das äußere Spielfeld. Ein Veranstalter sagte, seine Werfer schlugen den Ball so langsam, dass das

Radargerät sie nicht stoppen konnte. Die Spieler keuchten und schnaubten schlimmer als eine Dampflokomotive.

Aber wie viel Spaß hatten diese Spieler! Auf dem Spielfeld waren nur Spieler, die um des Spieles willen spielten. Wenn der Trainer »Los« sagte, dann zischten sie los. Wenn er einen Freiwilligen für einen Flugball brauchte, gingen ein Dutzend Hände hoch. Sie kamen an, bevor der Park geöffnet wurde, fetteten ihre Handschuhe ein und säuberten ihre Schuhnägel. Wenn es Zeit war, nach Hause zu gehen, blieben sie, bis die Belegschaft des Platzes sie wegschickte. Sie dankten den Bediensteten dafür, dass sie ihre Uniformen wuschen. Sie dankten dem Verpflegungsbetrieb für das Essen. Sie dankten den Fans, dass sie einen Dollar Eintrittsgeld bezahlt hatten. Die Reihe der Spieler, die bereit waren, Autogramme zu geben, war länger als die Reihe der Fans, die welche wollten.

Diese Jungs betrachteten sich nicht als einen Segen für den Baseball, sondern Baseball als Segen für sich. Sie erwarteten keinen Luxus; sie waren erstaunt darüber. Sie forderten nicht mehr Spielzeit; sie waren begeistert, überhaupt spielen zu können.

Das war wieder Baseball!

In Cincinnati trat der Generaldirektor auf das Feld und applaudierte den Fans für ihr Kommen. In Philadelphia wurden kostenlos heiße Würstchen und Limonade verteilt. Im Geschäft des Jahres gaben die Cleveland Indians fünf Spieler an die Cincinnati Reds ab – kostenlos!

Es waren keine erstklassigen Spiele. Man vermisste die Läufe um sämtliche Male auf einen Schlag und die knallharten Schüsse. Aber das wurde vergeben aus reiner Freude darüber, einige Jungs spielen zu sehen, die wirklich an dem Spiel ihren Spaß hatten. Was machte sie so besonders? Das ist einfach. Sie führten ein Leben, das sie nicht verdient hatten. Diese Jungs schafften es nicht aufgrund ihres Könnens in die erste Liga; sie schafften es nur mit Glück. Sie wurden nicht ausgewählt, weil sie so gut waren; sie wurden ausgewählt, weil sie gewillt waren.

Und sie wussten es! Nicht ein einziges Mal las man einen Artikel darüber, dass die Ersatzspieler sich über schlechte Bezahlung beklagten. Es gab kein Gerangel um Positionen. Die Leitung wurde nicht kritisiert. Es gab keine Streiks, keine Aussperrungen und kein Verlassen des Spielfelds aus Protest. Ja, diese Jungs beklagten sich nicht einmal darüber, dass ihre Namen nicht auf die Trikots genäht waren. Sie waren einfach glücklich, zur Mannschaft zu gehören.

Sollten wir das nicht auch sein? Sind wir nicht eine Truppe wie diese Spieler? Wenn uns die ersten vier Kapitel des Römerbriefes etwas sagen, dann dies: Wir führen ein Leben, das wir nicht verdient haben. Wir sind nicht gut genug, um ausgewählt zu werden. Doch schaut uns an, wir wurden eingekleidet und sind bereit zum Spiel! Wir sind nicht geschickt genug, um in der örtlichen Softball*-Mannschaft spielen zu können, aber unsere Namen stehen im wichtigsten Namensverzeichnis der Geschichte!

Haben wir es verdient, hier zu sein? Nein. Aber würden wir dieses Vorrecht hergeben? Für nichts auf der Welt. Denn wenn es richtig ist, was Paulus verkündigt, dann hat Gottes Gnade uns in eine Traummannschaft gestellt, die alle unsere Vorstellungen übertrifft. Unsere Vergangenheit ist vergeben und unsere Zukunft gesichert. Und damit wir dieses unbeschreibliche Geschenk nicht vergessen, führt Paulus die Segnungen, die Gottes Gnade in unsere Welt bringt, einzeln auf (siehe Röm 5,1-12).

Segen Nr. 1: Wir haben Frieden mit Gott

»Da wir nun gerecht geworden sind durch den Glauben, haben wir Frieden mit Gott« (V. 1).

Frieden mit Gott. Welch glückliche Folge des Glaubens! Nicht nur Friede zwischen Ländern, Friede zwischen Nachbarn oder Friede in der Familie; die Erlösung bringt Frieden mit Gott.

Ein Mönch und sein Lehrling gingen einmal vom Kloster in eine nahe gelegene Stadt. Die beiden trennten sich am Stadttor und machten aus, sich am nächsten Morgen nach Erledigung ihrer Aufgaben wieder zu treffen. Sie trafen sich wie geplant und begannen

* Abart des Baseball mit weicherem und größerem Ball

den Fußmarsch zurück ins Kloster. Der Mönch bemerkte, dass der jüngere Mann ungewöhnlich still war. Er fragte ihn, ob irgendetwas nicht in Ordnung sei. »Was geht dich das an!«, bekam er kurz angebunden zur Antwort.

Nun war sich der Mönch sicher, dass sein Bruder Sorgen hatte, aber er sagte nichts. Die Entfernung zwischen beiden wurde immer größer. Der Lehrling ging langsam, als wolle er sich von seinem Lehrer trennen. Als das Kloster in Sicht kam, hielt der Mönch am Tor und wartete auf den Schüler. »Sag mir, mein Sohn. Was quält deine Seele?«

Der Junge wollte wieder ungehalten reagieren, aber als er die Wärme in den Augen seines Lehrers sah, begann sein Herz zu schmelzen. »Ich habe schwer gesündigt«, schluchzte er. »Vergangene Nacht habe ich mit einer Frau geschlafen und mein Gelübde gebrochen. Ich bin es nicht wert, an deiner Seite das Kloster zu betreten.«

Der Lehrer legte seinen Arm um den Schüler und sagte: »Wir werden zusammen das Kloster betreten. Und zusammen werden wir deine Sünde bekennen. Nur Gott weiß, wer von uns beiden gefallen ist.«[1]

Beschreibt das nicht, was Gott für uns getan hat? Als wir unsere Sünde verschwiegen, zogen wir uns von ihm zurück. Wir betrachteten ihn als Feind. Wir unternahmen Schritte, um seine Gegenwart zu meiden. Aber das Bekenntnis unserer Verfehlungen ändert unsere Wahrnehmung. Gott ist nicht länger ein Feind, sondern ein Freund. Wir haben Frieden mit ihm. Er tat mehr als der Mönch, viel mehr. Mehr als unsere Sünde mit uns zu teilen, wurde Jesus »um unsrer Missetat willen zerschlagen. Die Strafe liegt auf ihm, auf dass wir Frieden hätten, und durch seine Wunden sind wir geheilt« (Jes 53,5). »[Jesus] hat das Kreuz auf sich genommen und sich nichts aus diesem schändlichen Tod gemacht« (Hebr 12,2). Er führt uns in die Gegenwart Gottes.

Segen Nr. 2: Wir haben einen Platz bei Gott

In Gottes Gegenwart geführt zu werden ist der zweite Segen, den Paulus beschreibt: »Das verdanken wir Jesus Christus, unserem Herrn; denn er öffnete uns den Zugang zu der Gnade Gottes, die wir im Vertrauen angenommen haben und die jetzt unser Leben bestimmt« (V. 1b-2). Das griechische Wort für »Zugang öffnen« bedeutet wörtlich »in die Gegenwart des Königs führen«. Zweimal erinnert uns Paulus im Epheserbrief an unser Recht, vor Gott zu treten:

> Denn durch ihn [Christus] haben wir ... den Zugang zum Vater (Eph 2,18).
> Weil wir uns auf diesen Herrn verlassen, dürfen wir zuversichtlich und vertrauensvoll vor Gott treten (Eph 3,12).

Christus trifft sich mit Ihnen vor dem Thronsaal, nimmt Sie an der Hand und führt Sie in die Gegenwart Gottes. Wenn wir eintreten, finden wir Gnade, nicht Verdammung, Barmherzigkeit, nicht Strafe. Wir, die wir nie eine Audienz beim König erhalten hätten, werden jetzt herzlich eingeladen, zu ihm zu kommen.

Wenn Sie Vater oder Mutter sind, verstehen Sie das. Wenn ein Kind, das Sie nicht kennen, vor Ihrer Tür steht und bittet, die Nacht bei Ihnen verbringen zu dürfen, was würden Sie tun? Wahrscheinlich würden Sie es nach seinem Namen und seiner Adresse fragen. Sie würden versuchen, herauszufinden, warum es durch die Straßen streunt, und mit seinen Eltern Kontakt aufnehmen. Wenn dagegen ein Kind in Begleitung Ihres Sohnes oder Ihrer Tochter das Haus betritt, heißen Sie dieses Kind willkommen. Das gilt auch für Gott. Wenn wir mit seinem Sohn Freundschaft schließen, erhalten wir Zugang zum Vater.

Jesus versprach: »Wer mich bekennt vor den Menschen, den will ich auch bekennen vor meinem himmlischen Vater« (Mt 10,32). Weil wir Freunde seines Sohnes sind, haben wir Zugang zum Thronsaal. »Er öffnete uns den Zugang zu der Gnade Gottes, die wir im Vertrauen angenommen haben und die jetzt unser Leben bestimmt« (Röm 5,2).

Dieses Geschenk ist kein gelegentlicher Besuch vor Gott, sondern ein dauerhafter »Zugang im Glauben zu dieser Gnade, in der wir stehen« (V. 2). Hier hört meine Analogie mit den Ersatzspielern beim Baseball auf. Sie wussten, dass ihr Status nur vorläufig war. Ihr Vorrecht hielt nur so lange an, wie der Streik dauerte. Bei uns ist es anders. Unser Vorrecht hält so lange an, wie Gott treu ist, und seine Treue wurde nie in Frage gestellt. »Sind wir untreu, so bleibt er doch treu; denn er kann sich selbst nicht verleugnen« (2. Tim 2,13). Jesaja beschreibt Gottes Treue als »Gurt um seine Hüften« (Jes 11,5). David verkündigt, dass die Treue des Herrn »reicht, so weit der Himmel ist« (Ps 36,6).

Ich denke, die Analogie mit dem Baseball könnte aufrecht erhalten werden, wenn der Eigentümer der Mannschaft uns den Status eines lebenslangen Mannschaftsmitglieds verleihen würde. Dann würde unsere Position im Team nicht von unserer Leistung sondern von seiner Macht abhängen. Hat ein Eigentümer jemals ein solches Geschenk gemacht? Ich weiß es nicht, aber Gott hat es getan und tut es noch.

Achten Sie, bevor wir weitergehen, auf die Reihenfolge der Segnungen. Der erste Segen handelt von unserer Vergangenheit; wir haben Frieden mit Gott, weil unsere Vergangenheit vergeben worden ist. Der zweite Segen handelt von der Gegenwart. Wir haben einen Platz bei Gott, weil Jesus uns seinem Vater vorgestellt hat. Können Sie erraten, worauf sich der nächste Segen bezieht?

Segen Nr. 3: Wir haben Teil an seiner Herrlichkeit

Sie haben richtig geraten: unsere Zukunft. »Nun sind wir voll Freude und Zuversicht, weil wir fest damit rechnen, dass Gott uns an seiner Herrlichkeit teilnehmen lässt« (Röm 5,2).

Aufgrund von Gottes Gnade sind wir nicht mehr Menschen, deren »Rachen ein offenes Grab« ist (Ps 5,10), sondern Teilhaber an Gottes Herrlichkeit. Wir waren als erledigt betrachtet und hatten ausgedient; jetzt werden wir aufgerufen und hereingeführt.

Was bedeutet es, an Gottes Herrlichkeit Anteil zu haben? Darf ich dieser Frage ein ganzes Kapitel widmen? (Warum frage ich Sie überhaupt? Das Buch ist schon geschrieben.) Kommen Sie mit mir aus der Welt des Baseballs und der Ersatzspieler zu einem Schauplatz mit einem König und einem Invaliden. Nach ein paar Seiten wissen Sie, was ich meine.

10

Das Vorrecht der Habenichtse

Römer 5,6–8

Gott aber erweist seine Liebe zu uns darin, dass Christus für uns gestorben ist, als wir noch Sünder waren. Römer 5,8

Warnung: Der Inhalt dieses Kapitels löst wahrscheinlich Hunger aus. Sie sollten es gegebenenfalls in der Küche lesen.

Meine erste Pfarrstelle bekam ich in Miami, Florida. Zu unserer Gemeinde gehörten sehr viele Damen, die gerne kochten. Ich passte gut dazu, denn ich war alleinstehend und aß sehr gerne. Die Gemeinde organisierte am Sonntagabend gerne gemeinsame Mahlzeiten mit »Topfklopfen«; das bedeutete, dass jeder etwas zu essen mitbrachte. Und etwa alle drei Monate gab es ein regelrechtes *Festessen.*

Es gibt Gemeinden, bei denen diese gemeinsamen Mahlzeiten einer Resteverwertung ähneln. Nicht so in dieser Kirche. Unsere gemeinsamen Mahlzeiten, bei denen jeder etwas mitbrachte, waren größere Ereignisse. Die Lebensmittelgeschäfte der Gegend baten uns, sie vorher zu informieren, damit sie ihre Regale auffüllen konnten. Der Verkauf von Kochbüchern stieg. Leute, die man vorher noch nie in der Kirchenbank gesehen hatte, standen zum Essen an. Für die Frauen war es ein inoffizieller Kochwettbewerb, und für die Männer ein schamloses Schlemmen.

Meine Güte, war es lecker, ein wahrhaftiges Luxusgelage. Saftige Schinken, gebackene Bohnen, allerlei Appetithappen, Pasteten ... Noch heute läuft mir das Wasser im Mund zusammen, wenn ich daran denke. Haben Sie sich schon einmal gefragt, warum es so viele wohlbeleibte Pfarrer gibt? Man wird Pfarrer wegen solcher Mahlzeiten.

Als Junggeselle verließ ich mich auf solche gemeinsamen Mahlzeiten für mein Überleben. Während sich andere überlegten, was sie kochen sollten, studierte ich die Speichertechnik von Kamelen. Ich wusste, dass ich nicht umhinkonnte, etwas mitzubringen, also durchsuchte ich am Sonntagnachmittag meine Küchenregale. Das Ergebnis war erbärmlich: Einmal brachte ich ein halbleeres Glas »Planters Peanuts« (gesalzene Erdnüsse) mit, ein anderes Mal strich ich ein halbes Dutzend Marmeladebrote. Zu meinen besten Mitbringseln zählte eine Tüte Chips, eine schlichtere Gabe war eine Dose Tomatensuppe, ebenfalls ungeöffnet.

Es war nicht viel, aber niemand beklagte sich. Jene Damen verhielten sich sogar so, dass man meinen könnte, ich hätte einen gebratenen Truthahn mitgebracht. Sie nahmen mein Glas Erdnüsse und stellten es auf den langen Tisch mit all dem anderen Essen und drückten mir einen Teller in die Hand. »Nur zu, Max, nur nicht schüchtern. Füllen Sie Ihren Teller.« Und das tat ich! Kartoffelbrei und Soße. Rinderbraten. Gegrillte Hähnchen. Ich nahm ein bisschen von allem, außer von den Erdnüssen.

Ich kam wie ein Habenichts und aß wie ein König!

Obwohl Paulus nie an diesen gemeinsamen Mahlzeiten teilgenommen hat, hätte ihm ihre symbolische Bedeutung gefallen. Er würde sagen, dass Christus für uns genau das tut, was diese Frauen für mich taten. Aufgrund seiner Liebe und unserer Bitte lädt er uns zu seinem Tisch ein. Nicht wegen unserer Mitbringsel erhalten wir einen Platz beim Festmahl; in der Tat, alles, was wir mitbringen, erscheint an seinem Tisch nicht erwähnenswert. Unser Eingeständnis des Hungers ist die einzige Voraussetzung, denn: »Selig sind, die da hungert und dürstet nach der Gerechtigkeit; denn sie sollen satt werden« (Mt 5,6).

Unser Hunger ist also keine Begierde, die man unterdrücken soll, sondern ein gottgegebenes Verlangen, das zu beherzigen ist. Wir sollen unsere Schwäche nicht aus unseren Gedanken verbannen, sondern bekennen. Ist das nicht die Kernaussage von Paulus, wenn er schreibt: »Denn Christus ist schon zu der Zeit, als wir noch schwach waren, für uns Gottlose gestorben. Nun stirbt kaum jemand um eines Gerechten willen; um des Guten willen wagt er vielleicht sein Leben. Gott aber erweist seine Liebe zu uns darin, dass Christus für uns gestorben ist, als wir noch Sünder waren« (Röm 5,6-8).

Das Bild eines Habenichtses

Paulus zeichnet kein sehr ansprechendes Bild von uns. Wir sind »schwach«, »gottlos«, »Sünder« und »Feinde Gottes« (Röm 5, 6.8.10). So sind die Menschen, für die Gott starb.

Der Familientherapeut Paul Faulkner erzählt von einem Mann, der ein gestörtes Mädchen im Teenageralter adoptieren wollte. Man kann die Logik des Vaters in Frage stellen. Das Mädchen war destruktiv, ungehorsam und unehrlich. Eines Tages kam sie von der Schule nach Hause und durchstöberte das ganze Haus auf der Suche nach Geld. Als der Vater zurückkam, war sie fort und das Haus drunter und drüber.

Als die Freunde des Vaters von den Untaten des Mädchens hörten, drängten sie ihn, die Adoption nicht endgültig zu machen. »Lass sie laufen«, rieten sie. »Schließlich ist sie nicht wirklich deine Tochter.« Seine Antwort war einfach: »Ja, ich weiß. Aber ich habe ihr gesagt, dass sie meine Tochter ist.«[1]

Auch Gott hat einen Vertrag geschlossen, um sein Volk zu adoptieren. Sein Vertrag wird durch unsere Rebellion nicht ungültig. Es ist eine Sache, uns zu lieben, wenn wir stark, gehorsam und gewillt sind. Aber wenn wir sein Haus auf den Kopf stellen und stehlen, was ihm gehört? Das ist der Test der Liebe.

Und Gott besteht den Test. »Gott aber erweist seine Liebe zu uns darin, dass Christus für uns gestorben ist, als wir noch Sünder waren« (5,8).

Die Damen unserer Kirche schauten nicht auf mich und meine Erdnüsse und sagten: »Komm zurück, wenn du kochen gelernt hast.«

Der Vater schaute nicht auf das ramponierte Haus und sagte: »Komm zurück, wenn du Achtung gelernt hast.«

Gott schaute nicht auf unser gescheitertes Leben und sagte: »Ich sterbe für dich, wenn du es verdient hast.«

David schaute auch nicht auf Mefi-Boschet und sagte: »Ich werde dich retten, wenn du laufen gelernt hast.«

Mefi-*wie?*

Mefi-Boschet. Wenn Sie seine Geschichte hören, verstehen Sie, warum ich seinen Namen erwähne. Lesen Sie nach langer Zeit einmal wieder im ersten und zweiten Buch Samuel, dann sehen Sie, wer er ist.

> (Auch hatte Jonatan, der Sohn Sauls, einen Sohn, der war lahm an beiden Füßen; er war nämlich fünf Jahre alt, als die Kunde von Saul und Jonatan aus Jesreel kam, und seine Amme hatte ihn aufgehoben und war geflohen, und während sie eilends floh, fiel er hin und war fortan lahm. Er hieß Mefi-Boschet.) (2. Sam 4,4).

In manchen Bibelübersetzungen steht dieser Satz tatsächlich in Klammern. Aus diesem Vers erfahren wir nicht sehr viel, nur seinen Namen (Mefi-Boschet), sein Unglück (sein Kindermädchen ließ ihn fallen), seine Behinderung (lahm), und dann geht es schon mit etwas anderem weiter.

Doch das genügt, um ein paar Fragen zu stellen. Wer war dieser Junge? Warum steht diese Geschichte in der Bibel? Warum erwähnt Lucado ihn in einem Buch über Gnade? Vielleicht hilft uns etwas Hintergrundinformation weiter.

Mefi-Boschet war der Sohn Jonatans, also der Enkel von Saul, dem ersten König Israels. Saul und Jonatan fielen im Kampf, also konnte David den Thron besteigen. In jenen Tagen festigte ein neuer König sein Reich oft dadurch, dass er die Familie des vorigen Königs ausrottete.

David hatte nicht die Absicht, dieser Tradition zu folgen, aber die Familie Sauls wusste das nicht. Deshalb versuchten sie, so schnell wie möglich zu fliehen. Besonders besorgt waren sie um den fünfjährigen Mefi-Boschet, denn nach dem Tod seines Vaters und Onkels war er der mutmaßliche Thronfolger. Wenn David darauf abzielte, die Erben Sauls zu töten, wäre dieser Junge der Erste auf seiner Liste. Deshalb machte sich die Familie aus dem Staub. Aber in der Eile war Mefi-Boschet aus den Armen seines Kindermädchens gerutscht und zu Boden gefallen, wodurch seine beiden Füße für immer verkrüppelt wurden. Für den Rest seines Lebens würde er ein Körperbehinderter sein.

Die Geschichte dieses Jungen sollte Ihnen bekannt vorkommen. Sie und er haben viel gemeinsam. Sind Sie nicht auch königlicher Abstammung? Und tragen Sie nicht auch die Wunden eines Falls? Und haben wir nicht alle in Angst vor einem König gelebt, den wir nie gesehen haben?

Mefi-Boschet würde das Bild eines Habenichtses, das Paulus von uns zeichnet, verstehen: »Als wir noch schwach waren …« (Röm 5,6) oder wie es in einer anderen Übersetzung heißt: »Als wir uns selbst nicht helfen konnten«. Fast zwei Jahrzehnte lang lebte der junge Prinz in einem fernen Land, unfähig, zum König zu gehen, zu angsterfüllt, um mit dem König zu sprechen. Er konnte sich selbst nicht helfen.

In der Zwischenzeit blühte Davids Reich auf. Unter seiner Führung wurde Israel zehnmal so groß wie ursprünglich. Er kannte keine Niederlage auf dem Schlachtfeld und keinen Aufruhr an seinem Hof. Israel lebte in Frieden. Das Volk war dankbar. Und David, der Schafhirte, der König wurde, vergaß das Versprechen, das er Jonatan gegeben hatte, nicht.

Das Versprechen eines Königs

David und Jonatan waren wie zwei Tasten auf einem Klavier. Alleine machte jeder von ihnen Musik, aber gemeinsam schufen sie Harmonie. Jonatan hatte David »so lieb wie sein eigenes Herz« (1. Sam 20,17). Ihre legendäre Freundschaft wurde an dem Tag dem Härtetest unterzogen, an dem David erfuhr, dass Saul ihm nach dem Leben trachtete. Jonatan versprach feierlich, David zu retten, und bat seinen Freund dafür im Gegenzug um einen Gefallen: »Schone auch meine Nachkommen! Entzieh ihnen nicht deine Gunst, selbst dann nicht, wenn der Herr alle deine Feinde beseitigt hat« (1. Sam 20,15-16). So schlossen Jonatan und David einen Bund.

Denken Sie nicht, dass das eine liebevolle Erinnerung für David war? Können Sie sich nicht vorstellen, wie er Jahre später über diesen Augenblick nachdachte? Wenn er auf seinem Balkon stand und über die sichere Stadt hinwegblickte. Wenn er auf seinem Pferd über die fruchtbaren Felder ritt. Wenn er in seiner Rüstung sein leistungsstarkes Heer besichtigte. Gab es Zeiten, in denen er von Dankbarkeit überwältigt wurde? Gab es Zeiten, in denen er dachte: *Hätte Jonatan mein Leben nicht gerettet, wäre nichts von alledem geschehen?*

In solch einem Moment des Nachdenkens wandte er sich vielleicht einmal an seine Diener und fragte: »Ist noch jemand übrig geblieben von dem Hause Sauls, damit ich Barmherzigkeit an ihm tue um Jonatans willen?« (2. Sam 9,1).

Wer von Gnade ergriffen ist, stellt bekanntlich solche Fragen. Kann ich nicht etwas für jemanden tun? Kann ich jemandem gegenüber gütig sein, weil andere mir gegenüber gütig waren? Dies ist kein politisches Manöver. David will nicht Gutes tun, damit die Leute ihm Beifall bekunden. Auch tut er nicht etwas Gutes, damit jemand im Gegenzug etwas für ihn tut. Er wird von dem einzigen Gedanken getrieben, dass auch er einmal schwach war. Und in seiner Schwachheit wurde ihm geholfen. Als David sich vor Saul versteckte, traf die Beschreibung von Paulus auf ihn zu: »Als wir noch schwach waren …« (Röm 5,6) oder anders gesagt: »Als wir uns selbst nicht helfen konnten«.

David wurde errettet; jetzt will er einen anderen Menschen retten. Ein Knecht namens Ziba wusste von einem Nachkommen. »›Es ist noch ein Sohn Jonatans da, lahm an den Füßen.‹ Der König sprach zu ihm: ›Wo ist er?‹ Ziba sprach zum König: ›Siehe, er ist in Lo-Dabar im Hause Machirs, des Sohnes Ammiëls.‹« (2. Sam 9,3-4).

Nur ein Satz, und David wusste mehr, als er erwartet hatte. Der Junge war »lahm an den Füßen«. Wer würde es David übel nehmen, würde er Ziba fragen: »Gibt es keinen anderen? Gibt es noch gesunde Familienmitglieder?«

Wer hätte es ihm verübelt, wenn er argumentiert hätte: *Ein Behinderter passt nicht zu den Menschen in einem Schloss. Hier verkehrt nur die Elite; dieser Junge kann nicht einmal gehen! Und wozu könnte er nützlich sein? Kein Reichtum, keine Erziehung, keine Ausbildung. Und wer weiß, wie er aussieht? All die Jahre, in denen er in ... – wie hieß es schon – gewohnt hat? Ach ja, Lo-Dabar. Allein der Name schon bedeutet »ödes Land«. Sicherlich kann ich jemandem helfen, der weniger bedürftig ist.*

Doch solche Worte wurden nie ausgesprochen. Davids einzige Reaktion war: »Wo ist dieser Sohn?«

Dieser Sohn. Wie lange schon wurde Mefi-Boschet nicht mehr Sohn genannt. Wenn früher von ihm die Rede war, wurde er immer Behinderter genannt. Bisher wurde jedes Mal, wenn sein Name genannt wurde, auch gleich seine Behinderung angeführt. Aber David erwähnte sein Elend nicht. Er fragte nicht: »Wo ist Mefi-Boschet, dieses Problemkind?« Er fragte: »Wo ist dieser Sohn?«

Viele von Ihnen wissen, was es bedeutet, ein Stigma zu tragen. Jedes Mal, wenn Ihr Name genannt wird, wird es erwähnt.

»Haben Sie in letzter Zeit etwas von Hans gehört? Wissen Sie, der Typ, der geschieden ist?«

»Wir haben einen Brief von Kurt bekommen. Ihr wisst schon, der Alkoholiker?«

»Susanne ist wieder hier. Welche Schande, dass sie ihre Kinder alleine großziehen muss.«

»Heute habe ich Melissa gesehen. Ich weiß nicht, warum sie keine Arbeitsstelle länger als einen Monat behalten kann.«

Ihre Vergangenheit folgt Ihnen wie ein Schatten, wohin Sie auch gehen. Gibt es niemanden, der Sie als die Person ansieht, die Sie sind, und nicht als das, was Sie taten? Doch. Es gibt einen. Ihr König. Wenn Gott von Ihnen spricht, erwähnt er nicht Ihre Misere, Ihren Schmerz oder Ihr Problem. Er lässt Sie an seiner Herrlichkeit teilhaben. Er nennt Sie sein Kind.

> Er wird nicht für immer hadern noch ewig zornig bleiben.
> Er handelt nicht mit uns nach unsern Sünden und vergilt uns nicht nach unsrer Missetat.
> Denn so hoch der Himmel über der Erde ist, lässt er seine Gnade walten über denen, die ihn fürchten.
> So fern der Morgen ist vom Abend, lässt er unsre Übertretungen von uns sein.
> Wie sich ein Vater über Kinder erbarmt, so erbarmt sich der Herr über die, die ihn fürchten.
> Denn er weiß, was für ein Gebilde wir sind; er gedenkt daran, dass wir Staub sind. (Ps 103,9-14)

Zwanzig Jahre lang trug Mefi-Boschet sein Stigma. Wenn die Leute seinen Namen erwähnten, nannten sie sein Problem. Aber als der König seinen Namen erwähnte, nannte er ihn »Sohn«. Und ein Wort aus dem Palast wiegt tausend Stimmen von der Straße auf.

Davids Kuriere reisten zu Mefi-Boschet, trugen ihn in einen Wagen und begleiteten ihn zum Palast. Er wurde vor den König gebracht, wo er sich tief verbeugte und sagte: »Hier bin ich, dein Knecht« (2. Sam 9,6). Seine Angst ist verständlich. Zwar hatte man ihm vielleicht erzählt, dass David freundlich ist, aber welche Sicherheit hatte er? Obwohl die Gesandten ihm sicherlich erklärten, dass David es nicht böse meinte, fürchtete er sich. (Würden Sie sich nicht auch fürchten?) Die Angst stand ihm auf dem Gesicht geschrieben, als er sich verneigte. Die ersten Worte, die David an ihn richtete, waren: »Fürchte dich nicht.«

Ihr König sagt übrigens dasselbe. Wissen Sie, dass die Aufforderung, die Jesus am häufigsten aussprach, »Fürchte dich nicht« lautet? Wissen Sie, dass die Aufforderung vom Himmel, keine Angst zu haben, in jedem Buch der Bibel vorkommt?

Mefi-Boschet wurde gerufen, gefunden und gerettet, aber er brauchte noch eine Zusicherung. Brauchen wir sie nicht alle? Brauchen wir nicht wie der zitternde Gast die Zusicherung, dass wir uns vor einem gnädigen König verbeugen? Paulus sagt, dass wir diese Zusicherung haben. Der Apostel weist auf das Kreuz als unsere Garantie für Gottes Liebe hin. »Gott aber erweist seine Liebe zu uns darin, dass Christus für uns gestorben ist, als wir noch Sünder waren« (Röm 5,8). Gott hat seine Liebe zu uns dadurch bewiesen, dass er seinen Sohn opferte.

Früher sandte Gott Propheten zum Predigen: Jetzt hat er seinen Sohn zum Sterben gesandt. Früher gab Gott den Engeln den Auftrag zu helfen, jetzt hat er seinen Sohn zur Erlösung dahingegeben. Wenn wir zittern, zeigt er auf das Blut auf dem zersplitterten Balken und sagt: »Fürchte dich nicht.«

In den Anfangstagen des amerikanischen Bürgerkriegs wurde ein Soldat der Nordstaaten wegen Fahnenflucht festgenommen. Da er seine Unschuld nicht beweisen konnte, wurde er als Deserteur zum Tode verurteilt. Seine Berufung landete auf dem Schreibtisch Abraham Lincolns. Der Präsident empfand Mitleid mit dem Soldaten und unterzeichnete die Begnadigung. Der Soldat kehrte zur Truppe zurück, kämpfte den ganzen Krieg hindurch und fiel in der letzten Schlacht. In seiner Brusttasche fand man den Brief mit der Unterschrift des Präsidenten.[2]

Dicht beim Herzen des Soldaten lagen die Begnadigungsworte seines Befehlshabers. In der Gnade fand er Mut. Ich frage mich, wie viel Tausende mehr im Kreuz ihres Königs Mut fanden und noch finden.

Das Vorrecht der Adoption

So wie David das Versprechen hielt, das er Jonatan gegeben hatte, so hält Gott sein Versprechen uns gegenüber. Der Name Mefi-Boschet bedeutet »der die Schande zunichte macht«. Und genau das wollte David für den jungen Prinzen tun.

In einer schnellen Nachlassregelung gab David Mefi-Boschet all sein Land, seine Ernte und Diener zurück, und dann bestand er darauf, dass der Behinderte am Tisch des Königs aß. Er sagte dies nicht nur einmal, sondern viermal!

> »[Ich] will dir den ganzen Besitz deines [Groß-]Vaters Saul zurückgeben; *du aber sollst täglich an meinem Tisch essen.*«

> »Mefi-Boschet … *soll täglich an meinem Tisch essen.*«
> »Und Mefi-Boschet, sprach David, *esse an meinem Tische wie einer der Königssöhne.*«
> »Mefi-Boschet aber wohnte hinfort in Jerusalem, *denn er aß täglich an des Königs Tisch. Und er war lahm an seinen beiden Füßen.*« (2. Sam 9,7.10.11.13; Kursivschrift vom Autor)

Halten Sie eine Weile inne und stellen Sie sich die Szene im königlichen Speisesaal vor. Ich gebe jetzt das Wort an Charles Swindoll, der Ihnen eine anschauliche Beschreibung gibt.

> Im Palast des Königs ertönt der Gong, der zum Essen ruft, und David nimmt am oberen Ende des Tisches Platz. Wenige Augenblicke später kommt Amnon – der kluge, gewiefte Amnon – herein und setzt sich an Davids linke Seite. Die hübsche und anmutige Tamar, eine bezaubernd schöne junge Frau setzt sich neben Amnon. Und dann kommt Salomon langsam aus seinem Studierzimmer; der frühreife, hochbegabte, gedankenverlorene Salomon. Der Thronerbe lässt sich langsam nieder. Dann nimmt Absalom Platz – der schöne, einnehmende Absalom mit seiner herrlichen, flatternden Haarpracht, die rabenschwarz bis zu den Schultern reicht. An diesem Abend ist Joab, der mutige Krieger und Davids Heerführer, zum Essen eingeladen. Joab, muskulös und braun gebrannt, sitzt neben dem König. Dann warten sie. Man hört schlurfende Schritte, das Stampfen der Krücken, bis Mefi-Boschet recht unbeholfen seinen Platz am Tisch findet und in seinen Sitz rutscht … und das Tischtuch bedeckt seine Füße. Ich frage Sie: Verstand Mefi-Boschet, was Gnade ist?[3]

Und ich frage Sie: Erkennen Sie unsere Geschichte in der Mefi-Boschets?

Kinder königlicher Abstammung, durch den Fall verkrüppelt, dauerhaft von Sünde verunstaltet, führen wir ein Leben, das in der Chronik der Erde in Klammern steht, bis sich ein König an uns erinnert. Nicht aufgrund unserer Schönheit, sondern wegen seines

Versprechens ruft er uns zu sich und lädt uns ein, ständig unseren Platz an seinem Tisch einzunehmen. Obwohl wir oft mehr humpeln als gehen, nehmen wir neben den anderen Sündern, die zu Heiligen geworden sind, Platz und haben Teil an Gottes Herrlichkeit.

Darf ich Ihnen eine Liste der Dinge geben, die Sie an diesem Tisch erwarten (die Liste erhebt keinen Anspruch auf Vollständigkeit)?

Sie brauchen sich nicht mehr vor dem Strafgericht Gottes zu fürchten (Röm 8,1).
Sie sind vom Gesetz befreit (Röm 7,6).
Sie sind nahe bei Gott (Eph 2,13).
Sie gehören zu seinem Reich (Kol 1,13).
Sie sind gerecht geworden (Röm 5,1).
Sie sind vollkommen (Hebr 10,14).
Er hat Sie als sein Kind angenommen (Röm 8,15).
Sie haben jederzeit Zugang zu Gott (Eph 2,18).
Sie gehören zu seiner Priesterschaft (1. Petr 2,5).
Sie werden nie verlassen (Hebr 13,5).
Sie haben ein unvergängliches Erbe (1. Petr 1,4).
Sie sind Partner Christi im Leben (Kol 3,4) und in der Vorrechtsstellung (Eph 2,6), im Leiden (2. Tim 2,12) und im Dienst (1. Kor 1,9).

Sie sind:

Glied an seinem Leib (1. Kor 12,13),
Rebe am Weinstock (Joh 15,5),
Stein im Gebäude (Eph 2,19-22),
Braut für den Bräutigam (Eph 5,25-27),
Priester der neuen Generation (1. Petr 2,9) und
ein Tempel des Heiligen Geistes (1. Kor 6,19).

Sie besitzen (machen Sie sich das klar!) alle geistlichen Segnungen, die man sich vorstellen kann. »... der uns gesegnet hat mit allem geistlichen Segen im Himmel durch Christus« (Eph 1,3). Das ist das Geschenk, das dem niederträchtigsten Sünder auf Erden angeboten wird. Wer außer Gott könnte solch ein Angebot machen? »Aus seinem Reichtum hat er uns beschenkt; er hat uns alle mit Güte überschüttet« (Joh 1,16).

Paulus spricht für uns alle, wenn er fragt:

Haben Sie jemals etwas erlebt wie diese verschwenderische Liebe Gottes, diese tiefe, tiefe Weisheit? Sie geht weit über unser Begriffsvermögen. Wir begreifen sie nie.

> »O welch eine Tiefe des Reichtums, beides, der Weisheit und der Erkenntnis Gottes! Wie unbegreiflich sind seine Gerichte und unerforschlich seine Wege! Denn wer hat des Herrn Sinn erkannt, oder wer ist sein Ratgeber gewesen? Oder wer hat ihm etwas zuvor gegeben, dass Gott es ihm vergelten müsste? Denn von ihm und durch ihn und zu ihm sind alle Dinge. Ihm sei Ehre in Ewigkeit! Amen« (Röm 11,33-36).

Wie Mefi-Boschet sind wir Söhne des Königs. Und wie bei mir in Miami ist unser größtes Mitbringsel »Peanuts« verglichen mit dem, was wir geschenkt erhalten.

Teil 3

Welch ein Unterschied!

Wo die Gnade Gottes nicht ergriffen wird, entsteht Bitterkeit.

Wo jedoch die Gnade Gottes bereitwillig angenommen wird, gedeiht Vergebung.

Je länger wir im Garten umhergehen, umso leichter nehmen wir den Geruch von Blumen an.

Je mehr wir uns in die Gnade hineinvertiefen, umso leichter sind wir mit anderen gnädig.

11

Die Wirkung der Gnade

Römer 6,11–12

Wie sollten wir in der Sünde leben wollen, der wir doch gestorben sind? Römer 6,2

Manchmal verschenke ich am Ende einer Predigt einen Dollar. Nicht um meine Zuhörer zu bezahlen (obwohl manche vielleicht den Eindruck haben, sie hätten es verdient), sondern um etwas zu veranschaulichen. Ich gebe jedem einen Dollar, der ihn annimmt. Spendiertes Geld. Ein Geschenk. Ich fordere jeden auf, der das Geld will, nach vorne zu kommen und es zu nehmen.

Die Reaktion ist leicht vorherzusagen. Eine Pause. Scharrende Füße. Eine Frau stößt ihrem Mann den Ellbogen in die Rippen, doch er schüttelt den Kopf. Ein junges Mädchen steht auf, aber dann denkt sie an ihren guten Ruf. Ein Fünfjähriger beginnt, den Gang entlangzugehen, und seine Mutter zieht ihn zurück. Schließlich steht irgendein mutiger (oder verarmter) Mensch auf und sagt: »Ich nehme ihn!« Der Dollar wird gegeben, und die Erläuterung beginnt.

»Warum habt ihr mein Angebot nicht angenommen?«, frage ich all die anderen. Einige sagen, es sei ihnen zu peinlich gewesen. Oder es sei nicht der Mühe wert gewesen. Andere fürchteten, dass die Sache einen Haken hatte, dass ich sie an der Nase herumführen wollte. Und dann gibt es noch die Leute mit dickem Geldbeutel. Was ist schon ein Dollar für jemanden, der Hunderte davon besitzt?

Danach drängt sich die weitere Frage fast auf: »Warum nehmen Menschen das Geschenk Christi nicht an?« Die Antworten sind ähnlich. Einigen ist es zu peinlich. Vergebung annehmen bedeutet Sünde zugeben, ein Schritt, der uns schwer fällt. Andere fürchten eine Finte, einen Haken an der Sache. Sicher gibt es auch in der Bibel Kleingedrucktes. Andere denken: *Braucht jemand Vergebung, der so gut ist wie ich?*

Der springende Punkt liegt auf der Hand. Obwohl die Gnade allen angeboten wird, nehmen nur wenige sie an. Viele bleiben lieber sitzen und warten, nur wenige stehen auf und sind zuversichtlich.

Normalerweise ist die Sache damit abgeschlossen. Die Unterweisung ist vorbei, ich bin einen Dollar ärmer, ein anderer ist einen Dollar reicher, und wir alle sind etwas klüger geworden. Vor einigen Wochen jedoch geschah etwas, was dieser Übung eine neue Dimension verlieh. Myriam hatte den Dollar angenommen. Ich hatte das Angebot gemacht und wartete auf einen Abnehmer. Da rief sie: »Ich nehme ihn!« Schon sprang sie auf, kam nach vorne, und ich gab ihr den Dollar. Sie setzte sich wieder, ich erklärte, worauf ich hinauswollte, und dann gingen wir alle nach Hause.

Zufällig traf ich sie ein paar Tage später und zog sie damit auf, dass sie mit meinen Predigten Geld verdiente. »Hast du den Dollar noch?«, fragte ich.

»Nein.«

»Hast du ihn ausgegeben?«

»Nein, ich habe ihn hergegeben«, antwortete sie. »Als ich zu meinem Platz zurückkehrte, fragte mich ein Kind, ob es den Dollar haben könne, und ich sagte: ›Sicher. Ich habe ihn geschenkt bekommen, jetzt schenke ich ihn dir‹«.

Ist das nicht etwas? So einfach, wie sie etwas bekommen hatte, gab sie es weiter. So einfach wie das Geschenk kam, wurde es weitergegeben. Der Junge hatte nicht gebettelt, und sie hatte nicht mit sich gekämpft. Wie könnte sie, die ein Geschenk erhalten hatte, nicht wieder ein Geschenk machen? Sie war im Griff der Gnade.

Die letzten Kapitel dieses Buches handeln von der Wirkung der Gnade. Bisher sprachen wir über den Pfusch, den wir angerichtet haben, und darüber, welchen Gott wir haben. Jetzt werden wir uns überlegen, was die Gnade in unserem Leben ändern kann. Wie genau sieht ein von Gnade getriebener Christ aus?

Gnade befreit

In Römer 6 stellt Paulus eine entscheidende Frage: »Wie sollten wir in der Sünde leben wollen, der wir doch gestorben sind?« (V. 2). Wie können wir, die wir gerecht gemacht worden sind, anders als ein gerechtes Leben führen? Wie können wir, die wir geliebt werden, nicht wieder lieben? Wie können wir, die wir gesegnet werden, nicht wieder segnen? Wie können wir, die wir Gnade empfangen haben, anders als in der Gnade leben?

Paulus scheint bestürzt darüber zu sein, dass eine andere Möglichkeit auch nur in Erwägung gezogen wird! Wie könnte Gnade zu etwas anderem als einem Leben in der Gnade führen? »Sollen wir denn in der Sünde beharren, damit die Gnade umso mächtiger werde? Das sei ferne!« (V. 1-2).

Der Fachbegriff für diese Einstellung heißt Antinomie: *anti* bedeutet »gegen« und *nomos* bedeutet »Gesetz«. Die Vertreter dieser Idee sehen Gnade als Anstoß, Schlechtes und nicht Gutes zu tun. Gnade bedeutet für sie eine Freikarte, um Böses zu tun. Je schlechter ich handle, umso besser sieht Gott aus. In diesem Kapitel spricht Paulus nicht zum ersten Mal von dieser Lehre. Erinnern Sie sich an Römer 3,7: »Wenn aber die Wahrheit Gottes durch meine Lüge herrlicher wird zu seiner Ehre, warum sollte ich dann noch als ein Sünder gerichtet werden?«

Welch Unsinn. Als Mutter würden Sie das nicht akzeptieren. Können Sie sich vorstellen, dass Ihre Tochter im Teenageralter sagt: »Mama, ich lasse mein Zimmer unaufgeräumt, damit die ganze Nachbarschaft sehen kann, was für eine gute Hausfrau du bist.« Ein Chef würde nicht gestatten, dass ihm ein Angestellter erklärt: »Ich bin faul, damit Sie die Möglichkeit haben, Ihre Vergebungsbereitschaft unter Beweis zu stellen.« Niemand respektiert einen Bettler, der sich weigert zu arbeiten unter dem Vorwand: »Ich gebe nur der Regierung die Möglichkeit, mildtätig zu sein.«

Über solche Scheinheiligkeit würden wir Hohn lachen. Wir würden so etwas nicht durchgehen lassen, und wir würden uns auch nicht so verhalten.

Oder doch? Lassen wir uns etwas Zeit mit der Antwort. Vielleicht ist es nicht ausgerechnet so, dass wir sündigen, *damit* Gott gnädig sein kann, aber sündigen wir nicht ab und zu, *weil wir wissen*, dass Gott gnädig sein wird? Machen wir bisweilen abends Zugeständnisse, weil wir wissen, dass wir am nächsten Morgen unsere Sünden bekennen werden?

Es ist leicht, wie der Tourist zu sein, der Las Vegas besuchte und sich bei einem Pfarrer nach den Zeiten des Sonntagsgottesdienstes erkundigte. Der Pfarrer war beeindruckt. »Die meisten, die nach Las Vegas kommen, gehen dort nicht zur Kirche.«

»Ach, ich komme nicht wegen des Gottesdienstes nach Las Vegas. Ich komme wegen der Glücksspiele, der Partys und der Frauen. Doch wenn ich mich nur halb so viel vergnüge, wie ich es mir vorgenommen habe, brauche ich am Sonntagmorgen einen Gottesdienst.«

Ist das der Zweck der Gnade? Ist es Gottes Bestreben, Ungehorsam zu fördern? Kaum. »Gott … nimmt uns in Zucht, dass wir absagen dem ungöttlichen Wesen und den weltlichen Begierden und besonnen, gerecht und fromm in dieser Welt leben« (Tit 2,11-12). Gottes Gnade hat uns von Selbstsucht befreit. Warum dorthin zurückkehren?

Die Strafe wurde bezahlt

Denken Sie folgendermaßen darüber: Die Sünde bringt Sie ins Gefängnis. Die Sünde sperrt Sie hinter die Gitter von Schuld, Scham, Enttäuschung und Angst. Die Sünde hat nichts anderes getan, als Sie an die Mauer des Elends zu ketten. Dann kam Jesus und zahlte Ihre Sicherheitsleistung. Er verbüßte Ihre Strafe, er zahlte und machte Sie frei. Christus starb, und als Sie sich mit ihm zusammentaten, starb auch Ihr altes Ich.

Aus dem Gefängnis der Sünde kommt man nur frei, wenn man die Strafe bezahlt. In diesem Fall ist die Strafe der Tod. Jemand muss sterben, entweder Sie oder ein vom Himmel gesandter Stellvertreter. Sie können das Gefängnis erst verlassen, wenn einer gestorben ist. Das geschah auf Golgatha. Und als Jesus starb, starben Sie dem Anspruch der Sünde auf Ihr Leben. Sie sind frei.

In der Nähe der Stadt Sao José dos Campos in Brasilien gibt es eine bemerkenswerte Einrichtung. Vor zwanzig Jahren trat die brasilianische Regierung ein Gefängnis an zwei Christen ab. Die Anstalt wurde in »Humaita« umbenannt und sollte nach christlichen Grundsätzen geführt werden. Mit der Ausnahme von zwei hauptamtlichen Mitarbeitern wird alle Arbeit von den Insassen verrichtet. Familien außerhalb des Gefängnisses übernehmen die Patenschaft für einen Häftling während und nach seiner Haft. Chuck Colson besuchte das Gefängnis und schrieb diesen Bericht:

> Als ich »Humaita« besuchte, fand ich lächelnde Insassen vor – insbesondere der Mörder, der die Schlüssel hatte, die Tore öffnete und mich einließ. Wo ich auch hinging, sah ich friedvolle Männer. Ich sah saubere Wohnbereiche, Leute, die fleißig arbeiteten. An den Wänden hingen Bibelverse aus den Psalmen und den Sprüchen. ... Mein Begleiter führte mich zu der berüchtigten Zelle, die einst für Folterungen benutzt wurde. Heute, erzählte er mir, wohnt in diesem Block nur noch ein einziger Häftling. Als wir das Ende eines langen Flurs mit Betonwänden erreichten und er den Schlüssel ins Schloss steckte, machte er eine Pause und fragte: »Wollen Sie wirklich hineingehen?«
>
> »Natürlich«, antwortete ich ungeduldig. »Ich war in Isolationszellen auf der ganzen Welt.« Langsam stieß er die schwere Tür auf, und ich sah den Gefangenen in dieser Strafzelle: ein Kruzifix, von den Insassen Humaitas wunderbar geschnitzt – der Gefangene Jesus, der an einem Kreuz hängt.
>
> »Er trägt die Strafe für uns alle«, sagte mein Begleiter leise.[1]

Jesus hat Ihren Platz eingenommen. Sie brauchen nicht länger in der Zelle zu bleiben. Haben Sie schon einmal von einem freigelassenen Gefangenen gehört, der bleiben wollte? Der Gedanke, dass jemand das Gefängnis lieber mag als die Freiheit, ist unglaubhaft. Warum noch in Gefangenschaft leben, wenn die Strafe bezahlt ist? Sie sind aus dem Zuchthaus der Sünde entlassen. Warum in aller Welt wollen Sie jemals wieder einen Fuß in dieses Gefängnis setzen?

Paulus erinnert uns: »Wir wissen ja, dass unser alter Mensch mit ihm gekreuzigt ist, damit der Leib der Sünde vernichtet werde, so dass wir hinfort der Sünde nicht dienen. Denn wer gestorben ist, der ist frei geworden von der Sünde« (Röm 6,6-7).

Er sagt nicht, dass es unmöglich ist, dass Gläubige sündigen; er sagt, dass es dumm ist von Gläubigen zu sündigen. »Es ist nicht die buchstäbliche Unmöglichkeit, ... sondern die moralische Unvereinbarkeit«, die Erlöste daran hindert, wieder zu sündigen.[2]

Was hat das Gefängnis Begehrenswertes zu bieten? Vermissen Sie die Schuldgefühle? Haben Sie Heimweh nach Unehrlichkeit? Haben Sie Sehnsucht danach, angelogen und abgeschrieben zu werden? War das Leben besser, als Sie niedergeschlagen und abgelehnt waren? Haben Sie das Verlangen, wieder einmal einen Sünder im Spiegel zu sehen?

Es ist unvernünftig, ins Gefängnis zurückzukehren.

Das Gelübde wurde abgelegt

Nicht nur wurde ein Preis bezahlt, ein Gelübde wurde abgelegt. »Durch die Taufe sind wir alle mit Jesus Christus verbunden worden. Wisst ihr nicht, was das bedeutet? Die Taufe verbindet uns mit seinem Tod« (Röm 6,3).

Die Taufe war nicht irgendein Brauch, kein beliebiges Ritual. Für die Taufe galt und gilt noch heute: »Wer sich taufen lässt, bittet damit Gott, sein Gewissen von aller Schuld zu reinigen« (1. Petr 3,21).

Wie hoch Paulus die Taufe achtet, erkennt man daran, dass er weiß, dass alle seine Leser über ihre Bedeutung unterwiesen wurden. »Durch die Taufe sind wir alle mit Jesus Christus verbunden worden. *Wisst ihr nicht, was das bedeutet?* (Röm 6,3).

Kann man so etwas vergessen? Wie eine Braut, die entsetzt ist, wenn sie sieht, wie ihr frisch vermählter Ehemann während der Hochzeitsfeier mit anderen Frauen flirtet, fragt Paulus: »Habt ihr euer Gelübde vergessen?«

Die Taufe ist in der Tat ein Gelübde, das heilige Gelübde, dass der Gläubige Christus nachfolgt. Wie bei einer Hochzeit die Verbindung von zwei Herzen gefeiert wird, feiert die Taufe die Vereinigung des Sünders mit dem Retter. »Durch die Taufe sind wir alle mit Jesus Christus verbunden worden« (V. 3).

Verstehen die Braut und der Bräutigam alle Konsequenzen der Eheschließung? Nein. Kennen sie jede Herausforderung oder Drohung, der sie entgegentreten müssen? Nein. Aber sie wissen, dass sie einander lieben, und sie geloben, bis zum Ende treu zu bleiben.

Wenn ein Mensch mit einem willigen Herzen in das Wasser der Taufe steigt, kennt er dann alle Konsequenzen des Gelübdes? Nein. Kennt er jede Versuchung oder Herausforderung? Nein. Aber er kennt die Liebe Gottes und antwortet darauf.

Bitte verstehen Sie es recht. Nicht die Handlung rettet uns. Aber die Handlung ist ein Sinnbild dafür, dass wir gerettet sind! Das unsichtbare Wirken des Heiligen Geistes wird im Wasser sichtbar.

> Das Eintauchen in das fließende Wasser war wie der Tod; das kurze Anhalten, in dem das Wasser über den Kopf flutete, war wie ein Begräbnis; das erneute Stehen in Luft und Sonnenlicht war eine Art Auferstehung.[3]

Ziehen Sie Ihre Schuhe aus, senken Sie den Kopf und beugen Sie die Knie; dies ist ein heiliges Ereignis. Die Taufe kann man nicht auf die leichte Schulter nehmen.

Wenn wir unsere Seele in der Taufe endgültig Gott hingegeben haben und dann zur Sünde zurückkehren, ist es, als würden wir während der Flitterwochen Ehebruch begehen. Können Sie sich die bestürzte Braut vorstellen, die nur wenige Tage, nachdem sie sein Gelübde am Altar gehört hat, ihren Mann in den Armen einer anderen Frau entdeckt? Unter ihren vielen heftigen Worten wird wahrscheinlich die Frage sein: »Hast du vergessen, was du zu mir gesagt hast?«

Genauso fragt Gott: »Bedeutet dir unsere Verbindung nichts mehr? Ist unser Bündnis so schwach, dass du lieber in den Armen einer Dirne liegst als in meinen?«

Welcher vernünftig denkende Mensch wollte dieses Gelübde aufgeben? Wer kümmert sich mehr um uns als Christus? Haben wir vergessen, wie das Leben vor unserer Taufe aussah? Haben wir vergessen, in welchem Chaos wir lebten, bevor wir uns mit ihm vereinigten? Ich gebrauche das Wort *Chaos* absichtlich. Darf ich Ihnen erzählen, in welches Chaos ich nie wieder zurückkehren wollte? Meine Junggesellenbude.

Ein höherer Maßstab gilt

Was mich die Leute auch alles genannt haben, noch nie hat mir jemand unterstellt, ein Ordnungskrämer zu sein. Manche Leute haben eine hohe Schmerzschwelle; ich habe eine hohe Toleranzschwelle für Unordnung. Es war nicht so, dass meine Mutter es nicht versucht hatte. Ihre Bemühungen waren auch nicht völlig erfolglos. Solange ich unter ihrem Dach wohnte, half ich den Tisch abzuräumen und legte meine Wäsche zusammen. Aber sobald ich frei war, war ich wirklich frei.

Ich war schon immer ein Schrankmuffel. Ich konnte die Logik von Ordnung nur schwer begreifen. Warum ein Bett machen, wenn man sich am Abend sowieso wieder hineinlegt? Ist es sinnvoll, schon nach einer einzigen Mahlzeit das Geschirr zu spülen? Ist es nicht leichter, die Kleider auf dem Fußboden neben dem Bett liegen zu lassen, damit sie am Morgen gleich griffbereit sind? Gewinnt man etwas, wenn man am Abend die Zahnpastatube zuschraubt, da man sie am folgenden Morgen doch wieder öffnen muss?

Ich war von Zwängen abhängig wie viele andere, nur stand ich unter dem Zwang, unordentlich zu sein. Meine Devise war: Das Leben ist zu kurz, um darauf zu achten, dass man zwei Socken der gleichen Farbe anzieht; es ist leichter, längere Hosen zu kaufen!

Dann heiratete ich.

Denalyn war so geduldig. Sie sagte, meine Gewohnheiten würden ihr nichts ausmachen ... wenn es mir nichts ausmachen würde, woanders zu schlafen. Da mir das schon etwas ausmachte, begann ich, mich zu ändern.

Ich schrieb mich in ein Zwölf-Schritte-Programm für Schlamper ein. Ein Krankengymnast half mir, die Muskeln wieder zu entdecken, die man braucht, um Hemden auf den Bügel zu hängen und Toilettenpapier auf den Halter zu stecken. Meine Nase gewöhnte sich von Neuem an den Duft von Bodenpflegemitteln. Bevor Denalyns Eltern uns besuchten, war ein neuer Mann aus mir geworden. Es konnten drei Tage vergehen, bevor ich eine Socke hinter die Couch warf.

Aber dann kam die Stunde der Wahrheit. Denalyn verreiste für eine Woche. Zunächst wollte ich wieder in meine alten Gewohnheiten zurückfallen. Ich dachte, ich werde sechs Tage lang schlampig sein und am siebten Tag aufräumen. Aber etwas Seltsames geschah, ein komisches Unbehagen. Ich konnte nicht entspannen, solange schmutziges Geschirr im Spülbecken stand. Wenn ich eine leere Chipstüte auf dem Boden liegen sah – stellen Sie sich vor –, dann bückte ich mich und hob sie auf! Ich hängte sogar mein Badetuch über den Halter. Was war mit mir geschehen?

Einfach. Ein höherer Maßstab galt für mich.

Ist das nicht auch mit uns geschehen? Ist dies nicht das Hauptargument von Paulus? Wie können wir, die wir von der Sünde befreit wurden, wieder zu ihr zurückkehren? Vor Christus war unser Leben ungezügelt, liederlich und nachsichtig. Wir wussten nicht einmal, dass wir liederlich waren, bis wir ihn kennen lernten.

Dann trat er in unser Leben. Manches änderte sich. Wir räumten auf, was wir bisher herumgeworfen hatten. Wir machten das sauber, was wir vernachlässigt hatten. In unser Wirrwarr wurde Ordnung gebracht. O, es gab und gibt noch immer Entgleisungen in Gedanken und Taten, aber im Großen und Ganzen brachte er Ordnung in unser Haus.

Plötzlich entdecken wir, dass wir Gutes tun wollen. Zurück in das alte Schlamassel? Das ist wohl nicht Ihr Ernst? »Gott sei aber gedankt, dass ihr Knechte der Sünde *gewesen* seid, aber nun von Herzen gehorsam geworden der Gestalt der Lehre, der ihr ergeben seid. Denn indem ihr nun frei geworden seid von der Sünde, seid ihr Knechte geworden der Gerechtigkeit« (Röm 6,17-18).

Kann ein freigelassener Gefangener in die Haft zurückkommen? Ja. Aber erinnern Sie ihn an die grauen Mauern und die langen Nächte. Kann ein Jungverheirateter sein Gelübde vergessen? Ja. Aber erinnern Sie ihn an sein heiliges Gelübde und seine schöne Braut. Kann ein bekehrter Schlamper wieder unordentlich werden? Ja. Aber erinnern Sie ihn an den Schmutz von gestern und die Sauberkeit von heute.

Kann jemand, der ein Geschenk erhalten hat, dieses Geschenk für sich behalten und es nicht mit anderen teilen wollen? Ich denke schon. Aber denken Sie an Myriam. Erinnern Sie diesen Menschen daran, dass er, wie sie, ein Geschenk erhalten hat. Erinnern Sie ihn auch daran, dass das ganze Leben ein Geschenk der Gnade ist. Und erinnern Sie ihn daran, dass die Gnade zu einem Leben in Gnade aufruft.

Denn das ist die Wirkung von Gnade.

12

Sich selbst stellen

Lukas 22, 54 – 62

Ich elender Mensch! Römer 7,24

Charles Robertson hätte sich selbst stellen sollen. Nicht dass er deswegen freigesprochen worden wäre; er hatte nämlich eine Bank überfallen. Aber zumindest wäre er dann nicht zur Zielscheibe des Spottes von ganz Virginia geworden.

Der finanzschwache Robertson, gerade neunzehn Jahre alt, ging an einem Mittwochnachmittag zur Jefferson State Bank und füllte einen Kreditantrag aus. Doch anscheinend überlegte er es sich hinsichtlich des Kredits anders und entschied sich für ein schnelleres Vorhaben. Nach ein paar Stunden kam er mit einer Pistole, einer Tüte und einem Zettel zurück, auf dem stand, dass er Geld wollte. Der Kassierer kam seiner Forderung nach, und plötzlich hielt Robertson einen Sack voll Beute in der Hand.

In der Annahme, dass die Polizei im Anmarsch ist, stürmte er zum Hauptausgang hinaus. Auf halbem Weg zum Auto bemerkte er, dass er den Zettel vergessen hatte. Er fürchtete, dass dieser als Beweis gegen ihn verwendet werden könnte. Deshalb rannte er zur Bank zurück und riss ihn dem Kassierer aus der Hand. Mit dem Zettel und dem Geld rannte er um einen Häuserblock herum zu seinem geparkten Auto. Jetzt bemerkte er, dass er die Schlüssel auf dem Tresen hatte liegen lassen, als er zurückgegangen war, um den Zettel zu holen.

»In diesem Moment«, kicherte ein Detektiv, »geriet er völlig in Panik.« Robertson verschwand eilends in der Toilette eines Schnellimbisses. Er entfernte eine Platte aus der Deckenvertäfelung und versteckte das Geld und die Pistole. Dann hastete er durch Hintergässchen, verschanzte sich hinter geparkten Autos und erreichte schließlich seine Wohnung, wo ihn sein Zimmerkollege, der von dem Raub nichts wusste, mit den Worten begrüßte: »Ich brauche mein Auto.«

Sehen Sie, Robertsons Fluchtfahrzeug war ausgeliehen. Anstatt sein Verbrechen zu gestehen und seinen Schnitzer zuzugeben, legte er noch eins drauf: »O, dein Auto ist gestohlen worden.«

Während Robertson in panischer Angst zuschaute, rief sein Zimmergenosse die Polizei an und meldete den Diebstahl. Etwa zwanzig Minuten später entdeckte ein Polizist das »gestohlene« Auto in unmittelbarer Nähe der gerade erst überfallenen Bank. Über Funk hatte die Polizei bereits erfahren, dass der Bankräuber seine Schlüssel vergessen hatte. Die Polizeibeamten zogen ihre Schlüsse und probierten, ob die Schlüssel zu dem Auto passten. Es klappte.

Detektive gingen zur Adresse der Person, die den Verlust des Fahrzeugs gemeldet hatte. Dort fanden sie Robertson. Er legte ein Geständnis ab, wurde des Raubes angeklagt und kam ins Gefängnis. Keine Sicherheitsleistung. Kein Kredit. Es wurde Ernst.

An manchen Tagen fällt es einem schwer, etwas richtig zu machen. Es ist sogar noch schwieriger, etwas *Falsches* richtig zu machen. Wir haben genauso gehandelt. Vielleicht haben wir kein Geld geraubt, aber wir haben jemanden übervorteilt oder etwas in die Hand genommen und dann den Verstand verloren und sind wie ein Dieb davongelaufen. Wir hasten durch die Hintergässchen der Betrügerei und verschanzen uns hinter den Gebäuden von Arbeit und Terminen. Obwohl wir versuchen, uns normal zu verhalten, kann jeder, der uns genau anschaut, erkennen, dass wir »auf der Flucht« sind: Mit unstetem Blick und zitternden Händen schwatzen wir nervös drauf los. Wir legen viel Wert auf Verschleierung, also schmieden wir Ränke und machen Ausflüchte, ändern das

Thema und schlagen eine andere Richtung ein. Wir wollen nicht, dass jemand die Wahrheit erfährt, Gott am allerwenigsten.

Aber von Anfang an hat Gott Ehrlichkeit verlangt. Er hat noch nie Vollkommenheit gefordert, aber immer Wahrhaftigkeit erwartet. Schon in den Tagen Moses sagte Gott:

> Da werden sie dann bekennen ihre Missetat und ihrer Väter Missetat, dass sie mir untreu gewesen sind und mir zuwidergehandelt haben. Darum habe auch ich ihnen zuwidergehandelt und sie in das Land ihrer Feinde getrieben … Und ich werde an meinen Bund mit Jakob gedenken und an meinen Bund mit Isaak und an meinen Bund mit Abraham und werde an das Land gedenken (3. Mose 26,40-42).

Ein ehrliches Herz führt zu rechtschaffenem Gottesdienst

Nehemia kannte den Wert der Ehrlichkeit. Hat er Gott angeklagt, als er von den verfallenen Mauern Jerusalems hörte? Hat er dem Himmel die Schuld gegeben? Kaum. Lesen wir sein Gebet: »Ich bekenne dir die Sünden, die wir Israeliten gegen dich begangen haben. Auch ich und meine Verwandten haben Unrecht getan. Wir haben große Schuld auf uns geladen. Wir haben die Gebote und Gesetze missachtet, die du uns durch deinen Diener Mose gegeben hast« (Neh 1,6-7).

Der zweitmächtigste Mann des Reiches stellt sich, nimmt die Verantwortung für den Niedergang seines Volkes auf sich. Dieses persönliche Bekenntnis ist jedoch nichts, verglichen mit dem Tag, an dem das ganze Volk Buße tat. »[Sie] bekannten ihre Sünden und die Missetaten ihrer Väter. Und sie standen an ihrem Platz auf, und man las vor aus dem Buch des Gesetzes des Herrn, ihres Gottes, drei Stunden lang, und drei Stunden bekannten sie und beteten zum Herrn, ihrem Gott« (Neh 9,2-3).

Können Sie sich das vor Augen führen? Hunderte von Menschen beten stundenlang. Aber sie sprechen keine Bittgebete, sondern bekennen ihre Sünden. »Ich bin schuldig, Gott.« »Ich habe deine Erwartungen nicht erfüllt, Vater.«

Solche öffentliche Ehrlichkeit kommt in der Bibel öfter vor. Gott gab dem Hohenpriester Aaron folgende Anweisungen: »Er legt seine beiden Hände auf den Kopf des Bockes und spricht über ihm alle Verfehlungen aus, durch die die Israeliten sich schuldig gemacht haben. So legt er alle Sünden des Volkes dem Bock auf den Kopf und lässt das Tier dann durch einen dazu bestellten Mann in die Wüste jagen. Der Bock trägt alle diese Sünden weg und bringt sie in eine unbewohnte Gegend« (3. Mose 16,21-22).

Durch dieses Drama lernte das Volk, dass Gott die Sünde verabscheut und nicht über sie hinweggeht. Bevor ein rechtschaffener Gottesdienst möglich war, mussten die Herzen ehrlich sein.

Die treibende Kraft der Wahrheit

Sündenbekenntnis ist für die Seele das, was Bodenbestellung für das Land ist. Bevor ein Landwirt Samen aussät, bearbeitet er den Acker, entfernt Steine und Wurzelstöcke. Er weiß, dass der Same besser wächst, wenn das Land vorbereitet ist. Das Bekenntnis der Sünden ist die Bitte an Gott, über den Acker unseres Herzens zu gehen. »Dort drüben ist ein Stein der Habgier, Vater. Ich kann ihn nicht von der Stelle bewegen. Und dieser Baum der Schuld neben dem Zaun? Seine Wurzeln sind lang und tief. Und darf ich dir etwas trockene Erde zeigen, die zu verkrustet ist, um Samen aufnehmen zu können?« Gottes Samen wächst besser, wenn die Erde des Herzens gesäubert ist.

Und so gehen der Vater und der Sohn gemeinsam über den Acker; sie graben um und reißen manches heraus, und bereiten so das Herz auf die Frucht vor. Das Sündenbekenntnis ist die Bitte an den Vater, die Erde des Herzens zu bearbeiten.

Das Sündenbekenntnis will Vergebung von Gott erreichen, keine Amnestie. Vergebung setzt Schuld voraus; Amnestie, von dem griechischen Wort *amnesia* abgeleitet, »vergisst« das vermutete Vergehen, ohne jede Schuldzuweisung. Das Bekenntnis gibt die Verfehlung zu und sucht nach Vergebung; Amnestie streitet die Verfehlung ab und macht Unschuld geltend.

Viele sprechen ein Gebet um Vergebung, begehren jedoch Amnestie. Folglich ist unser Gottesdienst kalt (warum Gott für eine Gnade danken, die wir nicht brauchen?) und unser Glaube ist schwach (Danke, ich werde mit meinen Fehlern alleine fertig). Es fällt uns leichter, Gott draußen zu halten, als ihn hereinzubitten. Der Sonntagmorgen ist ausgefüllt damit, den Körper für den Gottesdienst vorzubereiten, die Frisur für den Gottesdienst vorzubereiten, die Kleider für den Gottesdienst vorzubereiten ... aber die Seele vorbereiten?

Liege ich völlig falsch, wenn ich sage, dass viele von uns auf der Flucht sind, wenn sie am Gottesdienst teilnehmen? Habe ich Unrecht, wenn ich sage, dass viele *ihr Leben auf der Flucht verbringen*?

Übertreibe ich, wenn ich behaupte: »Gnade bedeutet, dass man nicht mehr davonlaufen muss!«? Es stimmt. Gnade bedeutet, dass wir letztendlich nichts zu befürchten haben, wenn wir uns stellen.

Ein Vorbild für Wahrhaftigkeit

Das war Petrus. Erinnern Sie sich an Petrus? Petrus, der schnell das Schwert zückte und dann den Herrn verleugnete? Der Apostel, der den Mund voll nahm und es kurz darauf mit der Angst zu tun bekam? Er döste ein, als er beten sollte. Er verleugnete den Herrn, als er ihn verteidigen sollte. Er fluchte, als er trösten sollte. Er rannte weg, als er bleiben sollte. Wir erinnern uns an den Petrus, der sich umdrehte und floh, aber erinnern wir uns auch an Petrus als Mann, der zurückkam und seine Schuld bekannte? Wir sollten das nicht vergessen.

Ich möchte Ihnen eine Frage stellen.

Wie erfuhren die Verfasser des Neuen Testaments von seiner Sünde? Wer erzählte ihnen von seinem Treubruch? Und noch wichtiger, wie kam es, dass sie all die Einzelheiten wussten? Wer erzählte ihnen von dem Mädchen am Tor und den Soldaten, die das Feuer anzündeten? Wie wusste Matthäus, dass Petrus aufgrund seines Dialekts verdächtigt wurde? Wie erfuhr Lukas vom Blick Jesu? Wie erhielten alle vier Evangelisten Kenntnis von dem krähenden Hahn und den Tränen von Petrus?

Der Heilige Geist? Möglicherweise. Vielleicht hat jeder Evangelist durch göttliche Eingebung davon erfahren. Oder, was wahrscheinlicher ist, jeder erfuhr durch ein ehrliches Bekenntnis von dem Betrug. Petrus stellte sich. Wie der Bankräuber verpatzte er alles und lief davon. Aber anders als der Bankräuber hielt Petrus inne und dachte nach.

Aber er gab nicht nur auf, er öffnete sich auch. Er ging zurück zu dem Raum, in dem Jesus das Brot gebrochen und den Wein ausgeschenkt hatte. (Es ist bezeichnend, dass die Jünger Petrus überhaupt wieder hereinließen.)

Da ist er, seine stämmige Gestalt füllt den ganzen Türrahmen. »Leute, ich muss mir etwas von der Seele schaffen.« Und dann erfahren sie von dem Feuer und dem Mädchen und dem Blick Jesu. Jetzt hören sie von dem fluchenden Mund und dem krähenden Hahn. So erfuhren sie die Geschichte. Petrus stellte sich.

Wie kann ich das so sicher wissen? Dafür gibt es zwei Gründe.

1. *Er konnte nicht wegbleiben.* Wer war der Erste, der den Raum verließ, als die Nachricht kam, dass das Grab leer war? Wer sprang als Erster aus dem Boot, als gemeldet wurde, dass Jesus am Ufer stand? Petrus. Er rannte wieder. Nur dieses Mal rannte er in die richtige Richtung.

Eine gute Faustregel besagt: Wer vor Gott Geheimnisse wahrt, hält sich von ihm fern. Wer mit Gott ehrlich ist, sucht seine Nähe.

Das ist nichts Neues. Das Gleiche geschieht auch im zwischenmenschlichen Bereich. Wenn Sie mir Ihr Auto leihen und ich es zu Schrott fahre, freue ich mich dann auf ein Wiedersehen mit Ihnen? Nein. Es ist kein Zufall, dass als Folge der ersten Sünde die Menschen sich im Gebüsch versteckten. Adam und Eva aßen die Frucht, hörten Gott im Garten und verkrochen sich hinter dem Laubwerk.

»Wo bist du?«, fragte Gott, nicht um etwas zu erfahren. Er wusste genau, wo sie steckten. Die Frage war geistlicher, nicht geographischer Natur. »Prüft nach, wo ihr seid, Kinder. Ihr seid nicht da, wo ihr wart. Ihr wart an meiner Seite, doch jetzt versteckt ihr euch vor mir.«

Geheimnisse errichten einen Zaun, während Bekenntnisse eine Brücke bauen.

Es waren einmal zwei Bauern, die nicht miteinander auskamen. Eine tiefe Schlucht trennte ihre beiden Höfe, aber als Zeichen für die Abneigung, die sie gegeneinander hegten, baute jeder auf seiner Seite der Kluft einen Zaun, um den anderen auszusperren.

Die Tochter des einen Bauern lernte jedoch den Sohn des anderen kennen, und beide verliebten sich ineinander. Sie beschlossen, dass die Torheit ihrer Väter sie nicht trennen könne, und rissen den Zaun nieder. Das Holz benutzten sie dazu, eine Brücke über die Schlucht zu bauen.

Das Bekenntnis der Sünden tut das Gleiche. Bekannte Sünde wird zu der Brücke, über die wir zurück in die Gegenwart Gottes gehen können.

Noch aus einem zweiten Grund glaube ich, dass Petrus seine Schuld bekannt hat.

2. *Er konnte nicht schweigen.* Nur fünfzig Tage, nachdem er Christus verleugnet hatte, predigte er Christus. Am Passahfest verfluchte Petrus seinen Herrn. An Pfingsten verkündigte er seinen Herrn. So handelt kein Ausreißer. Was machte ihn vom Verräter zum Verkündiger? Er lieferte Gott die Geheimnisse seines Lebens aus. »Bekennt also einander eure Sünden und betet füreinander, dass ihr gesund werdet« (Jak 5,16).

»Wenn wir aber unsre Sünden bekennen, so ist er treu und gerecht, dass er uns die Sünden vergibt und reinigt uns von aller Ungerechtigkeit« (1. Joh 1,9).

Der Flüchtige lebt in Angst, doch der Bußfertige lebt in Frieden.

Der Augenblick der Wahrheit

Ich wiederhole, dass Jesus nie Vollkommenheit von uns gefordert hat; er forderte nur, dass wir ehrlich sind. »Dir gefällt es, wenn einer die Wahrheit erkennt«, schrieb David (Ps 51,8). Aber Ehrlichkeit ist für die meisten eine harte Tugend. »Ich, ein Dieb?«, fragen wir mit dem Revolver in einer Hand und der Tasche voll Diebesgut in der anderen.

Es war nicht leicht für Petrus. Er hielt sich für den hervorragendsten Apostel. Wurde er nicht als einer der Ersten berufen? War er nicht einer der auserwählten Drei? Hatte er nicht Christus bekannt, als die anderen schwiegen? Petrus hatte nie gedacht, dass er Hilfe brauchte, bis er seinen Blick vom Feuer erhob und in die Augen Jesu sah. »Und alsbald, während er noch redete, krähte der Hahn. Und der Herr wandte sich und sah Petrus an« (Lk 22,60-61).

Jesus und Petrus sind nicht die Einzigen auf der mitternächtlichen Straße, aber sie hätten es genauso gut sein können. Jesus ist von Anklägern umringt, aber er antwortet nicht. Er ist von Feinden umlagert, aber er reagiert nicht. In der Nachtluft dröhnen die Schmährufe, aber Jesus hört nicht. Aber wenn einer seiner Nachfolger ausrutscht, wenn er hätte fest stehen sollen, hebt der Herr den Kopf und späht durch das Dunkel, und der Jünger weiß es.

»Der Herr schaut vom Himmel und sieht alle Menschenkinder. Von seinem festen Thron sieht er auf alle, die auf Erden wohnen. Er lenkt ihnen das Herz, er gibt Acht auf ihre Werke« (Ps 33,13-15).

Sie wissen es, wenn Gott Bescheid weiß. Sie wissen es, wenn er Sie anschaut. Ihr Herz sagt es Ihnen. Die Bibel sagt es Ihnen. Ihr Spiegel sagt es Ihnen. Je länger Sie davonlaufen, umso komplizierter wird das Leben. Aber je eher Sie bekennen, umso leichter wird Ihre Last. David wusste es. Er schrieb:

> Herr, erst wollte ich meine Schuld verschweigen; doch davon wurde ich so krank, dass ich von früh bis spät nur stöhnen konnte.

> Ich spürte deine Hand bei Tag und Nacht; sie drückte mich zu Boden, ließ meine Lebenskraft entschwinden wie in der schlimmsten Sommerdürre.
> Darum entschloss ich mich, dir meine Verfehlungen zu bekennen. Was ich getan hatte, gestand ich dir. Ich verschwieg meine Schuld nicht länger. Und du – du hast mir alles vergeben! (Ps 32,3-5)

Diese Verse erinnern mich an einen Fehler, den ich machte, als ich noch in der Schule war. (Meine Mutter sagt, ich solle meine Jugendfehler nicht als Veranschaulichung verwenden. Aber ich hatte so viele!) Unser Baseball-Trainer war strikt gegen Kautabak. Wir hatten ein paar Spieler, die dafür bekannt waren, dass sie hin und wieder gerne einen Priem kauten, und er wollte uns darauf aufmerksam machen.

Wir wurden darauf aufmerksam. Bald probierten wir es alle aus. Es war ein Männlichkeitstest, einen zu kauen, wenn der Beutel die Bank entlang weitergereicht wurde. Ich war erst vor kurzem in die Mannschaft aufgenommen worden und wollte auf jeden Fall diesen Männlichkeitstest bestehen.

Eines Tages hatte ich eben einen Priem in den Mund gesteckt, als einer der Spieler warnte: »Achtung, der Trainer!« Da ich nicht erwischt werden wollte, tat ich das Natürlichste, ich schluckte.

Ich entdeckte eine neue, ganz persönliche Bedeutung der Schriftstelle: »Davon wurde ich so krank, dass ich von früh bis spät nur stöhnen konnte. Ich spürte … meine Lebenskraft entschwinden wie in der schlimmsten Sommerdürre.« Ich zahlte den Preis dafür, dass ich meinen Ungehorsam verheimlichen wollte.

Mein Körper war nicht für die Aufnahme von Tabak bestimmt. Ihre Seele war nicht für die Aufnahme von Sünde bestimmt.

Darf ich eine freimütige Frage stellen? Haben Sie Geheimnisse vor Gott? Gibt es Bereiche Ihres Lebens, in denen ihm der Zutritt verboten ist? Verrammelte Kellerräume oder verschlossene Dachstuben? Gibt es Bereiche Ihrer Vergangenheit oder Gegenwart, über die Sie mit Gott nie zu sprechen wünschen?

Lernen Sie etwas von dem Räuber: Je länger Sie davonlaufen, um so schlimmer wird es. Lernen Sie etwas von Petrus: Je früher Sie mit Jesus sprechen, um so mehr werden Sie für Jesus sprechen. Und hören Sie auf den Rat eines Baseballspielers mit Brechreiz. Es wird Ihnen besser gehen, wenn Sie es loswerden.

Wenn Sie einmal fest im Griff der Gnade sind, haben Sie die Freiheit, ehrlich zu sein. Stellen Sie sich, bevor alles noch schlimmer wird. Sie werden es ganz bestimmt nicht bereuen.

13

Gnade genügt

2. Korinther 12,7–9

Und damit ich mich wegen der hohen Offenbarungen nicht überhebe, ist mir gegeben ein Pfahl ins Fleisch, nämlich des Satans Engel, der mich mit Fäusten schlagen soll, damit ich mich nicht überhebe. Seinetwegen habe ich dreimal zum Herrn gefleht, dass er von mir weiche. Und er hat zu mir gesagt: Lass dir an meiner Gnade genügen; denn meine Kraft ist in den Schwachen mächtig. 2. Korinther 12,7-9

Stellen Sie sich folgendes Szenario vor: Sie und ich und ein halbes Dutzend andere fliegen in einem Charterflugzeug übers Land. Plötzlich bricht an Bord ein Feuer aus. Der Pilot eilt aus dem Cockpit.

»Wir stürzen ab!«, schreit er. »Wir müssen mit Fallschirmen abspringen!«

Nur gut, dass er weiß, wo die Fallschirme sind, denn wir wissen es nicht. Er verteilt sie und gibt ein paar Anweisungen, und wir stehen Schlange, als er die Tür aufstößt. Der erste Passagier macht einen Schritt auf die Tür zu und ruft gegen den Wind: »Könnte ich um etwas bitten?«

»Sicher, was ist es?«

»Ist es möglich, dass ich einen rosa Fallschirm bekomme?«

Der Pilot schüttelt ungläubig den Kopf. »Ist es nicht genug, dass ich Ihnen überhaupt einen Fallschirm gebe?« Der erste Passagier springt.

Der zweite geht auf die Tür zu. »Ich frage mich, ob Sie nicht irgendwie verhindern können, dass es mir während des Sprungs schlecht wird?«

»Nein, aber ich kann dafür sorgen, dass Sie für den Sprung einen Fallschirm haben.«

Jeder von uns kommt mit einer Bitte und erhält einen Fallschirm.

»Bitte, Kapitän«, sagt einer. »Ich habe Höhenangst. Würden Sie mir diese Angst nehmen?«

»Nein«, antwortet er. »Aber ich gebe Ihnen einen Fallschirm.«

Ein anderer entscheidet sich für eine andere Strategie. »Könnten Sie nicht die Pläne ändern? Wir könnten doch einfach mit dem Flugzeug zusammen abstürzen! Vielleicht überleben wir.«

Der Pilot lächelt und sagt: »Sie wissen nicht, worum Sie bitten«, und sanft schiebt er den Menschen aus der Tür. Ein Passagier will eine Schutzbrille, ein anderer will Stiefel, wieder ein anderer will warten, bis das Flugzeug näher am Boden ist.

»Ihr Leute versteht nichts«, ruft der Pilot, während er einem nach dem andern »hilft«. »Ich gebe euch einen Fallschirm, das genügt.«

Nur eines ist für den Absprung unerlässlich, und das gibt er. Er gibt uns das erforderliche Werkzeug in die Hand. Das Geschenk ist in Ordnung. Aber sind wir zufrieden? Nein. Wir sind rastlos und ängstlich und stellen Ansprüche.

Zu verrückt, um im Bereich des Möglichen zu liegen? Vielleicht in einem Flugzeug mit Piloten und Fallschirmen, aber auf der Erde mit Menschen und Gnade? Gott hört in jeder Sekunde Tausende von Anliegen. Manche sind gerechtfertigt. Auch wir bitten Gott, uns die Angst zu nehmen oder die Pläne zu ändern. In der Regel antwortet er mit einem sanften Schubs, und dann werden wir von seiner Gnade gehalten.

Ein Problem: Wenn Gott Nein sagt

Zuweilen bekommen Sie genau das nicht, was Sie sich am sehnlichsten wünschen. Sie sind nicht heikel oder anspruchsvoll, Sie gehorchen nur seinem Gebot: »Wendet euch in jeder Lage an Gott und bringt eure Bitten vor ihn« (Phil 4,6). Alles, was Sie wollen, ist eine offene Tür oder ein zusätzlicher Tag oder ein erhörtes Gebet, für das Sie ihm auch danken wollen.

Und so beten Sie und warten.

Keine Antwort.

Sie beten und warten.

Keine Antwort.

Sie beten und warten.

Darf ich Ihnen eine sehr wichtige Frage stellen? Was wäre, wenn Gott Nein sagt? Wenn die Erfüllung Ihrer Bitte hinausgeschoben oder gar abgelehnt wird? Wie werden Sie reagieren, wenn Gott Nein sagt? Werden Sie zufrieden sein, wenn er sagt: »Ich habe dir meine Gnade gegeben, und das ist genug.«

Zufrieden. Das ist das Wort. Ein Zustand des inneren Friedens, wenn Gott Ihnen nicht mehr gibt als das, was er Ihnen bereits gegeben hat. Prüfen Sie sich mit der Frage: Was wäre, wenn Gottes einziges Geschenk an Sie seine Gnade wäre, mit der er Sie rettet. Wären Sie zufrieden? Sie bitten ihn, das Leben Ihres Kindes zu retten. Sie flehen ihn an, Ihr Geschäft über Wasser zu halten. Sie bestürmen ihn, den Krebs in Ihrem Körper zu heilen. Was wäre, wenn seine Antwort lautete: »Lass dir an meiner Gnade genügen.« Wären Sie zufrieden?

Sehen Sie, vom Himmel aus gesehen ist Gnade *genug.* Könnte sich jemand beklagen, wenn Gott nicht mehr täte, als uns vor der Hölle zu retten? Wäre es ungerecht, wenn Gott unsere Seele errettet und wir dann als Leprakranke unser Leben auf einer einsamen Insel fristen müssten? Wagen wir es, über einen schmerzenden Körper zu murren, wenn wir doch das ewige Leben haben? Wagen wir es, über irdische Armut zu klagen, wenn wir himmlische Reichtümer erhalten haben?

Lassen Sie mich schnell hinzufügen: Gott schenkt Ihnen nicht

»nur« die Rettung. Wenn Sie Augen haben, um diese Worte zu lesen, Hände, um dieses Buch zu halten, die Mittel, um dieses Buch zu kaufen, dann hat er Ihnen schon Gnade um Gnade gegeben. Die große Mehrheit von uns sind errettet und noch mit vielem mehr gesegnet!

Aber es gibt Zeiten, in denen Gott, nachdem er uns seine Gnade geschenkt hat, unsere Bitten hört und sagt: »Meine Gnade genügt für dich.« Ist das ungerecht von ihm?

In meinem Buch *God Came Near* erzählte ich, wie unsere älteste Tochter im Alter von zwei Jahren in ein Schwimmbecken fiel. Ein Bekannter sah sie und zog sie heraus.[1] Was ich in dem Buch nicht erzählte, war, was am folgenden Morgen während meiner Gebetszeit geschah. Ich bemühte mich, meine Dankbarkeit in meinem Tagebuch niederzuschreiben. Ich sagte Gott, wie wunderbar er ist, weil er sie gerettet hat. So klar, als würde Gott selbst sprechen, kam mir die Frage in den Sinn: *Wäre ich weniger wunderbar, wenn ich es zugelassen hätte, dass sie ertrinkt? Wäre ich ein weniger guter Gott, wenn ich sie heimgerufen hätte? Würdest du mich heute Morgen auch dann preisen, wenn ich sie nicht gerettet hätte?*

Ist Gott auch dann ein guter Gott, wenn er Nein sagt?

Das inständige Gebet: der Pfahl im Fleisch

Genau damit hatte Paulus zu kämpfen. Er kannte die Angst vor nicht erhörten Gebeten. Ganz oben auf seiner Gebetsliste stand eine nicht näher beschriebene Bitte, die seine Gedanken beherrschte. Er nannte sie »Pfahl im Fleisch« (2. Kor 12,7). Vielleicht war der Schmerz zu intim, um ihn zu Papier zu bringen. Vielleicht hat er die Bitte so oft ausgesprochen, dass er eine Abkürzung gebrauchte. »Ich bin hier, um wieder über den Pfahl zu sprechen, Vater.« Oder könnte es sein, dass dadurch, dass das Anliegen allgemein gehalten wurde, das Gebet von Paulus auch unser Gebet sein kann? Denn haben wir nicht alle einen Pfahl im Fleisch?

Irgendwann auf unserem Lebensweg wird unser Fleisch von einem Menschen oder einem Problem durchbohrt. Unser Gang wird zum Humpeln, unsere Schritte verlangsamen sich und kommen zum Stillstand. Wir bemühen uns, weiterzugehen, zucken aber bei jedem Versuch zusammen. Schließlich flehen wir Gott um Hilfe an.

So war es auch bei Paulus. (Übrigens, finden Sie es nicht ermutigend, dass sogar Paulus einen Pfahl im Fleisch hatte? Es ist tröstlich zu wissen, dass einer der Verfasser der Bibel nicht in allem mit Gott einig war.)

Einen Pfahl oder Dorn holt man sich nur, wenn man unterwegs ist, und Paulus war es ständig. Thessalonich, Jerusalem, Athen, Korinth – wenn er nicht predigte, war er wegen seiner Predigten im Gefängnis. Aber dieser Pfahl behinderte ihn in seiner Tätigkeit. Der Stachel bohrte sich durch die Sohle seiner Sandale bis tief in seine Seele und wurde bald Gegenstand intensiver Gebete. »Dreimal habe ich zum Herrn gebetet, dass er mich davon befreit« (2. Kor 12,8).

Dies war keine beiläufig geäußerte Bitte, keine Bemerkung am Rande. Es war die erste Bitte im ersten Satz. »Lieber Gott, ich brauche Hilfe!«

Es handelte sich auch nicht um einen Stachel an der Oberfläche. Es war ein »schweres Leiden« (Gute Nachricht). Bei jedem Schritt fühlte er, wie der Schmerz vom Bein aus hoch stach. Dreimal humpelte er an den Rand des Weges und betete. Sein Anliegen war klar und deutlich, und Gottes Antwort auch: »Lass dir an meiner Gnade genügen« (V. 9).

Was war dieser Pfahl im Fleisch? Niemand weiß es mit Sicherheit, aber hier sind die am häufigsten angeführten Möglichkeiten.

1. *Sexuelle Versuchung.* Kämpfte Paulus mit dem Fleisch? Das ist möglich. Schließlich war Paulus ein alleinstehender Mann. Er beschreibt die Versucherin wie einer, der sie unmittelbar kennt. »Denn ich weiß, dass in mir, das heißt in meinem Fleisch, nichts Gutes wohnt. Wollen habe ich wohl, aber das Gute vollbringen kann ich nicht. Denn das Gute, das ich will, das tue ich nicht; sondern das Böse, das ich nicht will, das tue ich« (Röm 7,18-19). Bittet Paulus Gott, ihn ein für alle Mal vom Durst nach verbotenen Wassern zu befreien?

2. Vielleicht lag das Problem nicht im Fleisch, sondern in *Gegnern*; nicht in der Versuchung, sondern im Widerstand. Die Stelle spielt darauf an: Es ist »des Satans Engel, der mich mit Fäusten schlagen soll« (2. Kor 12,7). Paulus hatte jede Menge Gegenspieler. Es gab Menschen, die sein Apostelamt in Frage stellten (2. Kor 12,12). Andere untergruben seine Botschaft (Gal 1,7). Übrigens, als Paulus schrieb, dass »des Satans Engel« ihn »mit Fäusten schlagen soll«, übertrieb er nicht. Nehmen Sie ihm sein Gewand ab und schauen Sie seine Narben an. Oder, da Sie das nicht tun können, lesen Sie nach, wie er angegriffen wurde.

> Ich bin oft in Todesgefahr gewesen. Fünfmal habe ich von den Juden die neununddreißig Schläge bekommen. Dreimal wurde ich ausgepeitscht, einmal bin ich gesteinigt worden. Ich habe drei Schiffbrüche erlebt; das eine Mal trieb ich eine Nacht und einen Tag auf dem Meer. Auf meinen vielen Reisen haben mich Hochwasser und Räuber bedroht. Juden und Nichtjuden haben mir nachgestellt. Es gab Gefahren in den Städten und in der Wüste, Gefahren auf hoher See und Gefahren bei falschen Brüdern (2. Kor 11,23-26).

Könnte man es Paulus verübeln, dass er um Befreiung bittet? Die Belastungsfähigkeit eines Körpers hat ihre Grenzen. Es ist aufreibend, die Zielscheibe Satans zu sein. »Gott, wie wäre es, wenn die verbalen Attacken aufhören würden, damit meine Verletzungen heilen? Oder wäre es möglich, die Schläge und Steinigungen abwechselnd geschehen zu lassen, damit nicht alles auf einmal kommt? Ich habe eine Beule am Nacken, von der ich jedesmal aufwache, wenn ich mich nachts umdrehe. Und erinnerst du dich noch an die Nacht im Gefängnis von Philippi? Mein Rücken ist immer noch nicht geheilt.«

3. Natürlich gab es Leute, die dachten, dass Paulus jeden Peitschenhieb verdient hat, was uns zur dritten Möglichkeit bringt. Manche denken, der Pfahl war sein *ungeschliffenes Wesen.* Was er auch immer zu den Füßen Gamaliels gelernt hat, vermutlich ist er eingedöst, als sie das Thema Takt durchnahmen. Bevor er die

Gnade kennen lernte, brachte er Christen um. Als er die Gnade kannte, stellte er Christen streng zur Rede. Ein Beispiel? »Als dann Petrus nach Antiochia kam, trat ich ihm offen entgegen, weil er sich ins Unrecht gesetzt hatte« (Gal 2,11). Ein Diplomat, wie er im Buch steht. Paulus war der Ansicht, dass man entweder auf der Seite Gottes oder auf der Seite Satans war, und wenn jemand von der Seite Gottes zur Seite Satans schlitterte, machte er kein Geheimnis daraus. »Hymenäus und Alexander gehören zu ihnen. Ich habe sie dem Satan übergeben, damit er sie bestraft. So sollen sie lernen, Gott nicht mehr mit ihrer Lebensführung zu beleidigen« (1. Tim 1,20).

Alle innerhalb der Reichweite seiner Zunge und Feder wussten, wie er dachte und wann es für sie besser war, den Kopf einzuziehen.

4. Andererseits spricht auch einiges dafür, dass der Pfahl nicht Versuchung, Widerstand oder mangelnde Umgangsformen waren. Es könnte sich auch um seinen *Körper* gehandelt haben. Denken Sie an das Ende eines seiner Briefe. »Seht, mit wie großen Buchstaben ich euch schreibe mit eigener Hand« (Gal 6,11). Vielleicht hatte er schlechte Augen. Vielleicht ist seine Reise nach Damaskus auch körperlich nicht spurlos an ihm vorbeigegangen. Gott machte ihn mit einem Licht auf sich aufmerksam, das so hell war, dass Paulus drei Tage lang blind war. Vielleicht hat er sich davon nie völlig erholt. Seinen klaren Blick für das Kreuz bekam er vielleicht auf Kosten eines klaren Blickes für alles andere. Er schrieb den Galatern: »Denn ich bezeuge euch, ihr hättet, wenn es möglich gewesen wäre, eure Augen ausgerissen und mir gegeben« (4,15).

Eine schlechte Sehkraft bedeutete für Paulus eine Berufsgefahr. Es ist schwierig zu reisen, wenn man den Weg nicht sieht. Es ist nicht leicht, Briefe zu schreiben, wenn man die Seite nicht sehen kann. Wenn man schlecht sieht, werden die Augen überanstrengt, was zu Kopfschmerzen führt; diese wiederum führen zu langen Nächten und zu Gebeten um Erleichterung. »Gott, ist es möglich, dass ich sehen kann?«

Es ist schwierig, eine Versammlung zu beeindrucken, wenn man Augenkontakt mit einem Baum aufnimmt und annimmt, er ist ein Mensch. Das bringt uns zu einer letzten Möglichkeit.

5. Wir nehmen an, dass Paulus ein dynamischer Redner war, aber diejenigen, die ihn hörten, waren wohl anderer Meinung. »Seine Rede ist kläglich«, hörte er sie in Korinth sagen (2. Kor 10,10). Der Apostel hat nicht mit ihnen gestritten. »Als schwacher Mensch trat ich vor euch und war voll Angst und Sorge. Mein Wort und meine Botschaft wirkten nicht durch Redekunst und Gedankenreichtum, sondern weil Gottes Geist darin seine Kraft erwies« (1. Kor 2,3-4). Eine Übersetzung gefällig? *Ich hatte solche Angst, dass ich stotterte, ich war so nervös, dass ich vergaß, worauf ich hinauswollte, und wenn ihr überhaupt etwas gehört habt, dann ist es Gottes Verdienst.*

Machen wir eine kurze Pause und denken darüber etwas nach. (Ich weiß nicht, wie Sie sich den Apostel Paulus vorgestellt haben, aber dieses Bild ändert sich vermutlich jetzt.) Er geriet oft in Versuchung, wurde regelmäßig geschlagen, war eigensinnig und kurzsichtig. Und er stotterte. Ist das der Apostel Paulus? (Möglicherweise heiratete er nie, weil er keine Freundin finden konnte.) Kein Wunder, dass einige sich fragten, ob er ein Apostel war.

Und kein Wunder, dass er betete.

Der Grundsatz: Gnade genügt

Ist eines dieser Anliegen ungehörig? Wäre er nicht ohne Versuchungen und ohne Feinde, mit ausgeglichenem Benehmen, guten Augen und Redegewandtheit ein besserer Apostel gewesen?

Vielleicht ja, vielleicht aber auch nicht.

Hätte Gott die Versuchung weggenommen, hätte Paulus vielleicht nie Gottes Gnade ergriffen. Nur wer hungrig ist, weiß ein Festessen zu schätzen, und Paulus war am Verhungern. Er betitelte sich selbst mit: »Paulus, Chef der Sünder«. Keiner hat so klar und deutlich über Gnade geschrieben. Der Grund liegt vielleicht darin, dass kein Mensch je den Wert der Gnade so deutlich erkannte wie Paulus.

Hätte Gott den Peitschenschwingern Einhalt geboten, hätte Paulus vielleicht nie die Liebe kennen gelernt. »Und wenn ich alle meine Habe den Armen gäbe und ließe meinen Leib verbrennen, und hätte die Liebe nicht, so wäre mir's nichts nütze« (1. Kor 13,3). Verfolgung läutert die Beweggründe. Zum Schluss war das Handeln von Paulus von einer einzigen Triebfeder geprägt: »Die Liebe, die Christus uns erwiesen hat, bestimmt mein ganzes Handeln« (2. Kor 5,14).

Wer wäre den Paragrafenreitern, die sich streng an den Buchstaben des Gesetzes hielten, den Hedonisten und den selbstgerechten Kritikastern entgegengetreten, wenn Gott ihn sanftmütig und freundlich gemacht hätte? Der Galaterbrief wurde geschrieben, weil Paulus eine verwässerte Gnade nicht hinnehmen konnte. Die Korintherbriefe können darauf zurückgeführt werden, dass er einen nachlässigen Glauben nicht duldete. Seine Ehrlichkeit hat Paulus womöglich nicht viele Freunde eingebracht, doch zweifelsohne viele Menschen zu Jüngern gemacht.

Und Paulus' Sehkraft? Hätte Paulus solche Erkenntnisse gehabt, wenn Gott seine Augen geheilt hätte? Während alle beobachteten, was in der Welt vor sich ging, sah Paulus Visionen, die nicht in Worten auszudrücken waren (2. Kor 12,3-4).

Und die Rednergabe? Nichts berauscht mehr als der Beifall der Masse. Gott wollte vielleicht den Apostel einfach nüchtern halten. Was immer die Not auch war, sie hatte ihren Sinn. Und Paulus wusste es: »Damit ich mich nicht überhebe.« Gott, der Stolz verabscheut, tat alles, damit Paulus nicht stolz wurde.

Zu Paulus sagte er einfach: »Lass dir an meiner Gnade genügen.« Zu Ihnen sagt er vielleicht dasselbe.

Sie fragen sich, warum Gott die Versuchung nicht aus Ihrem Leben nimmt? Wenn er es täte, würden Sie sich vielleicht auf Ihre eigene Kraft und nicht auf seine Gnade verlassen. Ein paar »Schnitzer« sind womöglich notwendig, um Sie davon zu überzeugen: Seine Gnade genügt für Ihre Sünde.

Sie fragen sich, warum Gott die Feinde nicht aus Ihrem Leben nimmt? Vielleicht weil er will, dass Sie so lieben lernen, wie er liebt. Jeder kann einen Freund lieben, aber nur wenige können einen Feind lieben. Was geschieht, wenn nicht alle Menschen Sie mögen? Seine Gnade genügt für Ihr Selbstwertgefühl.

Sie fragen sich, warum Gott Ihren Charakter nicht ändert? Haben Sie wie Paulus ein paar scharfe Ecken und Kanten? Sagen Sie Dinge, die Sie hinterher bereuen, oder tun Sie Dinge, die Sie später in Frage stellen? Warum macht Gott Sie nicht ihm ähnlicher? Er tut es. Nur ist er damit noch nicht fertig. Bis es so weit ist, genügt seine Gnade zur Bewältigung Ihrer Fehler und Mängel.

Sie fragen sich, warum Gott Sie nicht heilt? Er *hat* Sie bereits geheilt. Wenn Sie in Christus sind, haben Sie eine vollendete Seele und einen vollendeten Leib. Sein Plan ist es, Ihnen die Seele jetzt zu geben, aber den Leib erst, wenn Sie heimkehren. Vielleicht heilt er Teile Ihres Körpers, bevor Sie in den Himmel kommen. Aber wenn er es nicht tut, haben Sie dann nicht trotzdem Grund zur Dankbarkeit? Wenn er Ihnen nie mehr als das ewige Leben geschenkt hätte, könnten Sie ihn dann um mehr bitten? Seine Gnade genügt zur Dankbarkeit.

Fragen Sie sich, warum Gott Ihnen nicht eine besondere Gabe gegeben hat? Wenn Gott Sie nur zu einem Sänger oder Wettläufer oder Schriftsteller oder Missionar gemacht hätte. Aber hier stehen Sie, ohne musikalisches Gehör, langsam zu Fuß und langsam von Begriff. Verzweifeln Sie nicht. Gottes Gnade genügt immer noch, um das zu vollenden, was er begonnen hat. Und bis er fertig ist, erinnert Paulus Sie daran, dass die Kraft in der Botschaft liegt, nicht im Botschafter. Seine Gnade spricht klar, auch wenn Sie es nicht tun.

Vieles über Pfähle und Stachel wissen wir nicht, aber eines ist sicher. Gott hat es lieber, wenn wir hin und wieder hinken, als wenn wir ständig mit erhobenem Kopf einherstolzieren. Und wenn dazu ein Pfahl im Fleisch erforderlich ist, dann liebt er uns genug, um ihn nicht herauszuziehen.

Gott hat das uneingeschränkte Recht, Nein zu uns zu sagen. Wir haben ausnahmslos Grund, um zu danken. Der Fallschirm ist stark, und die Landung wird sicher sein. Seine Gnade genügt.

14

Der Bürgerkrieg in der Seele

Römer 7,7–26

Ich lebte einst ohne Gesetz; als aber das Gebot kam, wurde die Sünde lebendig, ich aber starb. Und so fand sich's, dass das Gebot mir den Tod brachte, das doch zum Leben gegeben war ... So finde ich nun das Gesetz, dass mir, der ich das Gute tun will, das Böse anhängt. Denn ich habe Lust an Gottes Gesetz nach dem inwendigen Menschen. Ich sehe aber ein anderes Gesetz in meinen Gliedern, das widerstreitet dem Gesetz in meinem Gemüt und hält mich gefangen im Gesetz der Sünde, das in meinen Gliedern ist. Ich elender Mensch! Wer wird mich erlösen von diesem todverfallenen Leibe? Römer 7,9-10.21-24

Die folgenden Absätze zeigen auf, wie der Verfasser des Buches in die Kriminalität abrutschte. Die Tatsachen entsprechen der Wahrheit, Namen wurden nicht geändert. Ich bekenne. Ich habe gegen das Gesetz verstoßen. Und was noch schlimmer ist: Ich will damit nicht aufhören!

Meine kriminellen Handlungen begannen harmlos. Der Weg zu meinem Büro führt mich in südliche Richtung zu einer Kreuzung, an der ich und halb Texas nach links abbiegen. Jeden Morgen wartete ich *endlose* Minuten in einer *endlosen* Autoschlange vor einer *endlos* langen Ampelphase und murmelte jedes Mal vor mich hin: »Es muss eine bessere Möglichkeit geben.« Ich fand sie. Etwa sechshundert Meter vor der Ampel entdeckte ich eine Abkürzung, eine schmale Straße hinter einem Einkaufszentrum. Ich wollte es ausprobieren. Ich betätigte den Blinker, bog schnell nach links ab, ließ die stockend vorankommenden Pendler zurück und versuchte mein Glück. Ich schlängelte mich an den Müllcontainern vorbei und über die Bodenwellen, die zur Geschwindigkeitsbegrenzung angebracht worden waren, und *voilà*. Es funktionierte! Die Nebenstraße führte mich zu einer Schnellstraße in Richtung Osten, einige Minuten schneller als den Rest der Gesellschaft.

Ich war stolz auf mich. Von nun an war ich schneller als die ganze Meute. Jeden Morgen bog ich in meine private Autobahn ein, während alle anderen in der Schlange warteten, und ich lobte mich selbstgefällig, weil ich etwas gesehen hatte, was den anderen entgangen war. Ich war erstaunt, dass niemand es vor mir bemerkt hatte, aber schließlich haben nur wenige einen so guten Orientierungssinn wie ich.

Eines Morgens fuhr Denalyn mit mir im Auto. »Ich zeige dir, weshalb du mich geheiratet hast«, sagte ich ihr stolz, als wir uns der Kreuzung näherten. »Siehst du diese lange Autoschlange? Hörst du dieses Geheule aus den Vorstädten? Siehst du diese menschliche Trostlosigkeit? Das ist nichts für mich. Pass auf!«

Geschickt bog ich aus der sechsspurigen Hauptstraße in das einspurige Sträßchen ein und teilte mit meinem Schatz meine geheime Schnellstraße in die Freiheit. »Was sagst du nun?«, fragte ich und erwartete ihr Lob.

»Ich denke, du hast das Gesetz gebrochen.«

»Was?«

»Du bist in falscher Richtung in eine Einbahnstraße eingebogen.«

»Das kann nicht sein.«

»Fahr zurück und schau selbst.«

Ich tat es. Sie hatte Recht. Irgendwie hatte ich das Verkehrsschild übersehen. Meine Abkürzung war verboten. Neben dem großen orangefarbenen Müllcontainer stand ein Schild »Einfahrt verboten«. Kein Wunder, dass die Leute mich komisch anschauten, als ich in die Nebenstraße einbog. Ich dachte, sie seien neidisch, doch sie dachten, dass ich mich verkehrswidrig verhalte.

Aber mein Problem besteht nicht in dem, was ich tat, bevor ich das Gesetz kannte. Das Problem ist, was ich jetzt tun will, nachdem ich das Gesetz kenne. Man könnte denken, ich hätte nicht mehr das Bedürfnis, die Nebenstraße zu benutzen, aber dem ist nicht so! Ein Teil von mir will immer noch die Abkürzung. Ein Teil von mir will das Gesetz brechen. (Ich bitte alle Verkehrspolizisten, die dieses Buch lesen, um Verzeihung.) Jeden Morgen streiten sich zwei Stimmen in mir:

Mein Gewissen sagt: »Es ist gesetzwidrig.«

Mein Wollen antwortet: »Aber ich wurde nie erwischt.«

Mein Gewissen erinnert mich: »Das Gesetz ist das Gesetz.«

Mein Wollen entgegnet: »Aber das Gesetz ist nicht für vorsichtige Fahrer wie mich gemacht. Außerdem werde ich die fünf Minuten, die ich spare, fürs Gebet verwenden.«

Mein Gewissen lässt das nicht gelten. »Bete im Auto.«

Bevor ich das Gesetz kannte, hatte ich inneren Frieden. Jetzt, wo ich das Gesetz kenne, ist in mir ein Aufruhr ausgebrochen. Ich bin ein innerlich zerrissener Mensch. Einerseits weiß ich, was ich zu tun habe, aber ich will es nicht tun. Meine Augen lesen das Schild: »Einfahrt verboten«, aber mein Körper will nicht gehorchen. Was ich tun sollte und was ich schließlich tue, sind zwei verschiedene Dinge. Es ging mir besser, als ich das Gesetz nicht kannte.

Kommt Ihnen das bekannt vor? Nicht ausgeschlossen. Für viele ist das der Weg der Seele. Bevor wir zu Christus kamen, hatten wir alle unsere Abkürzungen. Sittenlosigkeit war eine Abkürzung zum Vergnügen. Betrug war eine Abkürzung zum Erfolg. Prahlen war eine Abkürzung zur Beliebtheit. Lügen war eine Abkürzung zur Macht.

Dann fanden wir Christus, wir fanden Gnade, und wir sahen die Schilder. War das nicht auch so bei Ihnen? Sie haben ein hitziges Temperament, und dann lesen Sie: »Wer mit seinem Bruder zürnt, ist des Gerichts schuldig« (Mt 5,22). *Ach, das habe ich nicht gewusst.*

Sie haben umherschweifende Augen, und dann lesen Sie: »Wer eine Frau ansieht, sie zu begehren, der hat schon mit ihr die Ehe gebrochen in seinem Herzen« (Mt 5,28). *O je, was tue ich jetzt?*

Sie übertreiben gerne, um auf etwas hinzuweisen, und dann entdecken Sie: »Eure Rede aber sei: Ja, ja; nein, nein. Was darüber ist, das ist vom Übel« (Mt 5,37). *Aber schon seit Jahren rede ich so.*

Sie zeigen anderen gerne Ihre Großzügigkeit, und dann lesen Sie: »Wenn du aber Almosen gibst, so lass deine linke Hand nicht wissen, was die rechte tut« (Mt 6,3). *O Junge, ich wusste nicht, dass das falsch ist.*

Sie haben die Angewohnheit, Menschen in Schubladen einzuordnen, und dann hören Sie, dass Jesus sagte: »Richtet nicht, damit ihr nicht gerichtet werdet« (Mt 7,1). *Aber keiner hat mir gesagt, dass Richten Sünde ist.*

All die Jahre haben Sie Abkürzungen genommen und nie das Schild »Einfahrt verboten« gesehen. Aber jetzt sehen Sie es. Jetzt wissen Sie es. Ich weiß, ich weiß …, es wäre leichter gewesen, wenn Sie das Schild nie gesehen hätten, aber jetzt wurde das Gesetz offenbart. Was tun Sie also?

In Ihrem Herzen tobt derselbe Kampf wie im Herzen von Paulus:

> Es steht außer Zweifel, dass das Gesetz von Gott kommt. Aber wir sind schwache Menschen, als Sklaven an die Sünde verkauft. Deshalb sind wir in unserem Handeln nicht frei; wir tun nämlich nicht, was wir eigentlich wollen, sondern was wir verabscheuen. Wenn wir aber das Böse, das wir tun, gar nicht wollen, dann erkennen wir damit an, dass das Gesetz gut ist. Wir selbst sind es also gar nicht, die das Böse tun. Vielmehr tut es die Sünde, die von uns Besitz ergriffen hat. Wir wissen genau: In uns selbst, so wie wir von Natur aus sind, ist nichts Gutes zu finden. Wir bringen es zwar fertig, das Rechte zu wollen; aber wir sind zu schwach, es auch zu tun. Wir tun nicht das Gute, das wir gerne tun möchten, sondern das Böse, das wir verabscheuen. Wenn wir aber tun, was wir nicht wollen, dann verfügen nicht wir selbst über uns, sondern die Sünde, die von uns Besitz ergriffen hat.
> Wir sehen also, dass sich alles nach folgender Regel abspielt: Ich will Gutes tun, aber es kommt nur Böses dabei heraus. In meinem Bewusstsein stimme ich dem Gesetz Gottes freudig zu. Aber ich sehe, dass mein Tun einem anderen Gesetz folgt. Dieses Gesetz liegt im Streit mit dem Gesetz, dem meine

Vernunft zustimmt. Es macht mich zum Gefangenen der Sünde, deren Gesetz mein Handeln bestimmt. (Röm 7,14-23)

In der Seele herrscht Bürgerkrieg

Wie *gelegen* kommt uns das Bekenntnis von Paulus! Wie gut zu wissen, dass er wie wir zu kämpfen hatte. Menschen, die über die Gnade staunen, staunen in demselben Maße über ihre Sünden. Warum sage ich an einem Tag zu Gott Ja und am Tag darauf zu Satan? Warum bin ich nicht begierig darauf, die Gebote Gottes zu erfüllen, sobald ich von ihnen weiß? Sollten diese Konflikte nicht ein Ende finden, jetzt wo ich das Schild sehe? Bedeutet mein Kampf, dass ich nicht errettet bin?

Diese Fragen werden in Römer 7 gestellt. Und viele Christen stellen sich dieselben Fragen. Vor einigen Jahren erlebte ich den inneren Kampf eines Mannes und zeichnete folgende Gedanken auf:

> Von meinem Platz aus kann ich einen Kardinalsvogel sehen. Er sitzt auf dem Dach meinem Büro gegenüber. Schon seit drei Tagen ist er dort. Ein herrlicher Anblick. Er singt immer und immer wieder dasselbe Lied – ein langes Zirpen, von vier kurzen gefolgt. Der Rhythmus ändert sich nie. Die Tonfolge bleibt immer gleich.
>
> Er fliegt auf das Dach des Gebäudes und lässt sich auf dem höchsten Punkt nieder. Er öffnet den gefiederten Fächer hinter seinem Nacken, wirft keck den Kopf zurück und ruft: »Tschiiirrrp, tschirp, tschirp, tschirp, tschirp.«
>
> Dann hat man den Eindruck, dass er nach demjenigen Ausschau hält, dem er gerufen hat. Aber er erhält nie eine Antwort.
>
> Er wiederholt den Versuch. Die Federn glänzen auf, der Ruf erklingt, er wartet. Aber eine Erwiderung bekommt er nicht. Nach einiger Zeit macht er einen Sturzflug zum Innenhof hinunter. Er sieht sein Spiegelbild in einem Fenster aus Spiegelglas und stürzt sich darauf – mit dem Schnabel voran. Der

Aufprall hallt im Innenhof nach, und der Vogel zieht sich zurück. Nur einen Augenblick lang. Er sammelt sich, dann sieht er sein Spiegelbild, und los zischt er … *bums*! Er torkelt zurück, gewinnt nur mit Mühe das Gleichgewicht wieder. Doch kaum öffnet er die Augen und sieht sein Spiegelbild – *paff!* – und das Drama beginnt von Neuem.

Ich schüttle den Kopf. »Warum lernst du nichts?«, frage ich. »Wie oft stößt du dich, bis du lernst, dass der Vogel im Fenster nur ein Trugbild ist?«

Aber er bleibt … und fliegt weiter in das Fenster.

Minuten später betritt ein junger Mann mein Büro. Schwungvoll, gut gekleidet. Fester Händedruck, gebräuntes Gesicht, strahlendes Lächeln. Geplauder über Basketball, vollen Terminkalender und Flughäfen. Ich bin versucht, dem Geschwätz ein Ende zu setzen, tue es aber nicht. Er muss erst Mut fassen. Wir wissen, warum er hier ist. Wir hatten schon einige Gespräche. Er hat eine Frau. Und er hat eine Geliebte. Er hat seine Frau verlassen und lebt mit seiner Geliebten zusammen.

»Sind Sie nach Hause gegangen?«, frage ich.

»Nein«, seufzt er und schaut durch das Fenster in den Innenhof hinunter. »Ich versuchte es, tat es aber nicht.«

»Haben Sie mit Ihrer Frau gesprochen?«

»Dazu brachte ich den Mut nicht auf.«

»Er ist wie ein Kind«, sage ich zu mir selbst. Hinter dem modischen Anzug und den geistreichen Reden ist er wie ein verängstigter Sechsjähriger, der weiß, dass er eigentlich nicht sollte, und doch nicht weiß, wie er damit aufhören kann. Was für eine Leere ist in ihm, die nicht durch die Ehe ausgefüllt werden kann? Was für eine Leidenschaft führt ihn in fremde Betten?

Über seine Schulter hinweg schaue ich aus dem Fenster und sehe, wie der Vogel seinen Schnabel gegen die Scheibe stößt. Ich schaue über meinen Schreibtisch und sehe, wie der Mann sein Gesicht in den Händen verbirgt. »Ich weiß, was ich tun sollte, aber ich kann nicht.«

Wie lange dauert es, bis beide aufhören? Wie lange werden sie sich selbst weh tun, bis sie aufwachen?
Als ich am folgenden Tag in mein Büro kam, war der Vogel weg. Bald darauf rief ich den Mann an, aber er war fort. Ich denke, der Vogel hat seine Lektion gelernt. Ob der Mann das ebenfalls getan hat, weiß ich nicht.

Vielleicht sind auch Sie mit dem Kopf gegen eine Wand gerannt. Haben Sie Schwächen an sich entdeckt, über die Sie bestürzt sind? Ihre Worte? Ihre Gedanken? Ihr Temperament? Ihre Habgier? Ihr Groll? Ihre Klatschsucht? Alles war besser, bevor Sie vom Gesetz wussten. Aber jetzt kennen Sie es. Und jetzt müssen Sie einen Krieg führen. Und ich habe zwei Wahrheiten über die Gnade, die Sie mit in den Kampf nehmen können.

1. Er erhebt immer noch Anspruch auf Sie

Erinnern Sie sich zuallererst an Ihre Stellung: Sie sind ein Kind Gottes. Es gibt Menschen, die den Kampf als Zeichen dafür werten, dass Gott sie im Stich gelassen hat. Sie stellen folgende Überlegungen an: »Ich bin Christ. Meine Wünsche sind jedoch alles andere als christlich. Kein Kind Gottes würde in diesen Kämpfen stehen. Ich muss ein Waisenkind sein. Gott hat mir wohl damals einen Platz gegeben, aber jetzt hat er für mich keinen Platz mehr.«

Dieser Same der Schamgefühle wird von Satan ausgesät. Wenn er Sie mit Ihrer Sünde nicht verführen kann, lässt er Sie in Schuldgefühlen versinken. Nichts bereitet ihm mehr Vergnügen als zu sehen, wie Sie in einer Ecke kauern und außer Fassung darüber sind, dass Sie immer noch mit einer alten Gewohnheit nicht klarkommen. »Gott ist deiner Kämpfe überdrüssig«, flüstert er. »Dein Vater hat deine ständigen Bitten um Vergebung satt«, lügt er.

Und viele glauben ihm und sind jahrelang davon überzeugt, dass sie für Gottes Reich untauglich sind. *Kann ich so oft zum Brunnen der Gnade kommen? Ich verdiene es nicht, schon wieder um Vergebung zu bitten.*

Entschuldigen Sie meine unvermittelte Frage, aber wer sagte Ihnen, dass Sie beim ersten Mal die Vergebung verdienten? Als Sie zu Jesus kamen, wusste er da von jeder Sünde, die Sie bis zu diesem Augenblick begangen haben? Ja. Wusste Jesus auch von jeder Sünde, die Sie in Zukunft begehen werden? Ja, er wusste auch das. Also hat Jesus Sie errettet, obwohl er von allen Sünden wusste, die Sie bis zum Ende Ihres Lebens begehen werden? Ja. Meinen Sie damit, dass er bereit ist, Sie sein Kind zu nennen, obwohl er von sämtlichen Fehlern Ihrer Vergangenheit und Zukunft weiß? Ja.

Gott hat demnach schon seine Einstellung unter Beweis gestellt. Wenn Ihre Sünde zu groß für ihn wäre, hätte er Sie von vornherein nie errettet. Ihre Versuchung kommt für den Himmel nicht plötzlich und unerwartet. Gott ist über Ihre Sünde nicht überrascht. Er sah sie schon kommen. Gibt es eine Veranlassung anzunehmen, dass der Eine, der Sie zum ersten Mal angenommen hat, Sie nicht jedes Mal annehmen wird?

Dass Sie angegriffen werden, muss wohl bedeuten, dass Sie auf der richtigen Seite stehen. Haben Sie bemerkt, wer außer Ihnen Zeiten des Kampfes durchzustehen hatte? Paulus. Achten Sie auf die *Zeitform*, in der Paulus schreibt:

»Ich *weiß* nicht, was ich *tue*…«

»… die Sünde, die in mir *wohnt* …«

»Das Gute, das ich *will*, das *tue* ich nicht.«

»Ich *sehe* aber ein anderes Gesetz in meinen Gliedern …«

»Ich elender Mensch« (siehe Römer 7,14-25; Kursivschrift vom Autor).

Paulus schreibt im Präsens. Er beschreibt keinen Kampf aus der Vergangenheit, sondern einen Kampf in der Gegenwart. Soweit wir wissen, stand Paulus sogar in einem geistlichen Kampf, als er diesen Brief schrieb. *Wollen Sie damit sagen, dass der Apostel Paulus mit der Sünde kämpfte, während er ein Buch für die Bibel schrieb?* Können Sie sich, von Satan aus gesehen, einen strategisch günstigeren Zeitpunkt für einen Angriff denken? Kann es sein, dass Satan sich vor der Frucht des Briefes an die Römer fürchtete?

Ist es denkbar, dass er sich vor der Frucht Ihres Lebens fürchtet? Ist es möglich, dass Sie angegriffen werden – nicht, weil Sie so schwach sind, sondern weil Sie so stark werden könnten? Vielleicht hofft er, dass er morgen mit einem Missionar oder Schriftsteller oder Spender oder Sänger weniger zu kämpfen hat, wenn er Sie heute besiegt.

2. Er führt Sie immer noch

Hier nun die zweite Wahrheit, mit der Sie in den Kampf ziehen sollten. Die erste ist Ihre Stellung: Sie sind ein Kind Gottes. Die zweite ist Ihr Grundsatz: das Wort Gottes.

Wenn wir angegriffen werden, neigen wir dazu, die Gültigkeit von Gottes Geboten in Frage zu stellen. Wir suchen nach »rationalen Rechtfertigungen«, wie ich es mit der Einbahnstraße tat. *Das Gesetz ist für die anderen, nicht für mich. Ich bin ein guter Autofahrer.* Ich mindere die Autorität des Gesetzes, indem ich die Gültigkeit des Gesetzes in Frage stelle.

Aus diesem Grund ruft Paulus schnell in unser Gedächtnis zurück: »So ist also das Gesetz heilig, und das Gebot ist heilig, gerecht und gut« (7,12). Das Wurzelwort für *heilig* ist *hagios*, was »anders« bedeutet. Gottes Gebote sind heilig, weil sie aus einer anderen Welt kommen, aus einem anderen Bereich, weil sie alles von einem anderen Blickwinkel her sehen.

In gewisser Hinsicht kam das Schild »Einfahrt verboten« an meiner Nebenstraße aus einem anderen Bereich. Die Gedanken der Gesetzgeber unserer Stadt sind nicht meine Gedanken. Sie sind am Gemeinwohl interessiert. Ich bin an meiner persönlichen Bequemlichkeit interessiert. Sie wollen der Stadt Bestes. Ich will mein Bestes. Sie wissen, was ungefährlich ist. Ich weiß, was schnell ist. Sie erlassen keine Gesetze zu meinem Vergnügen, sondern Gesetze zu meiner Sicherheit.

Das gilt auch für Gott. Was wir für Abkürzungen halten, hält Gott für Katastrophen. Er gibt uns keine Gesetze zu unserem Vergnügen. Er gibt sie zu unserem Schutz. In Zeiten des Kampfes müssen wir uns auf seine Weisheit verlassen, nicht auf unsere. Er hat sich das System ausgedacht; er weiß, was wir brauchen.

Aber da ich eigensinnig bin, denke ich, *ich weiß*, was ich brauche. Meine Missachtung des Schildes »Einfahrt verboten« zeigt eine hässliche, egoistische Eigenschaft von mir. Wenn ich nie das Gesetz gesehen hätte, hätte ich nie bemerkt, wie egoistisch ich bin.

Ein bestürzendes Beispiel davon wurde vor siebzehnhundert Jahren von Augustinus in seinem Buch *Bekenntnisse* niedergeschrieben:

> Neben unserem Weinberg wuchs ein Birnbaum, reich mit Früchten beladen. In einer stürmischen Nacht machten wir schuftigen Jugendlichen uns auf, ihn zu berauben und unsere Beute fortzutragen. Wir nahmen eine große Menge Birnen mit – nicht um uns selbst daran gütlich zu tun, sondern um sie den Schweinen vorzuwerfen, wenngleich wir gerade so viele aßen, um die Lust der verbotenen Frucht zu kosten. Es waren gute Birnen, aber es waren nicht die Birnen, die meine erbärmliche Seele verlangte, denn ich hatte viel Bessere zu Hause. Ich pflückte sie einfach, um ein Dieb zu werden … der Wunsch zu stehlen wurde allein dadurch geweckt, dass Stehlen verboten ist.[1]

Augustinus wurde nicht von den Birnen verlockt; er wurde vom Zaun verlockt. Haben wir nicht alle in uns eine Stimme, die sagt: »Ich frage mich, wie viele Birnen ich pflücken kann, ohne entdeckt zu werden. Ich frage mich, wie oft ich auf dieser Einbahnstraße fahren kann, ohne erwischt zu werden«?

Sobald wir uns diese Fragen stellen, haben wir die unsichtbare Grenze in das Gebiet der Angst überschritten. Die Gnade hat uns von Angst befreit, aber sehen Sie, wie schnell wir dorthin zurückkehren. Die Gnade hat uns gesagt, dass wir unser Leben nicht damit verbringen müssen, über die Schultern zu blicken, aber schauen Sie nur, wie wir uns dauernd heimlich umsehen. Die Gnade hat uns gesagt, dass wir frei von Schuldgefühlen sind, aber betrachten Sie die Birnenflecken auf unserem Gesicht und die Schuldgefühle in unserem Gewissen.

Wissen wir es nicht besser? Was ist mit uns geschehen? Warum fallen wir so schnell in unsere alten Gewohnheiten zurück?

Oder, wie Paulus so aufrichtig schreibt: »Ich elender Mensch? Wer wird mich erlösen von diesem todverfallenen Leibe?« (Röm 7,24).

Einfach ausgedrückt: Wir können die Sünde nicht alleine bekämpfen. Sind wir nicht froh darüber, dass Paulus seine eigene Frage beantwortet hat?

»Dank sei Gott durch Jesus Christus, unsern Herrn!« (V. 25).

Derselbe, der uns am Anfang errettet hat, ist immer noch zur Stelle, um uns zu erretten.

Es geschieht nie, dass wir einmal weniger gerettet sind als am Anfang, als er uns rettete. Nur weil Sie beim Frühstück mürrisch waren, bedeutet nicht, dass Sie beim Frühstück verdammt wurden. Als Sie gestern in Wut geraten sind, haben Sie nicht Ihre Errettung verloren. Glauben Sie, dass Ihr Name, je nach Ihren Launen und Handlungen, im Buch des Lebens verschwindet und dann wieder erscheint? Die Botschaft der Gnade lautet: »So gibt es nun keine Verdammnis für die, die in Christus Jesus sind« (Röm 8,1).

Sie sind gerettet, nicht aufgrund Ihrer Taten, sondern aufgrund dessen, was Jesus tat. Und Sie sind etwas Besonderes, nicht aufgrund Ihrer Leistungen, sondern weil Sie ihm gehören.

Und weil wir ihm gehören, sollten wir die Abkürzungen vergessen und auf der Hauptstraße bleiben. Er kennt den Weg. Er hat die Karte gezeichnet. Er kennt den Weg nach Hause.

15

Die Schwere des Hasses

Matthäus 18,21–35

Seid aber untereinander freundlich und herzlich und vergebt einer dem andern, wie auch Gott euch vergeben hat in Christus.

Epheser 4,32

Kevin Tunell ist verpflichtet, jede Woche einen Dollar an eine Familie zu schicken, die er am liebsten vergessen würde. Sie hatten ihn auf 1,5 Millionen Dollar verklagt, gaben sich aber mit 936 Dollar zufrieden, die mit jeweils einem Dollar wöchentlich abzuzahlen sind. Die Familie erwartet jeden Freitag die Zahlung, damit Tunell nicht vergisst, was am ersten Freitag im Jahr 1982 geschah.

Das war der Tag, an dem ihre achtzehnjährige Tochter ums Leben kam. Tunell wurde des Totschlags und der Trunkenheit am Steuer für schuldig gesprochen. Tunell verbüßte eine Freiheitsstrafe. Außerdem zog er sieben Jahre lang gegen Trunkenheit am Steuer zu Felde, sechs Jahre länger als im Urteil gefordert war. Aber er vergisst immer wieder, den Dollar abzuschicken.

Die wöchentlichen Zahlungen sollen bis zum Jahr 2000 geleistet werden. Achtzehn Jahre lang. Tunell schreibt den Scheck aus, schickt ihn der Familie, und das Geld wird in einen Stipendienfonds eingezahlt.

Die Familie verklagte ihn viermal wegen Zahlungsversäumnis. Das letzte Mal wurde Tunell zu einer Gefängnisstrafe von dreißig Tagen verurteilt. Er betont immer wieder, dass er den Gerichtsbeschluss nicht missachtet, sondern vielmehr von dem Tod des

Mädchens gepeinigt und von den Mahnungen gequält wird. Er bot der Familie zwei Schachteln voller Schecks an, die die Zahlungen bis zum Jahr 2001 decken, ein Jahr mehr als erforderlich. Aber sie lehnten ab. Sie wollen kein Geld, sie wollen Sühne.

Ich zitiere die Mutter: »Wir wollen den Scheck fristgerecht jede Woche. Er muss verstehen, dass wir ihn bis August des Jahres 2000 gerichtlich verklagen werden. Wenn nötig, gehen wir jeden Monat zum Gericht.«[1]

Kaum jemand würde die Wut der Familie in Frage stellen. Es wäre naiv zu fordern, dass der Schuldige ungestraft davonkommen soll. Aber ich habe einen Einwand. Sind 936 Zahlungen genug? Nicht für Tunell, sondern für die Familie. Werden sie inneren Frieden haben, wenn sie die letzte Zahlung erhalten haben? Wird die Familie im August 2000 die Angelegenheit auf sich beruhen lassen können? Sind achtzehn Jahre Wiedergutmachung genug? Sind 196 Monate Reue ausreichend?

Wie viel ist genug? Wie viele Zahlungen würden Sie fordern, wenn Sie Mitglied dieser Familie und Tunell Ihr Sündenbock wäre? Besser gesagt, wie viele Zahlungen *fordern* Sie?

Niemand – ich wiederhole, *niemand* – kommt ohne Verletzungen durchs Leben. Irgendwo hat irgendjemand Sie verletzt. Wie die Achtzehnjährige wurden Sie zum Opfer. Sie ist gestorben, weil jemand zu viel trank. Ein Teil von Ihnen ist gestorben, weil jemand zu viel sprach, zu viel forderte oder seine Pflicht versäumte.

Die Gewohnheit des Hasses

Jeder wird verletzt. Deshalb muss jeder entscheiden: Wie viele Zahlungen werde ich fordern? Wir verlangen vom Übeltäter vielleicht keine Schecks, aber wir haben andere Möglichkeiten, die Rechnung zu begleichen.

Schweigen ist eine beliebte Methode. (Achte nicht auf sie, wenn sie sprechen.) *Abstand* halten ist genauso wirksam. (Wenn sie dir entgegenkommen, gehe in die andere Richtung.) *Nörgeln* ist ein drittes Racheinstrument. (»O, ich sehe, du hast immer noch Finger an der Hand. Wie seltsam, dass du sie nie dazu benutzt, meine Telefonnummer zu wählen.« – »O, Hans, wie nett von dir, einmal bei uns *gewöhnlichen* Leuten vorbeizuschauen.«)

Es ist erstaunlich, wie erfinderisch wir sein können, um mit jemandem abzurechnen. Wenn ich dir einen Abend, einen Tag, einen Freitag verderben kann, dann ist der Gerechtigkeit Genüge getan, und ich bin befriedigt.

Für den Augenblick. Bis ich wieder an dich denke. Bis ich dich wieder sehe. Wenn etwas geschieht, was mich an das erinnert, was du getan hast, dann verlange ich einen weiteren Scheck. Ich lasse nicht zu, dass deine Wunden heilen, solange meine nicht verheilt sind. Du sollst leiden, solange ich leide. Solange ich Schmerzen fühle, sollst auch du Schmerzen fühlen. Du hast mir eine Verletzung zugefügt, und solange ich innerlich blute, sorge ich dafür, dass du dich nicht wohl fühlst, auch wenn ich meine eigene Wunde wieder aufreißen muss.

Man kann es Sucht nennen. Wir beginnen die Gewohnheit recht harmlos, indem wir unsere Verletzungen mit einer kleinen Dosis Wut stillen. Nicht viel, nur eine Spur von Bitterkeit. Dadurch wird kurzzeitig der Schmerz betäubt, und deshalb holen wir uns bald wieder eine Dosis, und zwar eine höhere. Wir verabscheuen nicht nur, was dieser Mensch getan hat, sondern auch wer er ist. Wir beleidigen ihn, bereiten ihm Schande, machen ihn lächerlich. Das erfüllt uns mit neuer Energie. Unter dem Einfluss der Droge Gehässigkeit werden die Rollen vertauscht; wir sind nicht mehr Opfer, wir sind Sieger. Das verleiht uns ein gutes Gefühl. Bald hassen wir ihn und alle, die so sind wie er. (»Alle Männer sind niederträchtig.« »Jeder Prediger ist ein Halunke.« »Einer Frau kann man nicht trauen.«) Wie es weitergeht, ist leicht vorherzusehen. Die Verletzung wird zu Hass, und Hass wird zu Raserei, und wir werden Junkies, die ohne ihre Dosis Heuchelei und Bitterkeit den Tag nicht durchstehen.

Wie wird die Rechnung beglichen? Wie durchbreche ich den Teufelskreis? Wie viele Zahlungen fordere ich? Petrus richtete eine ähnliche Frage an Jesus: »Herr, wie oft muss ich denn meinem

Bruder, der an mir sündigt, vergeben? Genügt es siebenmal?« (Mt 18,21).

Petrus macht sich Sorgen über die Vergebung für einen Übeltäter. Das jüdische Gesetz bestimmte, dass der Verletzte dreimal vergeben muss. Petrus ist bereit, diese Zahl zu verdoppeln und noch eins draufzugeben. Zweifellos denkt er, dass Jesus beeindruckt sein wird. Aber dem ist nicht so. Die Antwort des Herrn macht uns immer noch sprachlos. »Ich sage dir: nicht siebenmal, sondern siebzigmal siebenmal« (V. 22).

Wenn Sie jetzt eine Pause einlegen und siebzig mit sieben multiplizieren, haben Sie nicht verstanden, worauf Jesus hinauswill. Wenn du über deine Barmherzigkeit Buch führst, sagt Jesus, dann bist du nicht barmherzig. Wenn du deine Gnade genau ausmisst, dann bist du nicht gnädig. Es sollte nie so weit kommen, dass unsere Gnade aufgebraucht ist.

Der Grund des Hasses

Jetzt denken die Zuhörer Jesu an die Kevin Tunells überall auf der Welt. »Aber was ist mit meinem Vater, der mich als Kind verlassen hat?«

»Und meine Frau, die mit einem anderen durchgebrannt ist?«

»Und der Chef, der mich entlassen hat, obwohl mein Kind krank war?«

Der Herr bringt sie mit erhobener Hand und der Geschichte vom vergesslichen Knecht zum Schweigen.

> Wenn Gott seine Herrschaft aufrichtet, handelt er wie ein König, der mit den Verwaltern seiner Güter abrechnen wollte. Gleich zu Beginn brachte man ihm einen Mann, der ihm einen Millionenbetrag schuldete. Da er nicht zahlen konnte, befahl der Herr, ihn selbst mit Frau und Kindern und seinem ganzen Besitz zu verkaufen und den Erlös für die Tilgung der Schulden zu verwenden. Aber der Schuldner warf sich vor ihm nieder und bat: »Hab doch Geduld mit mir! Ich will dir ja alles

zurückzahlen.« Da bekam der Herr Mitleid; er gab ihn frei, und auch die Schuld erließ er ihm. (Mt 18,23-27)

Dieser Verwalter hatte ein ernsthaftes Problem. Irgendwie hatte er Schulden in Millionenhöhe aufgehäuft. Wenn er dreißig Jahre lang jeden Tag tausend Dollar zurückzahlen könnte, wäre er schuldenfrei. Er hatte kaum eine Chance. Er verdiente bei weitem nicht so viel am Tag. Seine Schulden überstiegen in jedem Falle seine Fähigkeit, sie zurückzuzahlen.

Wenn Sie nicht die erste Hälfte dieses Buches übersprungen haben, wissen Sie, dass das auch für uns gilt. Unsere Schulden sind viel größer als unsere Fähigkeit, sie zurückzuzahlen.

Unsere Taschen sind leer, und wir haben Schulden in Millionenhöhe. Wir brauchen kein Gehalt; wir brauchen ein Geschenk. Wir brauchen keinen Schwimmkurs; wir brauchen einen Rettungsschwimmer. Wir brauchen keinen Arbeitsplatz; wir brauchen jemanden, der an unserer Stelle arbeitet. Dieser »Jemand« ist Jesus Christus. »Ich rede aber von der Gerechtigkeit vor Gott, die da kommt durch den Glauben an Jesus Christus zu allen, die glauben … Den hat Gott für den Glauben hingegeben als Sühne in seinem Blut zum Erweis seiner Gerechtigkeit, indem er die Sünden vergibt« (Röm 3,22.25).

Unser Herr hat eine unüberwindliche Schuld vergeben. Fordert Gott eine Rückzahlung? Besteht er auf seinem Pfund Fleisch? Wenn Ihre Füße auf falschem Wege gehen, verlangt er dann, dass Sie sie abschneiden? Wenn Ihre Augen zweimal hinschauen, wo sie nie hinschauen sollten, macht er Sie dann blind? Wenn Sie Ihre Zunge zum Fluchen anstatt zum Loben verwenden, reißt er sie dann heraus?

Wenn er das täte, wären wir allesamt verstümmelt. Er fordert keine Zahlung, zumindest nicht von uns.

Und all die Versprechungen, die wir machen. »Hilf mir nur da hindurch, Gott. Dann werde ich dich nicht mehr enttäuschen.« Wir sind nicht besser als der Schuldner aus der Geschichte. »Hab Geduld mit mir«, flehte er. »Ich werde dir alles zurückzahlen, was ich dir schulde.« Der Gedanke, um Barmherzigkeit zu flehen, ist ihm nicht einmal in den Kopf gekommen. Aber obwohl er nicht einmal um Gnade bittet, erhält er sie. Er verlässt das Zimmer des Königs als schuldenfreier Mann.

Aber er glaubt es nicht.

> Kaum draußen, traf dieser Mann auf einen Kollegen, der ihm einen geringen Betrag schuldete. Den packte er an der Kehle, würgte ihn und sagte: »Gib mir zurück, was du mir schuldest!« Der Schuldner fiel auf die Knie und bettelte: »Hab Geduld mit mir! Ich will es dir ja zurückgeben!« Aber darauf wollte sein Gläubiger nicht eingehen, sondern ließ ihn sofort ins Gefängnis werfen, bis er die Schuld beglichen hätte. (Mt 18,28-30)

Hier stimmt etwas nicht. Handelt so ein Mann, dem Millionen erlassen worden sind? Einen Menschen würgen, der ihm ein paar Dollar schuldete? Sind das die Worte eines Mannes, der freigelassen wurde? »Gib mir zurück, was du mir schuldest!«

Erinnern Sie sich an den Fingerzeiger aus dem Gleichnis zu Beginn des Buches? Hier ist er! Er ist so sehr mit den Fehlern seines Bruders beschäftigt, dass er sich die Gnade des Vaters entgehen lässt.

Er fordert, dass sein Schuldner ins Gefängnis geworfen wird, bis er die Schuld zurückzahlen kann. Wie seltsam! Er ist nicht nur undankbar, er ist unvernünftig. Wie kann er erwarten, dass ein Mann Geld verdient, wenn er im Gefängnis sitzt? Wenn er schon kein Vermögen besitzt, wenn er nicht in Haft ist, wird er dann im Gefängnis zu Geld kommen? Natürlich nicht. Was soll er tun? Den anderen Insassen Zeitschriften verkaufen? Die Entscheidung ist unsinnig.

Aber Hass ist immer unsinnig.

Wie konnte das geschehen? Wie kann ein Mensch, dem vergeben wurde, selbst nicht vergeben? Wie konnte es geschehen, dass ein freier Mann nicht schnell andere frei lässt?

Einen Teil der Antwort finden wir in den Worten Jesu: »Wem wenig vergeben wird, der liebt wenig« (Lk 7,47).

Es fällt selten leicht, zu glauben, dass wir vollständig und für ewig schuldenfrei sind. Auch wenn wir vor dem Thron stünden und es aus dem Mund des Königs selbst hörten, würden wir noch zweifeln. Folglich wird vielen nur ein bisschen vergeben, nicht weil die Gnade des Königs begrenzt ist, sondern weil der Glaube des Sünders klein ist. Gott ist bereit, alles zu vergeben. Er ist bereit, unsere Weste völlig rein zu waschen. Er führt uns zu einem See der Barmherzigkeit und lädt uns ein, darin zu baden. Einige tauchen hinein, aber andere berühren nur die Oberfläche. Wenn sie weggehen, haben sie das Gefühl, dass ihnen nicht vergeben wurde.

Offensichtlich lag hier das Problem dieses Verwalters. Er *fühlte* sich immer noch verschuldet. Wie sonst können wir sein Verhalten erklären? Anstatt seinem Schuldner zu vergeben, würgt er ihn! »Ich werde es aus dir heraus pressen.« Er hasst allein den Anblick des Mannes. Weil ihm der Mann so viel schuldet? Ich denke nicht. Er hasst den Mann, weil der Mann ihn an die Schuld gegenüber seinem Herrn erinnert.

Der König vergab die Schuld, aber der Knecht hat die Gnade des Königs nie richtig akzeptiert. Jetzt verstehen wir, warum der Verfasser des Hebräerbriefes betont: »Seht darauf, dass nicht jemand Gottes Gnade versäume; dass nicht etwa eine bittere Wurzel aufwachse und Unfrieden anrichte und viele durch sie unrein werden« (Hebr 12,15).

Das Mittel gegen Hass

Wird die Gnade Gottes versäumt, entsteht Bitterkeit. Wird aber die Gnade Gottes ergriffen, keimt Vergebung auf. In dem Brief, den viele für Paulus' letzte Epistel halten, drängt er Timotheus geradezu: »So sei nun stark, mein Sohn, durch die Gnade in Christus Jesus« (2. Tim 2,1).

Wie viel Scharfblick verrät diese letzte Ermahnung. Paulus drängt Timotheus nicht, stark im Gebet oder im Bibelstudium oder in der Nächstenliebe zu sein, wenngleich das alles auch wichtig ist. Er möchte, dass sein Sohn im Glauben sich vor allem auf die Gnade konzentriert. Setze dich auf *diesem* Gebiet ein. Bestehe auf *dieser* Wahrheit. Wenn du dir etwas entgehen lassen musst, dann achte darauf, dass es nicht die Gnade Gottes ist.

Je länger wir im Garten umhergehen, umso leichter nehmen wir den Geruch von Blumen an. Je mehr wir uns in die Gnade hineinvertiefen, umso leichter sind wir mit anderen gnädig. Könnte darin der Schlüssel für den Umgang mit Zorn liegen? Könnte das Geheimnis darin bestehen, dass wir nicht Zahlung fordern, sondern über die Zahlung nachdenken, die unser Erlöser geleistet hat?

Ihr Freund hat sein Versprechen gebrochen? Ihr Chef hat sein Wort nicht gehalten? Entschuldigen Sie bitte, aber bevor Sie etwas unternehmen, bitte ich Sie, folgende Frage zu beantworten: Wie reagierte Gott, als Sie Ihre Versprechen ihm gegenüber gebrochen haben?

Sie wurden angelogen? Enttäuscht zu werden tut weh. Doch bevor Sie die Faust ballen, denken Sie daran: Wie reagierte Gott, als Sie ihn angelogen haben?

Sie wurden vernachlässigt, vergessen, hintangesetzt? Ablehnung tut weh. Doch seien Sie ehrlich vor sich selbst, bevor Sie an Heimzahlung denken. Haben Sie Gott schon einmal vernachlässigt? Haben Sie immer aufmerksam auf seinen Willen geachtet? Keiner von uns hat das getan. Wie hat er reagiert, als Sie ihn vernachlässigt haben?

Sie werden fähig, anderen zu vergeben, wenn Sie aufhören, sich auf das zu konzentrieren, was sie Ihnen angetan haben, und stattdessen Ihr Augenmerk auf das richten, was Gott für Sie getan hat.

Aber Max, das ist nicht fair! Jemand muss für das bezahlen, was er getan hat.

Stimmt. Jemand muss dafür bezahlen, und jemand hat bereits dafür bezahlt.

Du verstehst mich nicht, Max. Dieser Kerl verdient keine Gnade. Er verdient keine Barmherzigkeit. Er ist es nicht wert, Vergebung zu erhalten.

Das sage ich auch nicht. Aber bist du es wert?

Außerdem, welch andere Wahl haben Sie? Hass? Die Alternative ist nicht sehr verlockend. Schauen wir, was geschieht, wenn wir uns weigern zu vergeben: »Dann übergab er [der Herr] ihn [den Knecht] voller Zorn den Folterknechten zur Bestrafung, bis die ganze Schuld zurückgezahlt wäre« (Mt 18,34).

Knechte, die nicht vergeben wollen, landen immer im Gefängnis, bei den Folterknechten. Im Gefängnis des Zorns, der Schuld, der Depression. Gott muss uns nicht in einen Kerker stecken, denn wir schaffen uns unseren Kerker selbst. »Der eine stirbt frisch und gesund in allem Reichtum und voller Genüge, ... der andere aber stirbt mit verbitterter Seele und hat nie vom Glück gekostet« (Hiob 21,23-25).

O ja, der kaum merklich zupackende Griff des Hasses. Er beginnt wie ein Sprung in meiner Windschutzscheibe. Mein Fenster wurde von einem kleinen Kieselstein angeschlagen, der von einem schnell fahrenden Lastwagen hochgewirbelt wurde. Im Laufe der Zeit wurde aus dem Knacks ein Sprung, und der Sprung sah bald aus wie ein sich dahin schlängelnder Fluss mit Nebenflüssen. Bald ähnelte die ganze Windschutzscheibe einem Spinnennetz von Bruchstücken. Ich konnte nicht mehr in mein Auto steigen, ohne an den gemeinen Kerl zu denken, der zu schnell gefahren war. Obwohl ich ihn nie gesehen habe, konnte ich ihn beschreiben. Er ist ein Nichtsnutz und Vagabund, der seine Frau betrügt, mit einem Kasten Bier neben dem Fahrersitz fährt und den Fernseher so laut stellt, dass die Nachbarn nicht schlafen können. Wegen seiner Unvorsichtigkeit kann ich nicht mehr richtig sehen. (Sogar wenn ich nicht hinter der Windschutzscheibe sitze.)

Haben Sie schon einmal den Ausdruck »blinde Wut« gehört?

Ich möchte jetzt ganz deutlich werden. Hass trübt Ihren Blick und bricht Ihnen das Kreuz. Die Last der Bitterkeit ist einfach zu schwer. Ihre Knie sacken unter dem Druck zusammen, Ihr Herz zerbricht unter dem Gewicht. Der Berg, der vor Ihnen liegt, ist steil genug, auch ohne die Bürde des Hasses auf Ihren Schultern. Die klügste Alternative – die *einzige* Alternative – die Sie haben, ist, die Wut fallen zu lassen. Niemals wird von Ihnen verlangt werden, einem Menschen mehr Gnade zu schenken, als Gott Ihnen bereits geschenkt hat.

Im Ersten Weltkrieg stürmte ein deutscher Soldat in einen Granattrichter. Dort fand er einen verwundeten Feind. Die Uniform des Soldaten war mit Blut durchtränkt; er würde nur noch Minuten zu leben haben. Von der hoffnungslosen Lage des Mannes berührt, bot der deutsche Soldat ihm Wasser an. Diese kleine Freundlichkeit stellte ein Band zwischen beiden her. Der Sterbende zeigte auf seine Brusttasche. Der deutsche Soldat zog eine Brieftasche heraus, der er einige Familienfotos entnahm. Er hielt sie so, dass der Verwundete ein letztes Mal einen Blick auf seine Geliebten werfen konnte. Kugeln pfiffen über ihnen, und der Krieg tobte um sie herum, aber diese beiden Feinde waren, wenn auch nur für kurze Augenblicke, Freunde geworden.[2]

Was geschah in diesem Granattrichter? Hat all das Böse aufgehört? Ist alles Unrecht gutgemacht worden? Nein. Was geschah, war einfach dies: Zwei Feinde sahen einander als Menschen, die Hilfe brauchten. Das ist Vergebung. Vergebung beginnt, wenn man sich über den Krieg erhebt, über die Uniform hinwegschaut und beschließt, den anderen nicht als Feind und auch nicht als Freund zu betrachten, sondern als Mitkämpfer, der sich danach sehnt, sicher heimzukehren.

16

Leben auf dem Schiff, das Gemeinschaft heißt

Römer 15,7

Haltet Gemeinschaft mit denen, die einen schwachen Glauben haben! Streitet nicht mit ihnen, wenn ihr anderer Meinung seid.
Römer 14,1

Nehmt einander an, wie Christus euch angenommen hat zu Gottes Lob.
Römer 15,7

Gnade verkündet drei Dinge.

Erstens, nur Gott kann meine Gottlosigkeit vergeben. »Wer kann Sünden vergeben als Gott allein?« (Mk 2,7). Die Auseinandersetzung mit meinen Sünden liegt in Gottes Verantwortung. Ich bereue, ich bekenne, aber nur Gott kann vergeben. (Und er tut es auch.)

Zweitens, nur Gott kann meinen Nächsten richten. »Wer bist du, dass du einen fremden Knecht richtest? Er steht oder fällt seinem Herrn« (Röm 14,4). Die Auseinandersetzung mit meinem Nächsten liegt in Gottes Verantwortung. Ich muss sprechen; ich muss beten. Aber nur Gott kann überzeugen. (Und er tut es auch.)

Drittens, ich muss den Menschen annehmen, den Gott annimmt. »Lasst einander also gelten und nehmt euch gegenseitig an, so wie Christus euch angenommen hat. Tut es wie er, um Gott zu ehren« (Röm 15,7). Gott liebt mich und macht mich zu seinem Kind. Gott liebt meinen Nächsten und macht ihn zu meinem

Bruder. Mein Vorrecht ist es, das Dreieck zu ergänzen, den Kreis zu schließen, indem ich den liebe, den Gott liebt.

Das ist leichter gesagt als getan. »Droben mit denen zu leben, die wir lieben, ja, das wird Herrlichkeit sein. Drunten mit denen zu leben, die wir kennen, nun, das ist eine ganz andere Geschichte.«[1] Ich denke, die Geschichte lautet wohl so …

Das Schiff gerät ins Schlingern

Gott hat uns in seine Marine angeheuert und uns auf sein Schiff gestellt. Das Schiff hat einen einzigen Zweck: uns sicher ans andere Ufer zu bringen.

Es handelt sich um keinen Vergnügungsdampfer, sondern um ein Schlachtschiff. Wir sind nicht zu einem bequemen Leben berufen, sondern zu einem Leben im Dienst. Jeder von uns hat eine andere Aufgabe. Einige, die sich um die Ertrinkenden kümmern, entreißen Menschen dem Wasser. Andere sind mit dem Feind beschäftigt, deshalb besetzen sie die Geschütze des Gebets und des Lobpreises. Wieder andere widmen sich der Besatzung, sorgen für die Ernährung und Ausbildung der Besatzungsmitglieder.

Obwohl wir alle unterschiedlich sind, haben wir doch alle vieles gemeinsam. Jeder von uns kann von einer persönlichen Begegnung mit dem Kapitän berichten, denn jeder ist persönlich berufen worden. Er fand uns in den Kaschemmen am Hafen und lud uns ein, ihm zu folgen. Unser Glaube entstand, als wir seine Warmherzigkeit erkannten, und so gingen wir mit ihm.

Wir alle folgten ihm über die Landungsbrücke seiner Gnade auf dasselbe Schiff. Das Schiff hat nur einen Kapitän und einen Bestimmungsort. Obwohl der Kampf heftig tobt, ist das Schiff sicher, denn unser Kapitän ist Gott. Das Schiff wird nicht sinken. Diesbezüglich besteht kein Anlass zur Sorge.

Grund zur Sorge besteht jedoch hinsichtlich der Unstimmigkeiten unter der Besatzung. Als wir an Bord gingen, nahmen wir zunächst an, die Besatzung bestünde aus Menschen, die sind wie wir. Doch als wir über die Decks wanderten, trafen wir seltsame

Bekehrte mit seltsamem Aussehen. Einige tragen Uniformen, die wir noch nie gesehen haben, bieten ein Erscheinungsbild, das wir nicht kennen. »Warum seht ihr so aus?«, fragen wir sie.

»Komisch«, antworten sie. »Wir fragen uns dasselbe über euch.«

Die unterschiedliche Kleidung ist nicht halb so störend wie das Überangebot verschiedener Meinungen. Da ist zum Beispiel eine Gruppe, die sich jeden Morgen zu einem ernsthaften Studium versammelt. Sie treten für strenge Disziplin und einen nüchternen Redestil ein. »Dem Kapitän zu dienen ist eine ernste Angelegenheit«, erklären sie.

Ein anderes Regiment gibt sich eifrig dem Gebet hin. Sie glauben nicht nur ans Gebet, sie glauben an das Gebet auf den Knien.

Dann gibt es ein paar, die unerschütterlich davon überzeugt sind, dass echter Wein beim Abendmahl benutzt werden muss.

Wieder eine andere Gruppe bezog neben den Maschinen Stellung und untersucht stunden-, ja tagelang sämtliche Schrauben und Bolzen des Schiffes in allen Einzelheiten. Manchmal werden sie von denen kritisiert, die sich auf dem obersten Deck aufhalten und den Wind in den Haaren und die Sonne auf dem Gesicht spüren. »Nicht das zählt, was ihr lernt«, argumentieren die vom Deck. »Was wirklich zählt, ist was man fühlt.«

Ja, wir alle neigen dazu, Gruppen zu bilden.

Einige denken, wenn man einmal auf einem Schiff ist, kann man es nicht mehr verlassen. Andere sagen, es wäre dumm, über Bord zu gehen, aber schließlich kann jeder tun, was er will.

Manche glauben, man trete freiwillig in den Dienst; andere sind davon überzeugt, man sei schon für den Dienst vorherbestimmt gewesen, bevor das Schiff überhaupt gebaut worden war.

Manche sagen voraus, dass ein Sturm großer Trübsal aufkommen wird, bevor wir im Hafen anlegen; andere sagen, der Sturm schlägt erst dann zu, wenn wir sicher am Ufer sind.

Manche sprechen in einer besonderen Sprache mit dem Kapitän. Andere denken, solche Sprachen seien ausgestorben.

Manche glauben, die Offiziere sollten einen Talar tragen, andere denken, dass es überhaupt keine Offiziere geben sollte, und wieder andere meinen, dass wir alle Offiziere sind und alle einen Talar tragen sollten.

Ja, wir alle neigen dazu, Gruppen zu bilden.

Und dann erhebt sich noch die Frage der wöchentlichen Zusammenkunft, bei der dem Kapitän gedankt wird und seine Worte gelesen werden. Alle sind sich darüber einig, dass diese Zusammenkünfte äußerst wichtig sind, aber fast jeder meint, sie sollten anders gestaltet werden. Manche wollen, dass es dabei laut hergeht, anderen ist es leise lieber. Manche legen Wert auf die Einhaltung eines strengen Zeremoniells, andere auf Spontaneität. Manche wollen feiern, damit sie in sich gehen können; andere wollen in sich gehen, damit sie feiern können. Manche wollen eine Zusammenkunft für diejenigen, die über Bord gegangen sind. Andere wollen diejenigen, die nicht an Bord sind, erreichen, ohne jedoch selbst über Bord zu gehen und ohne die an Bord zu vernachlässigen.

Ja, wir alle neigen dazu, Gruppen zu bilden.

Die Folge davon ist ein schlingerndes Schiff. Es gibt Schwierigkeiten auf Deck. Kämpfe sind ausgebrochen. Einige Matrosen weigern sich, mit anderen zu sprechen. Es gab Zeiten, in denen eine Gruppe sich weigerte, die Anwesenheit der anderen auf dem Schiff anzuerkennen. Und das Schlimmste: Manche, die in der See trieben, beschlossen, wegen der Streitereien unter den Seeleuten nicht an Bord zu gehen.

»Was tun wir?«, möchten wir den Kapitän fragen. »Wie kann auf dem Schiff Eintracht hergestellt werden?« Wir brauchen nicht lange nach der Antwort zu suchen.

In der letzten Nacht seines Lebens sprach Jesus ein Gebet, das für alle Christen wie eine Festung dasteht:

Ich bitte aber nicht allein für sie [meine Nachfolger], sondern auch für die, die durch ihr Wort an mich glauben werden, damit sie alle eins seien. Wie du, Vater, in mir bist und ich in dir, so sollen auch sie in uns sein, damit die Welt glaube, dass du mich gesandt hast. (Joh 17,20-21)

Wie kostbar sind diese Worte! Jesus wusste, dass das Ende nahe ist, und betet ein letztes Mal für seine Nachfolger. Verblüffend ist, dass er nicht um ihren Erfolg, ihre Sicherheit oder ihr Glück betet. Er betet für ihre Einigkeit. Er betet, dass sie einander lieben.

Und während er für sie betet, betet er auch für »die, die durch ihr Wort an mich glauben werden«. Das sind wir! In seinem letzten Gebet betete Jesus, dass Sie und ich eins seien.

Das Gebot der gegenseitigen Annahme

Aus diesem Vers können wir viel lernen, doch seine wichtigste Aussage lautet: Gott liegt viel an Einigkeit. Der Vater will nicht, dass seine Kinder zanken. Uneinigkeit stört ihn. Der Grund: »Daran wird jedermann erkennen, dass ihr meine Jünger seid, wenn ihr Liebe untereinander habt« (Joh 13,35). Einigkeit schafft Glauben. Wie kommt die Welt zu dem Glauben, dass Jesus von Gott gesandt wurde? Nicht dadurch, dass wir in allem übereinstimmen. Nicht dadurch, dass wir jede Auseinandersetzung klären. Nicht dadurch, dass wir in allem einer Meinung sind. Nicht dadurch, dass wir nie eine falsche Lehre vertreten. Aber dadurch, dass wir einander lieben.

Einigkeit schafft Glauben. Uneinigkeit fördert Unglauben. Wer will schon an Bord eines Schiffes voll zankender Matrosen gehen? Das Leben auf offener See mag rau sein, aber die Wellen beschimpfen einen wenigstens nicht.

Vermutlich hat Paul Billheimer wirklich Recht, wenn er sagt:

> »Die andauernde und weit verbreitete Zersplitterung der Kirche ist der Skandal der Jahrhunderte. Sie ist und war schon immer die Hauptstrategie Satans. Die Sünde der Uneinigkeit führte wahrscheinlich zum Verlorengehen von mehr Seelen als alle anderen Sünden zusammen.«[2]

»Alle Menschen werden wissen, dass ihr meine Nachfolger seid, wenn ihr einander liebt.« Denken Sie über diesen Vers eine Minute lang in Ruhe nach. Könnte es sein, dass *Einigkeit* der Schlüssel dafür ist, die Welt für Jesus zu gewinnen?

Wenn Einigkeit der Schlüssel für die Verkündigung des Evangeliums ist, sollte sie dann in unseren Gebeten nicht an erster Stelle stehen? Sollten wir nicht, wie Paulus sagte, darauf bedacht sein, »zu wahren die Einigkeit im Geist durch das Band des Friedens« (Eph 4,3)? Wenn Gott viel an Einigkeit liegt, sollte uns dann nicht auch viel an ihr liegen? Wenn Einigkeit im Himmel eine Vorrangstellung einnimmt, sollte sie dann auf Erden nicht auch eine Vorrangstellung einnehmen?

Übrigens wird nirgends gesagt, dass wir die Einigkeit *bauen* sollen. Wir werden nur dazu aufgefordert, die Einigkeit zu *wahren*. In Gottes Augen gibt es nur »**eine** Herde und **einen** Hirten« (Joh 10,16). Einigkeit muss nicht erst geschaffen werden; sie muss nur geschützt werden.

Wie tun wir das? Wie bemühen wir uns um die Wahrung der Einigkeit? Bedeutet das, dass wir bei unseren Überzeugungen Abstriche machen müssen? Nein. Bedeutet das, dass wir die Wahrheiten, die uns lieb und wert sind, aufgeben müssen? Nein. Aber es bedeutet, dass wir unsere Einstellungen lange und streng zu prüfen haben.

Eine Einzelfallstudie in Kapernaum

Vor einiger Zeit kaufte Denalyn einen Affen. Ich wollte keinen Affen im Haus, also erhob ich Einspruch.

»Wo soll er essen?«, fragte ich.

»Mit uns am Tisch.«

»Wo soll er schlafen?«

»Mit uns im Bett.«

»Und wie steht es mit dem Geruch?«

»Ich habe mich an deinen gewöhnt; ich denke, der Affe kann sich auch daran gewöhnen.«

Die Einigkeit beginnt nicht mit der Prüfung der anderen, sondern mit einer Selbstprüfung. Die Einigkeit beginnt nicht damit, zu fordern, dass die anderen sich ändern sollen, sondern damit, zuzugeben, dass wir selbst auch nicht perfekt sind.

Wenn Sie ein großartiges Beispiel dafür sehen möchten, dann gehen Sie in ein Dorf namens Kapernaum und treten in ein kleines Haus, in dem Jesus und seine Jünger wohnten. Hören Sie zu, wie der Herr ihnen eine Frage stellt: »Worüber habt ihr euch denn unterwegs gestritten?« (Mk 9,33).

Die Jünger werden rot, nicht vor Wut, sondern vor Verlegenheit. Sie hatten sich gestritten. Über die rechte Lehre? Nein. Über die beste Strategie? Auch nicht. Über Ethik und Werte? Falsch. Sie hatten gestritten, wer von ihnen der Bedeutendste ist.

Petrus dachte, er sei es (er war auf dem Wasser gegangen). Johannes beanspruchte diesen Rang für sich (er war der Liebling von Jesus). Matthäus prahlte, dass er der Beste sei (schließlich würde sein Buch als Erstes im Neuen Testament erscheinen). Machtspiele und die Kunst, den anderen immer um eine Nasenlänge voraus zu sein: Ist das in der Regel der Beginn der Teilung?

> Wo Neid und Streit herrschen, gibt es Unordnung und jede Art von Gemeinheit (Jak 3,16).
> Woher kommen denn die Kämpfe und Streitigkeiten zwischen euch? Sie entspringen den Leidenschaften, die ständig in eurem Innern toben (Jak 4,1).

Eigenartig. In der unmittelbaren Gegenwart Jesu versuchen, mit allen Mitteln einen Rang zu ergattern. Aber nicht so eigenartig, wie die Antwort, die Jesus ihnen gab.

»Wer in meinem Namen solch ein Kind *aufnimmt*, der *nimmt* mich *auf*. Und wer mich *aufnimmt*, der *nimmt* nicht nur mich *auf*, sondern gleichzeitig den, der mich gesandt hat« (Mk 9,37; Kursivschrift vom Autor). *Aufnehmen* bedeutet in diesem Zusammenhang »an Kindes Statt *annehmen*«.

Jesus legte so großen Wert auf *Annahme* oder *annehmen*, dass er das Wort viermal in einem Satz benutzt.

Die Antwort auf Streitereien? Annahme. Der erste Schritt zur Einigkeit? Annahme. Keine Einigung, sondern Annahme. Keine Einstimmigkeit, sondern Annahme. Keine Verhandlung, Schlichtung oder ausführliche Erörterung des Problems. Das alles kann später geschehen, – nach dem ersten Schritt, der Annahme.

Diese Antwort gefiel Johannes nicht. Zu vereinfachend. Der Donnersohn kannte keine Toleranz. Nun, man kann die Leute doch nicht einfach mir nichts dir nichts »annehmen«! Man muss Schranken errichten. Abgrenzungen sind ein wichtiger Teil der Religion. Ein einschlägiges Beispiel gefällig? Johannes hat eines.

Der Abweichungstest

Johannes sagte zu Jesus: »Wir haben da einen Mann gesehen, der hat deinen Namen dazu benutzt, böse Geister auszutreiben. Wir haben versucht, ihn daran zu hindern, weil er nicht zu uns gehört« (Mk 9,38).

Johannes befindet sich in einem Dilemma. Er und die anderen Jünger sind auf einen Mann gestoßen, der großartige Arbeit leistete. Dieser Mann trieb böse Geister aus (genau das, womit die Jünger in Markus 9,18 Schwierigkeiten hatten). Er änderte das Leben von Menschen. Und wichtiger noch, der Mann gab dabei Gott die Ehre. Er tat es im Namen Jesu.

Alles an ihm war wirklich in Ordnung. Die Ergebnisse waren in Ordnung, und seine innere Einstellung auch. Aber da war ein Problem. Er gehörte zur falschen Gruppe.

Deshalb taten die Jünger, was jeder gesunde religiöse Mensch mit jemandem von der falschen Gruppe tun würde. Sie führten ihn in den untersten Teil des Schiffes und nahmen ihn in Haft. »Wir haben versucht, ihn daran zu hindern, weil er nicht zu uns gehört« (V. 38).

Johannes will wissen, ob sie das Richtige getan haben. Johannes ist nicht hochnäsig, er ist verwirrt. So geht es heute vielen Menschen. Wie soll man sich guten Dingen gegenüber verhalten, die in einer anderen Gruppe geschehen? Was tut man, wenn einem die Frucht zusagt, nicht aber der Garten, in dem sie gewachsen ist?

Auch ich habe mir diese Frage gestellt. Ich weiß mein christliches Erbe durchaus zu schätzen. In einer kleinen Kirche in Westtexas lernte ich Jesus, das Kreuz und die Heilige Schrift kennen. Die Gemeinde war nicht groß; wenn es hochkam, besuchten am Sonntag etwa zweihundert Menschen den Gottesdienst. Die meisten Familien glichen der meinigen: einfache Arbeiter von den Erdölfeldern. Aber es war eine liebende Kirche. Wenn jemand aus unserer Familie krank war, wurde er von den Gemeindemitgliedern besucht. Wenn wir nicht zum Gottesdienst kamen, riefen sie uns an. Und als ich, der verlorene Sohn, zurückkam, umarmten sie mich.

Ich schätze mein Erbe wirklich sehr. Aber im Lauf der Jahre wurde mein Glaube von Menschen anderer Gruppen ergänzt. Schon nach kurzer Zeit auf Gottes Schiff fand ich in anderen Kajüten Stärkung.

Ein Mitglied einer brasilianischen Pfingstgemeinde lehrte mich das Gebet. Ein britischer Anglikaner namens C. S. Lewis festigte meinen Glauben. Ein Baptist aus den Südstaaten half mir, Gottes Gnade zu verstehen.

Steve Brown, ein Presbyterianer, erzählte mir von der Souveränität Gottes, während ein anderer, Frederick Buechner, mir das Leiden Gottes nahe brachte. Brennan Manning, ein Katholik, überzeugte mich davon, dass Jesus über alle Maßen gütig ist. Ich bin ein besserer Ehemann, weil ich James Dobson las, und ein besserer Prediger, weil ich Chuck Swindoll und Bill Hybels zuhörte.

Und erst wenn ich heimgekehrt bin, werde ich den Namen eines Rundfunkpredigers erfahren, dessen Botschaft mich zu Christus zurückgebracht hat. Als Student hatte ich meine Orientierung verloren. Da ich etwas Geld verdienen wollte, fuhr ich in den Weihnachtsferien einen Lieferwagen auf dem Ölfeld. Auf dem Autoradio konnte man nur einen einzigen Sender empfangen. Ein Prediger hielt eine Predigt. An einem kalten Dezembertag im Jahr 1978 hörte ich, wie er das Kreuz beschrieb. Ich kenne seinen Namen nicht. Ich weiß nicht, zu welcher Kirchengemeinde er gehörte. Er hätte ein Quäker oder ein Engel oder auch beides sein können. Aber was er sagte, veranlasste mich, den Kleinlastwagen auf dem Seitenstreifen abzustellen und mein Leben neu Christus hinzugeben.

Prüft die Frucht und den Glauben

Was tun Sie, wenn Sie sehen, dass andere Gruppen großartige Arbeit leisten? Keine entzweienden Tätigkeiten, keine ketzerischen Lehren, aber gute Arbeit zur Ehre Gottes? Kommen wir zu dem Gespräch zwischen Jesus und den Jüngern zurück.

Bevor Sie auf das achten, was Jesus zu Johannes sagte, achten Sie auf das, was er nicht sagte.

Jesus sagte nicht: »Johannes, wenn die Leute nett sind, gehören sie zu uns.« Großzügige Gesten und Gutes tun sind nicht in jedem Fall Merkmale eines Jüngers. Nur weil eine Gruppe an Weihnachten Spielzeug verteilt, heißt das nicht, dass ihre Mitglieder Christen sind. Nur weil sie den Hungrigen zu essen geben, bedeutet nicht, dass sie zu den Auserwählten Gottes gehören. Jesus ruft nicht zu blinder Toleranz auf.

Aber er bestätigt auch nicht die Ablehnung in Bausch und Bogen. Wenn gleiche Meinung in der Nachfolge notwendig wäre, wäre dies der ideale Zeitpunkt für Jesus gewesen, es zu sagen. Aber er sagte es nicht. Er gab Johannes auch kein Buch mit Vorschriften, damit er jeden Kandidaten beurteilen kann. Wäre eine solche Checkliste erforderlich, wäre jetzt die beste Gelegenheit gewesen, sie zu geben. Aber Jesus tat es nicht.

Schauen Sie jetzt nach, was Jesus sagte: »Lasst ihn doch, denn wer meinen Namen gebraucht, um Wunder zu tun, kann nicht im nächsten Augenblick schlecht von mir reden« (Mk 9,39).

Jesus war beeindruckt von dem *reinen Glauben* (»... wer meinen Namen gebraucht«) und der *großen Frucht* (»... um Wunder zu tun«) des Mannes. Seine Antwort gibt uns eine entscheidende Anleitung für wohl überlegte Toleranz. Wie sollte man sich einem aufrichtigen Menschen mit einem anderen religiösen Erbe gegenüber verhalten?

Schauen Sie zuerst auf die Frucht. Ist sie gut? Ist sie gesund? Hilft der betreffende Mensch anderen oder schadet er ihnen? Das Endergebnis ist wichtiger als die Herkunft. Die Frucht ist wichtiger als der Name des Obstgartens. Wenn die Person Frucht bringt, dann seien Sie dankbar! Ein guter Baum kann keine schlechten

Früchte tragen (siehe Mt 7,17). Also danken Sie Gott, dass er auch in anderen Gruppen als Ihrer am Werk ist.

Doch schauen Sie auch auf den Glauben. In wessen Namen wird die Arbeit getan? Jesus akzeptierte die Arbeit dieses Mannes, weil sie im Namen Christi getan wurde. Was bedeutet es, etwas »im Namen Jesu« zu tun? Es bedeutet, im Auftrag und in der Vollmacht dieses Namens zu handeln.

Wenn ich zu einem Autohändler gehe und sage, ich will ein kostenloses Auto, lacht er mich aus. Wenn ich jedoch mit einem Brief hingehe, der von dem Eigentümer des Autohauses unterschrieben ist und in dem mir ein kostenloses Auto bewilligt wird, dann fahre ich mit einem kostenlosen Auto davon. Warum? Weil ich im Auftrag und in der Vollmacht des Eigentümers handle.

Der Herr sagt, wir sollen den Glauben eines Menschen prüfen. Wenn dieser Mensch an Jesus glaubt und von Gott bevollmächtigt ist, dann sagt die Gnade, dass dies genügt. Das ist wichtig. Es gibt Menschen, die nicht im Namen Gottes handeln. Erinnern Sie sich an die Steineaufschichter und Fingerzeiger aus dem Gleichnis? Sie sind ein Beispiel für die Erlösung durch Werke und nicht für die Erlösung durch Gnade. Sie handeln nicht im Namen Gottes, ja sie brauchen Gott gar nicht. Sie haben sich ihre eigenen Verdienste und Selbstgerechtigkeit aufs Banner geschrieben. Wir müssen wie Paulus der Selbsterlösung gegenüber intolerant sein.

Aber es gibt Gläubige in vielen verschiedenen Gruppen, die ihre Hoffnung auf Gottes erstgeborenen Sohn und ihren Glauben auf das Kreuz Christi setzen. Wenn sie, wie wir, darauf vertrauen, dass er sie zum Schloss des Vaters trägt, haben wir dann nicht denselben Retter? Wenn sie, wie wir, glauben, dass das Opfer Christi ein für alle Mal genügt, gilt dann nicht dieselbe Gnade für uns beide?

Müssen sie dann nicht in meiner Gruppe sein? Nein.

Müssen sie nicht aus dem gleichen Lebensbereich kommen wie ich? Nein.

Müssen sie nicht alles so sehen wie ich? Muss das jemand?

Was wichtig ist, ist ihre Frucht und ihr Glaube. Später formulierte ein viel gemäßigterer Donnersohn es so: »Wer nun bekennt, dass Jesus Gottes Sohn ist, in dem bleibt Gott und er in Gott« (1. Joh 4,15).

Ist das nicht Ironie? Derjenige, der die einfache Antwort des Herrn stark anzweifelte, gab schließlich selbst die einfachste Antwort.

Sie sollte einfach sein. Durch Glaube, Reue und Wiedergeburt wird ein Mensch ein Christ. Wenn ich einen Menschen treffe, der an das Kreuz glaubt und der seine Augen auf den Retter richtet, dann ist dieser Mensch mein Bruder. War das nicht auch die Auffassung von Paulus? Als er an die Gemeinde in Korinth schrieb, wandte er sich an eine Gruppe von Christen, die sich jeder denkbaren Sünde schuldig gemacht hat, vom Missbrauch des Herrenmahls bis zum Streit über den Heiligen Geist. Aber wie spricht er sie an? »Ich ermahne euch aber, liebe Brüder« (1. Kor 1,10).

Als die Kirche in Rom darüber debattierte, ob man Fleisch essen darf, das als Götzenopfer gedient hat, empfahl Paulus ihnen dann, zwei Kirchen zu gründen? Eine für Menschen, die Fleisch essen, und eine für Leute, die kein Fleisch essen? Nein, im Gegenteil, er flehte sie an: »Nehmt einander an, wie Christus euch angenommen hat zu Gottes Lob« (Röm 15,7).

Fordert Gott von uns mehr, als er schon selbst getan hat? Ist er uns nicht schon weit entgegengekommen, als er uns angenommen hat? Wenn Gott meine Fehler ertragen kann, kann ich dann nicht die Fehler der anderen ertragen? Wenn Gott es mir mitsamt meinen Fehlern und Schwächen erlaubt, ihn Vater zu nennen, sollte ich dann nicht die gleiche Gnade anderen erweisen? Eigentlich können nur die Menschen Gnade gewähren, die fest im Griff von Gottes Gnade gehalten werden. Wenn Gott keine Vollkommenheit fordert, sollte ich es dann tun?

»Wer bist du«, erinnert uns Paulus, »dass du einen fremden Knecht richtest? Er steht oder fällt seinem Herrn. Er wird aber stehen bleiben; denn der Herr kann ihn aufrecht halten« (Röm 14,4).

Gottes Schiff ist riesig groß. Wie ein Schiff viele Räume hat, gibt es auch in Gottes Reich Raum für viele Meinungen. Und genau wie ein Schiff ein Deck hat, hat Gottes Reich einen gemeinsamen Grund: das Opfer Christi, das ein für alle Mal genügt.

Beten Sie mit mir für den Tag, an dem das Gebet Jesu erhört wird?

Beten Sie mit mir für den Tag, an dem die Welt gewonnen wird, weil die Kirche eins ist?

Beten Sie mit mir für den Tag, an dem wir aus unseren Räumen treten und gemeinsam unseren Kapitän grüßen? Wenn Gruppenbildungen aufhören und der große Chor zu singen beginnt?

In seinem letzten Gebet, bevor er ans Kreuz ging, betete Jesus für die Einheit seiner Nachfolger. Würde er ein Gebet sprechen, das nicht erhört wird? Das glaube ich nicht.

17

Was wir wirklich wissen wollen

Römer 8, 31–39

Wer will uns scheiden von der Liebe Christi? Römer 8,35

Es war ihr Singen. Zunächst achtete ich nicht darauf. Ich hatte auch gar keinen Grund dazu. Die Umstände waren belanglos. Ein Vater, der seine sechsjährige Tochter von einem Pfadfindertreffen abholte. Sara war gerne bei den Pfadfindern; sie freute sich über die Belohnungen, die sie sich verdiente, und trug mit Vergnügen die Uniform. Sie kletterte ins Auto und zeigte mir ihr neues Abzeichen und einen frisch gebackenen Keks. Ich bog in die Hauptstraße ein, schaltete ihre Lieblingsmusik an und dachte über anspruchsvollere Dinge wie Termine und Verpflichtungen nach.

Doch kurz danach riss mein Gedankengang ab. Sara sang. Sie sang von Gott. Sie sang für Gott. Mit zurückgeworfenem Kopf sang sie aus voller Kehle. Die Harfen im Himmel hielten inne, um zu lauschen.

Ist das meine Tochter? Sie klingt älter. Sie sieht älter, größer, ja hübscher aus. Habe ich etwas verschlafen? Was ist mit den Pausbäckchen, dem kindlichen Gesichtchen und den plumpen Fingerchen geschehen? Sie wird eine junge Dame. Ihr blondes Haar fällt bis zu den Schultern. Ihre Füße baumeln vom Sitz. Irgendwann in der Nacht hat sich ein Blatt gewendet, und jetzt, schaut sie nur an!

Wenn Sie Kinder haben, wissen Sie, was ich meine. Gestern noch Windeln, heute Autoschlüssel? Plötzlich ist es bald soweit, dass Ihr Kind auszieht, und Sie haben nicht mehr viele Möglichkeiten, Ihre Liebe zu zeigen, also sprechen Sie.

Genau das tat ich. Das Lied war aus, Sara hörte auf zu singen, und ich stoppte die Kassette, legte die Hand auf Saras Schulter und sagte: »Sara, du bist wirklich etwas ganz Besonderes.« Sie wandte sich mir zu und lächelte nachsichtig. »Eines Tages wird irgendein rauhbeiniger Junge dein Herz stehlen und dich ins nächste Jahrhundert mitreißen. Aber im Moment gehörst du mir.«

Sie legte den Kopf auf die Seite, schaute eine Minute lang weg, dann zurück zu mir und fragte: »Papa, warum benimmst du dich so komisch?«

Ich kann mir vorstellen, dass solche Worte einer Sechsjährigen seltsam vorkommen müssen. Die Liebe von Eltern klingt unbeholfen in den Ohren eines Kindes. Mein Gefühlsausbruch ging über ihren Horizont. Doch das hielt mich nicht vom Sprechen ab.

Für unseren kleinen Verstand ist es genauso unmöglich, die Liebe Gottes zu begreifen. Aber das hinderte ihn nicht daran, auf uns zuzugehen.

Und auch wir haben schon oft den Kopf auf die Seite gelegt. Wie Sara fragen wir uns, was unser Vater tut. Von der Krippe in Bethlehem bis zum Kreuz auf Golgatha haben wir über die Liebe unseres Vaters nachgegrübelt. Was *kann* man dazu sagen? Wie reagieren Sie, wenn Sie erfahren, dass Gott lieber stirbt, als ohne Sie zu leben? Wie kann man solch eine Hingebung erklären? Der Apostel Paulus versucht das gar nicht. Er gibt keine Stellungnahme ab. Er bietet keine Erläuterungen an. Er stellt ein paar Fragen. Genau gesagt, fünf Fragen.

Paulus reagiert auf Gottes Gnade mit fünf Fragen, die er wie ein Feuerwerk abschießt, nicht um Antworten zu erhalten, sondern um in Erstaunen zu versetzen. »[Paulus] fordert alle im Himmel, auf Erden oder in der Hölle auf, sie zu beantworten und die Wahrheit, die sie enthalten, zu widerlegen.«[1]

Diese Fragen sind Ihnen nicht neu. Auch Sie haben sie schon gestellt, in der Nacht, im Zorn. Die Diagnose des Arztes, die Gerichtsentscheidung oder der Anruf von der Bank brachten sie an die Oberfläche. Es handelt sich um Fragen über Schmerz, Probleme und Umstände. Nein, die Fragen sind nicht neu, aber vielleicht sind es die Antworten.

Die Frage nach dem Schutz

»Ist Gott für uns, wer kann wider uns sein?« (Röm 8,31).

Die Frage lautet nicht einfach: »Wer kann wider uns sein?« Darauf würden wir eine Antwort finden. Wer ist gegen Sie? Krankheit, Inflation, verderbliche Einflüsse, Übermüdung. Schicksalsschläge treffen uns, Angst hält uns gefangen. Würde Paulus fragen: »Wer kann wider uns sein?«, dann könnten wir unsere Feinde viel leichter aufzählen als bekämpfen. Aber das ist nicht die Frage. Die Frage lautet: »IST GOTT FÜR UNS, *wer kann wider uns sein?*«

Ich bitte Sie um einen kleinen Augenblick. Vier Wörter in diesem Satz verdienen Ihre Aufmerksamkeit. Lesen Sie langsam den Satz: »Gott ist für uns.« Bitte seien Sie eine Minute lang still, bevor Sie weitermachen. Lesen Sie den Satz noch einmal, dieses Mal laut. (Ich bitte die Person neben Ihnen um Entschuldigung.) *Gott ist für uns.* Wiederholen Sie den Satz viermal, und betonen Sie jedes Wort. (Bitte, Sie haben es doch nicht so eilig.)

Gott ist für uns.

Gott *ist* für uns.

Gott ist *für* uns.

Gott ist für *uns.*

Gott ist für Sie. Ihre Eltern haben Sie vielleicht vergessen, Ihre Lehrer vernachlässigt und Ihre Geschwister schämen sich Ihrer; doch mit Ihren Gebeten können Sie den Schöpfer der Ozeane erreichen. Gott!

Gott *ist* für Sie. Nicht »vielleicht« oder »ist gewesen«, nicht »war einmal« oder »wäre«, sondern »Gott ist«! Er *ist* für Sie. Heute. In dieser Stunde. In dieser Minute. Während Sie diesen Satz lesen. Sie brauchen nicht Schlange zu stehen oder morgen wiederzukommen. Er ist bei Ihnen. Er könnte nicht näher als in dieser Sekunde sein. Seine Treue wächst nicht, wenn Sie besser werden, und wird nicht weniger, wenn Sie schlechter werden. Er *ist* für Sie.

Gott ist *für* Sie. Werfen Sie einen Blick auf die Zuschauertribüne; da ist Gott und feuert Ihren Lauf an. Und an der Ziellinie klatscht er Ihnen Beifall. Hören Sie, wie von den Stehplätzen her Ihr Name ertönt? Es ist Gott, der Ihren Namen ruft! Zu müde, um weiterzulaufen? Er wird Sie tragen. Zu entmutigt zum Kampf? Er richtet Sie auf. Gott ist *für* Sie.

Gott ist für *Sie*. Hätte er einen Kalender, wäre Ihr Geburtstag rot eingekreist. Würde er Auto fahren, stände Ihr Name auf der Stoßstange. Wenn es einen Baum im Himmel gibt, hat er schon Ihren Namen in die Rinde geschnitzt. Wir wissen, dass er eine Tätowierung hat und wie sie aussieht: »Siehe, in die Hände habe ich dich gezeichnet« (Jes 49,16).

»Bringt eine Mutter es fertig, ihren Säugling zu vergessen? Hat sie nicht Mitleid mit dem Kind, das sie geboren hat?«, fragt Gott in Jesaja 49,15. Welch seltsame Frage. Können Sie sich vorstellen, dass eine Mutter Ihr Kind stillt und später fragt: »Wie hieß das Baby noch?« Nein. Ich habe gesehen, wie Mütter sich um ihre Kinder kümmern. Sie streichen ihnen übers Haar, berühren ihr Gesicht und singen den Namen immer und immer wieder. Kann eine Mutter ihr Kind vergessen? Unmöglich. »Und selbst wenn sie es vergessen könnte, ich vergesse euch nicht«, verspricht Gott (Jes 49,15).

Gott ist bei Ihnen. Wenn Sie das wissen, wer ist dann gegen Sie? Kann der Tod Ihnen jetzt Schaden zufügen? Kann die Krankheit Ihnen das Leben nehmen? Kann der Sinn Ihres Lebens weggenommen oder Ihr Wert vermindert werden? Nein. Auch wenn die Hölle selbst gegen Sie antritt, kann niemand Sie besiegen. Sie sind geschützt. Gott ist bei Ihnen.

Die Frage nach der Fürsorge

»Der auch seinen eigenen Sohn nicht verschont hat, sondern hat ihn für uns alle dahingegeben – wie sollte er uns mit ihm nicht alles schenken?« (Röm 8,32).

Nehmen wir an, ein Mann beobachtet, wie ein Kind von Ganoven verprügelt wird. Er stürzt sich in den Haufen, rettet den Jungen und trägt ihn ins Krankenhaus. Der Kleine wird gesund gepflegt. Der Mann bezahlt die Krankenhausrechnung. Als er erfährt, dass es sich um ein Waisenkind handelt, adoptiert er den Jungen und gibt ihm seinen Namen. Und dann, einige Monate später, hört der Vater eines Nachts, wie der Sohn in sein Kissen schluchzt. Er geht zu ihm und fragt nach dem Grund der Tränen.

»Ich mache mir Sorgen, Papa. Ich mache mir Sorgen um morgen. Wo werde ich zu essen bekommen? Wie werde ich Kleider kaufen, damit ich nicht friere? Und wo werde ich schlafen?«

Der Vater ist zu Recht betrübt. »Habe ich es dir nicht gezeigt? Verstehst du nicht? Ich habe mein Leben aufs Spiel gesetzt, um dich zu retten. Ich habe mein Geld für deine Behandlung ausgegeben. Du trägst meinen Namen. Ich habe dich zu meinem Sohn gemacht. Würde ich das alles tun und dann nicht für deine Bedürfnisse aufkommen?«

Das ist die Frage, die Paulus stellt: *Würde er, der seinen Sohn gab, nicht für unsere Bedürfnisse aufkommen?*

Aber wir machen uns immer noch Sorgen. Wir machen uns Sorgen wegen des Finanzamts und des Arbeitsvertrags und der Polizei. Wir machen uns Sorgen um Ausbildung, Freizeitbeschäftigung und Verstopfung. Wir machen uns Sorgen, dass das Geld nicht reicht, und wenn wir Geld haben, machen wir uns Sorgen, dass wir es nicht gut anlegen könnten. Wir machen uns Sorgen, dass die Welt untergeht, bevor die Parkuhr abgelaufen ist. Wir machen uns Sorgen darüber, was wohl der Hund denkt, wenn wir aus der Dusche steigen. Wir machen uns Sorgen, dass wir eines Tages erfahren, dass fettarmes Joghurt dick macht.

Jetzt einmal ehrlich: Hat Gott Sie gerettet, damit Sie sich abhärmen? Würde er Ihnen das Laufen beibringen, nur um zuzuschauen, wie Sie fallen? Würde er sich für Ihre Sünden ans Kreuz nageln lassen und dann Ihre Gebete nicht beachten? Nun mal ehrlich: Hält uns die Bibel zum Besten, wenn sie sagt: »Denn er hat seinen Engeln befohlen, dass sie dich behüten auf allen deinen Wegen«? (Ps 91,11) Das glaube ich nicht.

Zwei Fragen zu Schuld und Gnade

»Wer will die Auserwählten Gottes beschuldigen? Gott ist hier, der gerecht macht. Wer will verdammen? Christus Jesus ist hier, der gestorben ist, ja vielmehr, der auch auferweckt ist, der zur Rechten Gottes ist und uns vertritt« (Röm 8,33-34).

Vor einiger Zeit las ich eine Geschichte von einem Jungen, der mit seiner Steinschleuder das Schießen übte. Nie traf er die Zielscheibe. Zu Hause erblickte er dann im Garten Großmutters Lieblingsente. Einer augenblicklichen Regung folgend zielte er auf sie und schoss. Der Stein traf, und die Ente war tot. Der Junge geriet in Panik und versteckte das Tier hinter einem Holzstoß. Als er aufschaute, sah er, wie seine Schwester ihn beobachtete.

Nach dem Mittagessen wurde Sabrina von der Großmutter gebeten, beim Abwaschen zu helfen. Sabrina antwortete: »Johannes hat mir gesagt, dass er heute in der Küche helfen will. Nicht wahr, Johannes?« Dann flüsterte sie ihm ins Ohr: »Denk an die Ente!« Also spülte Johannes Geschirr.

Welch andere Wahl hätte er gehabt? In den nächsten Wochen stand er oft am Spülbecken. Manchmal, weil er Küchendienst hatte, manchmal wegen seiner Sünde. »Denk an die Ente!«, flüsterte Sabrina, sobald er Einspruch erheben wollte.

Schließlich hatte er die Hausarbeit so satt, dass er beschloss, jede Strafe wäre besser, als weiter Geschirr zu spülen. Er gestand, dass er die Ente getötet hatte. »Ich weiß, Johannes«, antwortete seine Großmutter und nahm ihn in den Arm. »Ich stand am Fenster und sah alles. Weil ich dich liebe, habe ich dir vergeben. Ich habe mich gefragt, wie lange du dich noch von Sabrina zum Sklaven machen lässt.«[2]

Ihm war vergeben worden, aber er dachte immer noch, dass er schuldig sei. Warum? Er hatte auf die Worte seines Anklägers gehört.

Auch Sie werden angeklagt. Sie werden der Unehrlichkeit angeklagt. Ihnen wird Unmoral zur Last gelegt. Ihnen werden Habgier, Zorn und Überheblichkeit zur Last gelegt.

Jeden Augenblick Ihres Lebens reicht Ihr Ankläger Beschuldigungen gegen Sie ein. Er bemerkt jeden Fehler und notiert jeden Verstoß. Er protokolliert jede Pflichtversäumnis. Er schreibt auf, wenn Sie ein Versprechen nicht halten. Wenn Sie versuchen, Ihre Vergangenheit zu vergessen, erinnert er Sie daran. Wenn Sie versuchen, Ihre Fehler rückgängig zu machen, durchkreuzt er Ihre Pläne.

Das höchste Ziel dieses gewandten Zeugen ist es, Sie vor Gericht zu bringen und Sie mit allen Mitteln anzuklagen. Sogar sein Name, Diabolos, bedeutet »Verleumder«. Wer ist er? Der Teufel.

Er ist »der Verkläger unserer Brüder …, der sie verklagte Tag und Nacht vor unserm Gott« (Offb 12,10). Können Sie ihn sehen, wie er vor Gottes Richterstuhl auf und ab schreitet? Können Sie ihn hören, wie er Ihren Namen nennt und Ihre Fehler aufzählt?

Er redet abfällig über Sie: »Dieser Mensch, den du dein Kind nennst, Gott, er ist es nicht wert. In seinem Herzen wohnt Habgier. Wenn er spricht, denkt er oft nur an sich selbst. Tage vergehen, ohne dass er aufrichtig betet. Und heute Morgen hat er sogar lieber länger geschlafen, als Zeit mit dir verbracht. Ich lege ihm Faulheit, Ichsucht, Sorgen, Zweifel … zur Last.«

Wenn er spricht, senken Sie den Kopf. Sie können nichts zu Ihrer Verteidigung vorbringen. Seine Anschuldigungen sind rechtmäßig. »Ich bekenne mich schuldig, Hohes Gericht«, flüstern Sie.

»Das Urteil?«, fragt Satan.

»Der Sünde Sold ist der Tod«, erklärt der Richter. »Aber in diesem Fall ist der Tod bereits geschehen. Denn dieser starb mit Christus.«

Plötzlich ist Satan still. Und Sie jubeln. Sie erkennen, dass Satan Sie nicht anklagen kann. Niemand kann Sie anklagen! Man kann wohl mit dem Finger auf Sie zeigen und die Stimme gegen Sie erheben, aber die Anschuldigungen prallen an Ihnen ab, wie Pfeile an einem Schild. Sie sind kein Tellerwäscher mehr. Sie brauchen keine Strafe und keine stänkernden Schwestern mehr zu befürchten. Sie haben vor dem Richter gestanden und haben gehört, wie er erklärte: »Nicht schuldig.«

»Aber Gott der Herr hilft mir, darum werde ich nicht zuschanden. Darum hab ich mein Angesicht hart gemacht wie einen Kieselstein; denn ich weiß, dass ich nicht zuschanden werde. Er ist nahe, der mich gerecht spricht; wer will mit mir rechten? Lasst uns zusammen vortreten! Wer will mein Recht anfechten? Der komme her zu mir!« (Jes 50,7-8).

Wenn der Richter Sie freigesprochen hat, brauchen Sie sich vor dem Gericht nicht zu fürchten.

Die Frage nach der Dauer

»Kann uns dann noch etwas von Christus und seiner Liebe trennen?« (Röm 8,35).

Hier ist sie, die Frage. Genau das wollen wir wissen. Wir wollen wissen, wie lange Gottes Liebe dauert. Paulus hätte mit dieser Frage beginnen können. Liebt Gott uns wirklich für immer? Nicht nur am Ostersonntag, wenn unsere Schuhe glänzen und wir frisch vom Friseur kommen? Wir wollen wissen (tief drinnen, wollen wir es nicht wirklich wissen?), was Gott von mir hält, wenn ich ein Halunke bin. Nicht, wenn ich schwungvoll und zuversichtlich und bereit bin, gegen den Hunger in der Welt zu kämpfen. In diesem Fall nicht. Ich weiß, was er zu solchen Zeiten über mich denkt. Sogar ich selbst mag mich dann.

Ich will wissen, was er von mir hält, wenn ich alles anschnauze, was sich bewegt, wenn meine Gedanken sich auf dem Niveau der Gosse bewegen, wenn meine Zunge so scharf ist, dass sie einen Stein entzweischneiden könnte. Was hält er dann von mir?

Das ist die Frage. Das beschäftigt mich. Das ist der Grund, weshalb die meisten meiner Leser zu diesem Buch greifen. O, Sie sagen es nicht; Sie wissen es vielleicht gar nicht. Aber ich kann es von Ihrem Gesicht ablesen. Ich kann es aus Ihren Worten heraushören. Bin ich diese Woche zu weit gegangen? Letzten Dienstag, als ich Wodka trank, bis ich nicht mehr gehen konnte? Letzten Donnerstag, als mein Geschäft mich dahin führte, wo ich nichts zu suchen hatte? Vergangenen Sommer, als ich den Gott, der mich geschaffen hat, am Grab des Kindes, das er mir geschenkt hatte, verfluchte?

Habe ich mich zu weit von ihm entfernt? Habe ich zu lange gewartet? Habe ich zu viele Fehler gemacht? Das ist es, was wir wissen wollen.

Kann uns etwas von Christus und seiner Liebe trennen? Gott hat die Frage schon beantwortet, bevor wir sie stellten. Damit wir seine Antwort sehen, erleuchtete er den Himmel mit einem hellen Stern. Damit wir sie hören, erfüllte er die Nacht mit Chorgesang; und damit wir an sie glauben, tat er, wovon kein Mensch je träumte. Er wurde Fleisch und wohnte unter uns.

Er legte seine Hand auf die Schulter der Menschheit und sagte: »Ihr seid wirklich etwas ganz Besonderes.«

Da er nicht an die Zeit gebunden ist, sieht er uns alle. Er sieht uns, vom kleinsten Hof im Bayerischen Wald bis zu den Geschäftsmetropolen Londons oder New Yorks; von den Wikingern bis zu den Astronauten, von den Höhlenbewohnern bis zu den Königen, von den Hüttenbauern bis zu den Fingerzeigern und Steineaufschichtern. Uns Vagabunden und zerlumpte Gestalten, er sah uns alle, bevor wir geboren wurden.

Und er liebt, was er sieht. Herzenswärme durchströmt ihn. Von Stolz überwältigt wendet sich der Schöpfer der Sterne an jeden Einzelnen von uns und sagt: »Du bist mein Kind. Ich liebe dich. Ich weiß, dass du dich eines Tages von mir abwenden und weglaufen wirst. Aber ich möchte dir sagen, dass ich schon dafür gesorgt habe, dass es für dich einen Weg zurück gibt.«

Und um es zu beweisen, hat er etwas Außerordentliches getan.

Er verließ seinen Thron, legte sein Gewand aus Licht ab und schlüpfte in eine Haut: eine pigmentierte, menschliche Haut. Er, das Licht des Weltalls, den Engel anbeten, wurde in einer kalten Nacht geboren und schlief auf Heu.

Maria wusste nicht, ob sie ihm Milch oder Lobpreis geben sollte; sie gab ihm beides, da er, soweit sie erkennen konnte, hungrig und heilig war.

Josef wusste nicht, ob er ihn Junior oder Vater nennen sollte. Aber schließlich nannte er ihn Jesus, denn so hatte es der Engel gesagt, und er hatte ja nicht die geringste Ahnung davon, wie man einen Gott nennt, den man in den Armen wiegen konnte.

Weder Maria noch Josef sagten es so freiweg wie meine Sara, aber denken Sie nicht auch, dass sie den Kopf auf die Seite legten und sich innerlich fragten: »Was in aller Welt tust du, Gott?« Oder besser ausgedrückt: »Gott, was tust du in der Welt?«

»Kann mich etwas daran hindern, euch zu lieben?«, fragt Gott. Schaut doch, wie ich eure Sprache spreche, auf eurer Erde schlafe und eure Schmerzen fühle. Schaut, wie der Schöpfer des Gesichts- und Gehörsinns niest, hustet und sich die Nase putzt. Ihr fragt euch, was ich fühle? Schaut in die lebhaften Augen des Kindes in Nazareth; hier seht ihr, wie Gott zur Schule geht. Schaut das Kleinkind an Marias Tisch an; hier seht ihr, wie Gott seine Milch verschüttet.

»Ihr fragt euch, wie lange meine Liebe dauern wird? Findet eure Antwort am rissigen Kreuz auf einem felsigen Hügel. Ich bin es, den ihr da oben seht, euer Schöpfer, euer Gott, von Nägeln durchbohrt und blutend. Mit Speichel bedeckt und mit Sünden beladen. Es ist eure Sünde, die ich fühle. Es ist euer Tod, den ich sterbe. Es ist eure Auferstehung, die ich lebe. So sehr liebe ich euch.«

»Kann etwas zwischen dich und mich treten?«, fragt der erstgeborene Sohn.

Hören Sie die Antwort und setzen Sie Ihre Zukunft auf die triumphierenden Worte von Paulus: »Denn ich bin gewiss, dass weder Tod noch Leben, weder Engel noch Mächte noch Gewalten, weder Gegenwärtiges noch Zukünftiges, weder Hohes noch Tiefes noch eine andere Kreatur uns scheiden kann von der Liebe Gottes, die in Christus Jesus ist, unserm Herrn« (Röm 8,38-39).

Schluss

»Vergessen Sie nicht, nach mir zu sehen«

»Gut, ich bin froh, dass Sie neben mir sitzen. Manchmal muss ich mich nämlich übergeben.«

Nicht unbedingt die Begrüßung, die man sich von einem Fluggast wünscht, der genau neben einem sitzt. Bevor ich Zeit hatte, meine Tasche zu verstauen, kannte ich seinen Namen, sein Alter und seinen Reiseplan. »Ich bin Billy Jack. Ich bin vierzehn und reise heim, zu meinem Papa.« Ich begann, ihm meinen Namen zu nennen, aber er sprach schon wieder. »Ich brauche jemanden, der nach mir sieht. Ich werde nämlich schnell verwirrt.«

Er erzählte mir von der Sonderschule, die er besuchte, und den Medikamenten, die er einnahm. »Können Sie mich daran erinnern, dass ich in einigen Minuten meine Tablette nehmen muss?« Bevor wir uns anschnallten, hielt er die Flugbegleiterin an. »Vergessen Sie mich nicht«, sagte er ihr. »Ich werde schnell verwirrt.«

Kaum hatten wir unsere Flughöhe erreicht, da bestellte sich Billy Jack schon ein Mineralwasser, in das er seine Salzbrezeln eintauchte. Er schaute mich immer wieder von der Seite an, während ich trank, und fragte, ob er mein Glas leer trinken dürfe. Er verschüttete etwas von seinem Sprudel und entschuldigte sich. »Kein Problem«, antwortete ich und wischte es auf.

Billy Jack zeigte mir seinen Kassettenrecorder und fragte mich, ob ich eine seiner Kassetten anhören wollte. »Ich habe meine Lieblingskassetten mitgenommen«, lächelte er und zeigte mir *Die kleine Nixe*, *Aladin* und *König der Löwen.*

Als er begann, mit seinem Nintendo Gameboy zu spielen, versuchte ich, einzudösen. Da machte er mit seinem Mund Geräusche, als machte er eine Trompete nach. »Ich kann auch wie das Meer rauschen«, prahlte er und ließ die Spucke in seinem Mund hin und her schäumen. (Es klang nicht wie das Meer, aber ich sagte es ihm nicht.)

Billy Jack war ein kleiner Junge in einem großen Körper. »Können Wolken auf den Boden aufschlagen?«, fragte er mich. Ich begann mit einer Antwort, aber er schaute aus dem Fenster, als hätte er nie gefragt. Er schämte sich seiner Bedürftigkeit nicht und ließ keine Flugbegleiterin vorbei, ohne sie daran zu erinnern: »Vergessen Sie nicht, nach mir zu sehen.«

Als das Essen gebracht wurde: »Vergessen Sie nicht, nach mir zu sehen.« Als weitere Getränke gebracht wurden: »Vergessen Sie nicht, nach mir zu sehen.« Jedes Mal, wenn eine Flugbegleiterin vorbeiging, bat Billy Jack nachdrücklich: »Vergessen Sie nicht, nach mir zu sehen.«

Ich kann mich an keine Gelegenheit erinnern, bei der Billy Jack die Besatzung nicht daran erinnerte, dass er Beachtung brauchte. Wir anderen taten es nicht. Wir baten nie um Hilfe. Wir waren erwachsen, weltmännisch, selbstständig, erfahrene Reisende. Die meisten von uns hörten nicht einmal auf die Informationen zu einer Notlandung. (Billy Jack bat mich, sie ihm zu erklären.)

Beim Schreiben dieses Buches fiel mir Billy Jack wieder ein. Er hätte den Begriff der Gnade verstanden. Er wusste, was es bedeutet, sich völlig der Fürsorge eines anderen zu überlassen. Ich erzählte ihm nicht das »Gleichnis vom Fluss« (es war noch nicht geschrieben), aber ich wusste, welcher Bruder ihm gefallen hätte.

Der Jüngste. Derjenige, der sich vom ältesten Bruder flussaufwärts tragen ließ. Er hätte die drei nicht verstanden, die das Angebot des erstgeborenen Sohnes abgelehnt hatten. Warum sich *nicht* der Fürsorge eines Stärkeren anvertrauen?

Haben Sie es getan?

Viele haben es nicht getan. Wir sind weltmännisch, reif. Der Römerbrief, eine Herausforderung für selbstgefällige Menschen, wurde für Leute wie uns geschrieben. Seine eigene Bedürftigkeit eingestehen bedeutet, seine Schwäche zuzugeben, und das ist etwas, was uns nicht leicht fällt. Deshalb meine ich, dass Billy Jack Gnade verstanden hätte. Der Gedanke kam mir, dass er von allen Passagieren des Flugzeugs am meisten in Sicherheit war. Hätte es Schwierigkeiten mit dem Flugzeug gegeben, wäre ihm zuerst geholfen worden. Die Flugbegleiter wären an mir vorbei zu ihm geeilt. Warum? Er hatte sich der Fürsorge eines Stärkeren anvertraut.

Noch einmal frage ich: Haben Sie es getan?

Eines ist sicher: Sie können sich selbst nicht retten. Der Fluss ist zu stark, die Entfernung zu groß. Gott hat seinen erstgeborenen Sohn gesandt, um Sie nach Hause zu tragen. Sind Sie fest im Griff seiner Gnade? Ich bete, dass es so ist. Ich bete *ernsthaft* dafür.

Bevor unsere gemeinsame Zeit zu Ende geht, bitte ich Sie, etwas Zeit für folgende Fragen aufzubringen. Möge der Heilige Geist sie dazu benutzen, um Ihnen zu zeigen, wo Sie sich Gottes Gnade widersetzen.

Sind Sie schnell dabei, anderen von den Steinen zu erzählen, die Sie aufgeschichtet haben? Oder rühmen Sie sich vielmehr der Kraft Ihres älteren Bruders?

Leben Sie in Angst, nie genug zu leisten? Oder leben Sie in Dankbarkeit, mit dem Wissen, dass bereits genug getan wurde?

Haben Sie einen kleinen Kreis und akzeptieren nur die wenigen, die so arbeiten wie Sie? Oder haben Sie einen großen Kreis und akzeptieren all die Menschen, die den lieben, den Sie lieben?

Nehmen Sie am Gottesdienst teil, um Gott zu beeindrucken? Oder nehmen Sie am Gottesdienst teil, um Gott zu danken? Tun Sie Gutes, um gerettet zu werden? Oder tun Sie Gutes, weil Sie gerettet sind?

Beten Sie: »Gott, ich danke dir, dass ich nicht so habgierig, unehrlich und verdorben bin wie die anderen Leute«?[1]

Oder bekennen Sie: »Gott, hab Erbarmen mit mir, ich bin ein sündiger Mensch«?

***

Noch ein letzter Gedanke. Billy Jack verbrachte die letzte Stunde des Fluges den Kopf an meine Schulter gelehnt, die Hände zwischen den Knien. Gerade als ich dachte, jetzt würde er schlafen, schnellte sein Kopf hoch, und er sagte: »Mein Papa holt mich am Flughafen ab. Ich kann es kaum erwarten, bis ich ihn sehe, denn er hat Acht auf mich.«

Paulus hätte sich über Billy Jack gefreut.

BIBLIOGRAFIE

Einleitung
1. Edward Mote, »The Solid Rock«
2. Martin Luther, »Vorwort zum Römerbrief des Apostels Paulus«

Kapitel 2 Gottes gnädiger Zorn
1. Anders Nygren, *Commentary on Romans*, (Philadelphia: Fortress Press, 1949), 98.
2. Der Theologe Tertullian aus Karthago, zitiert in William Barclay, *The Letter to the Romans*, (Louisville, Ky.: Westminster Press, 1975), 27.

Kapitel 3 Gottloses Leben
1. Ravi Zacharias, *Can Man Live Without God?* (Dallas: Word, 1994), 23.
2. Stephen Jay Gould, zitiert in Donald McCullough, *The Trivialization of God.* (Colorado Springs: NavPress, 1995), 16.

Kapitel 4 Gottloses Richten
1. John Stott, *Romans: God's Good News for the World* (Downers Grove, IL: InterVarsity Press, 1994), 82.

Kapitel 5 Religion ohne Gott
1. Aus »Definition der Rechtfertigung« in Richard Hookers *Ecclesiastical Policy*, zitiert in Stott, *Romans: God's Good News for the World*, 118.

Kapitel 6 Tote rufen
1. Dr. Li Tsi-sui, »The Private Life of Chairman Mao«, *US News and World Report*, 10. Oktober 1994, 55-90.

Kapitel 7 Wo Liebe und Gerechtigkeit zusammenkommen
1. Stott, *Romans: God's Good News for the World*, 112.
2. ebenda, 118.

3. John MacArthur, *The New Testament Commentary of Romans* (Chicago: Moody 1991), 199.

Kapitel 8 Anerkennung, wo Anerkennung nicht gebührt

1. Dr. Leon Morris, *The Epistle to the Romans* (Grand Rapids, Mich.: Eerdmans and InterVarsity, 1988), zitiert in Stott, *Romans: God's Good News for the World*, 109.

Kapitel 9 Gnade der Oberliga

1. Ich hörte diese Geschichte im Februar 1990 bei einer Freizeit für Pastoren unter der Leitung von Gordon MacDonald.

Kapitel 10 Das Vorrecht der Habenichtse

1. Dr. Paul Faulkner, *Achieving Success without Failing Your Family* (W. Monroe La.: Howard Publishing, 1994), 14-15.
2. *1041 Sermon Illustrations, Ideas and Expositions* (Grand Rapids, Mich.: Baker, 1953), 244.
3. Charles R. Swindoll, *The Grace Awakening* (Waco, Tex.: Word, 1990), 70.

Kapitel 11 Die Wirkung der Gnade

1. Charles Colson, »Making the World Safe for Religion«, *Christianity Today*, 8. November 1993, 33.
2. Stott, *Romans: God's Good News for the World*, 169.
3. William Sanday und Arthur C. Headlam, »A Critical and Exegetical Commentary on the Epistle to the Romans«, in *The International Commentary*.

Kapitel 13 Seine Gnade genügt

1. Max Lucado, *God Came Near* (Portland, Oreg.: Multnomah Press, 1987), 151-52.

Kapitel 14 Der Bürgerkrieg in der Seele

1. Augustinus, *Confessio Augustana*.

Kapitel 15 Die Schwere des Hasses

1. »Drunken Driver Skips $1 Weekly Payments to Victim's Parents«, *San Antonio Light,* 31. März 1990.

Kapitel 16 Leben auf dem Schiff, das Gemeinschaft heißt

1. Quelle unbekannt.
2. Paul Billheimer, *Love Covers* (Minneapolis: Bethany House, 1981), 7.

Kapitel 17 Was wir wirklich wissen wollen

1. Stott, *Romans: God's Good News for the World*, 254.
2. Steven Cole, »Forgiveness«, *Leadership Magazine*. 1983, 86.

Schluss »Vergessen Sie nicht, nach mir zu sehen«

1. Lukas 18,11-13.

Anleitung zum Studium

Geschrieben von Steve Halliday

Jede dieser kurzen Studien soll Ihnen nicht nur helfen, die in diesem Buch dargelegten Gedanken zu überdenken und in die Praxis umzusetzen, sondern auch die Bibelstellen durchzuarbeiten, auf die sich diese Gedanken stützen.

Der erste Teil jeder Studie, »Rückschau« genannt, gibt Auszüge aus jedem Kapitel wieder und schlägt Fragen vor, über die jeder persönlich nachdenken kann oder die in einer Gruppe besprochen werden können. Der zweite Teil, »Zum tieferen Verständnis«, hilft Ihnen, die Sichtweise der Bibel zu dem jeweiligen Thema besser zu verstehen.

Einleitung: Die größte Entdeckung meines Lebens

Rückschau

1. Der Römerbrief, der an selbstgefällige Menschen gerichtet ist, stellt die missliche Lage von Leuten, die lieber selbst gemachte Kleider tragen, denen gegenüber, die mit Freuden das Gewand der Gnade annehmen.
   A) Was meint Ihrer Ansicht nach Max Lucado mit »selbst geschneiderten Kleidern«? Haben Sie schon solche »Kleider« getragen? Wenn ja, erklären Sie es näher.
   B) Was meint er mit »Gewand der Gnade«? Haben Sie solche »Gewänder« in Ihrer Garderobe? Erklären Sie es näher.
2. Gott benutzte den Römerbrief, um das Leben (und die Garderobe) von Martin Luther, John Wesley, Johannes Calvin, William Tyndale, Augustinus und Millionen anderer zu verändern. Sie haben allen Anlass zu glauben, dass er dasselbe auch für Sie tun wird.
   A) Was kommt Ihnen in den Sinn, wenn Sie an den Römerbrief denken?
   B) Was wissen Sie von den Männern, die Max Lucado in diesem Absatz erwähnt: Luther, Wesley, Calvin, Tyndale, Augustinus? Wie änderte der Römerbrief das Leben dieser Männer?
   C) Wie kann der Römerbrief Ihr Leben ändern? Glauben Sie, dass er das tut? Erklären Sie es näher.

Zum tieferen Verständnis

1. Lesen Sie Römer 1,16-17.
   A) Wie erklären diese beiden Verse den Leitgedanken des Römerbriefes?
   B) Wie beschreibt Paulus in diesen Versen, was er im ganzen Brief herausarbeiten möchte?
   C) Glauben Sie, dass Sie die Aussage dieser Verse wirklich verstehen? Erklären Sie es näher.

D) Leben Sie diese Verse in Ihrem Alltag? Erklären Sie es näher.

2. Lesen Sie Galater 3,26.
   A) Vergleichen Sie diesen Vers mit Römer 1,16-17.
   B) Was ist beiden Versen gemeinsam?

1 Das Gleichnis vom Fluss

Rückschau

1. Zwar wussten sie nicht, wo sie sich befanden, aber über eines waren sie sich im Klaren: Dies war nicht der Ort, für den sie bestimmt waren.
   A) Wie wussten die Söhne, dass sie nicht für ihre neue Umgebung bestimmt waren?
   B) Inwieweit beschreibt diese Aussage unsere eigene Lage?
2. Einer will in Saus und Braus leben, der andere will richten und der Dritte will etwas leisten. Keiner von ihnen hat sich für seinen Vater entschieden.
   A) Welchem der drei Brüder sind Sie am ähnlichsten? Erklären Sie es näher.
   B) Inwieweit sind die Reaktionen eines jeden der drei Söhne falsch?
3. Alle vier Brüder hatten die gleiche Einladung gehört. Jeder hatte die Gelegenheit, sich vom älteren Bruder nach Hause tragen zu lassen. Der Erste lehnte ab und zog dem Haus seines Vaters eine Grashütte vor. Der Zweite lehnte ab, weil er lieber die Fehler seines Bruders auseinander nahm, als seine eigenen zuzugeben. Der Dritte lehnte ab, weil er dachte, es sei klüger, einen guten Eindruck zu machen, als ein ehrliches Bekenntnis abzulegen. Und der Vierte sagte Ja, weil er zog Dankbarkeit seinen Schuldgefühlen vor.
   A) Aus welchen Gründen lehnten die drei Brüder das Angebot des älteren Bruders ab? Haben Sie schon einmal gehört, wie Menschen ähnliche Gründe dafür anführen, dass sie das Angebot Jesu auf Errettung ablehnen? Wenn ja, beschreiben Sie das näher.
   B) Wie zog der vierte Bruder »Dankbarkeit seinen Schuldgefühlen vor«?
4. Welcher der Brüder beschreibt Ihre Beziehung zu Gott? Haben Sie wie der vierte Bruder erkannt, dass Sie die Heimreise alleine nicht schaffen? Ergreifen Sie die Hand, die Ihr Vater Ihnen

entgegenstreckt? Werden Sie vom Griff seiner Gnade festgehalten?

A) Beantworten Sie die obigen Fragen.

B) Wie kann man wissen, ob man »vom Griff der Gnade Gottes festgehalten« wird?

5. Was will Max Lucado mit den folgenden Bezeichnungen ausdrücken und was haben sie gemeinsam?

A) Der Hütten bauende Hedonist

B) Der tadelsüchtige Kritikaster

C) Der Steine aufschichtende Gesetzeskonforme

6. Ich möchte Sie jetzt schon vorwarnen: Die ersten Kapitel des Römerbriefes sind nicht gerade erheiternd. Paulus gibt uns die schlechten Nachrichten vor den guten. Schließlich wird er uns sagen, dass wir alle in gleicher Weise Kandidaten für die Gnade sind, aber zuvor beweist er, dass wir alle hoffnungslos sündhaft sind.

A) Warum beginnt Ihrer Meinung nach Paulus mit den schlechten Nachrichten, bevor er die guten erklärt?

B) Befolgen wir im Allgemeinen die Methode von Paulus, wenn wir jemandem das Evangelium erklären? Erläutern Sie es näher.

Zum tieferen Verständnis

1. Lesen Sie Epheser 1,7-8.
   A) Was haben wir nach Vers 8 in Christus?
   B) In welchem Maß wurden uns diese Dinge nach Vers 7-8 gegeben?
2. Lesen Sie Epheser 2,4-9.
   A) In welchem Zusammenhang stehen Liebe, Barmherzigkeit und Gnade in den Versen 4-5 zueinander?
   B) Welche zukünftige Gnade werden wir nach Vers 7 erleben?
   C) Was lernen Sie in den Versen 8-9 über Gnade? Wie betrifft Sie das persönlich?

2 Gottes gnädiger Zorn

Rückschau

1. Gott schaut nicht unbekümmert zu, während seine Kinder in Perversionen schwelgen. Er lässt uns unseren sündigen Lebenswandel führen und die Konsequenzen ernten. Jedes gebrochene Herz, jedes ungewollte Kind, jeder Krieg und jede Tragödie kann auf unsere Auflehnung gegen Gott zurückgeführt werden.
   A) Warum, glauben Sie, hält Gott uns nicht auf, bevor wir »unseren sündigen Lebenswandel führen«?
   B) Pflichten Sie der Ansicht bei, dass »jeder Krieg und jede Tragödie auf unsere Auflehnung gegen Gott zurückgeführt werden können«? Erklären Sie es näher.
2. Gott ist auf das Böse zornig. Für viele ist das neu.
   A) Was bedeutet »Gott ist auf das Böse zornig«?
   B) War das für Sie neu? Wenn ja, erklären Sie, warum.
3. Viele verstehen Gottes Verärgerung nicht, weil sie den Zorn Gottes mit dem Zorn der Menschen verwechseln. Beide haben wenig gemeinsam.
   A) Inwieweit unterscheidet sich der Zorn Gottes vom Zorn der Menschen?
   B) Haben beide Arten von Zorn etwas gemeinsam? Wenn ja, was?
4. Jeder Stern ist eine Verkündigung, jedes Blatt ein Fingerzeig. Die Gletscher sind Sprachrohre, die Jahreszeiten Kapitel und die Wolken Banner. Die Natur ist ein Lied aus vielen Teilen, aber mit nur einem Thema und einem Vers: *Gott gibt es.*
   A) Wie verkündet die Natur, dass es Gott gibt?
   B) Wenn dies zutrifft, warum gibt es dann Atheisten?
5. Die Frage ist nicht: »Wie kann ein liebender Gott zornig sein?«, sondern: »Wie könnte ein liebender Gott etwas anderes empfinden?«
   A) Kennen Sie Menschen, die meinen, dass Liebe und Zorn nicht nebeneinander bestehen können? Wenn ja, warum glauben sie das?

B) Warum glaubt Lucado, dass Gott sowohl Liebe als auch Zorn zeigen muss? Sind Sie gleicher Meinung? Warum oder warum nicht?

Zum tieferen Verständnis

1. Lesen Sie Römer 1,18-20.
   A) Gegen wen wird nach Vers 18 »Gottes Zorn« offenbart? Wie wird er offenbart?
   B) Warum wird nach Vers 19 »Gottes Zorn« offenbart?
   C) Warum werden die Menschen nach Vers 20 »keine Entschuldigung haben«?
2. Lesen Sie Psalm 19,1-6.
   A) Was sagen uns diese Verse über die Schöpfung Gottes?
   B) Was sagt uns die Schöpfung Gottes über Gott?

3 Gottloses Leben

Rückschau

1. Wenn es *hinter* der Welt kein höchstes Gutes gibt, wie definieren wir dann das »Gute« *in* der Welt? Wenn Gut und Böse von der Meinung der Mehrheit bestimmt wird, was geschieht dann, wenn die Mehrheit Unrecht hat?
   A) Wie würden Sie die beiden Fragen Lucados beantworten?
   B) Kann es ohne Gott etwas wirklich »Gutes« oder »Böses« geben? Erklären Sie es näher.
2. Welchen Deich hat der Denker, der Gott leugnet, um der Flut Einhalt zu gebieten? Welchen Anker benutzt der Freidenker, um zu verhindern, dass die Gesellschaft ins offene Meer hinausgezogen wird? Wenn eine Gesellschaft Gott aus der menschlichen Gleichung streicht, welche Sandsäcke setzt sie dann der anschwellenden Flut der Barbarei und des Hedonismus entgegen?
   A) Auf welchen Anker verlässt sich die Gesellschaft?
   B) Welche Beispiele für Gottlosigkeit in der Bibel dienen als Weckruf für unsere Gesellschaft?
3. Suchen Sie tief im Herzen der Menschen, dann finden Sie etwas: ein Verlangen nach Sinn, ein Streben nach Ziel und Zweck. So gewiss wie ein Kind atmet, wird es sich eines Tages fragen: »Was ist der Sinn meines Lebens?«
   A) Haben Sie schon einmal mit einem Verlangen nach Sinn, einem Streben nach Ziel und Zweck gerungen? Wenn ja, beschreiben Sie den Kampf. Wenn nein, warum nicht?
   B) Worin besteht der Sinn Ihres Lebens?
4. Mit Gott sind Sie kein Zufall oder Zwischenfall; Sie sind ein Geschenk für die Welt, ein göttliches Kunstwerk, von Gott signiert.
   A) Kommen Sie sich manchmal wie ein »Zufall« oder »Zwischenfall« vor? Wenn ja, bei welchen Gelegenheiten treten diese Gefühle auf?
   B) Glauben Sie, dass Sie ein »Geschenk für die Welt, ein gött-

liches Kunstwerk, von Gott signiert« sind? Erklären Sie es näher.

5. Es ist widersinnig, aber je mehr wir wissen, um so weniger beten wir an. Wir sind von unserer Entdeckung des Lichtschalters mehr beeindruckt als von dem, der die Elektrizität erfunden hat.
   A) Sind Sie auch der Meinung, dass wir um so weniger beten, je mehr wir wissen? Erklären Sie das näher.
   B) Warum scheint es so leicht zu sein, Gott zu vergessen?
6. Nach Römer 1 ist Gottlosigkeit ein schlechter Tausch. Indem er für das Heute lebt, zerstört der Hütten bauende Hedonist seine Hoffnung, morgen in einem Schloss leben zu können.
   A) Wie machen Menschen heutzutage diesen »schlechten Tausch«?
   B) Haben Sie sich schon einmal für eine »Hütte« anstelle eines »Schlosses« entschieden? Wenn ja, beschreiben Sie die Situation. Warum haben Sie diesen Tausch gemacht?

Zum tieferen Verständnis

1. Lesen Sie Römer 1,21-32.
   A) Worin besteht die schreckliche Sünde, die in Vers 21 beschrieben wird? Was geschieht mit denen, die solch eine Sünde begehen?
   B) Welche Sünde wird in den Versen 22 und 23 beschrieben? In welchem Zusammenhang steht sie mit der Sünde von Vers 21?
   C) Welche Sünde wird in Vers 24 beschrieben? Gibt es einen Zusammenhang zu der Sünde von Vers 22-23? Erklären Sie es näher.
   D) Wie fasst Vers 25 die Verse 21-24 zusammen?
   E) Arbeiten Sie die Verse 26-32 durch. Achten Sie dabei auf die Steigerungen. Was bedeuten sie?
2. Lesen Sie Epheser 2,10.
   A) Wie werden die Gläubigen in diesem Vers beschrieben?
   B) Wie fest sind die Absichten Gottes für Gläubige?

4 Gottloses Richten

Rückschau

1. Haben Sie jemals mit der Bekehrung eines Vergewaltigers oder eines Kinderschänders auf dem Sterbebett gerungen? Wir haben sie verurteilt, vielleicht nicht im Gerichtssaal, aber in unserem Herzen. Wir haben sie hinter Gitter gesteckt und die Tür verriegelt. Sie bleiben für immer im Gefängnis unserer Abscheu eingesperrt. Und dann geschieht das Unmögliche. Sie tun Buße. Unsere Reaktion? (Wagen wir es zu sagen?) Wir verschränken die Arme, ziehen die Augenbrauen hoch und sagen: »Gott lässt dich nicht so glimpflich davonkommen. Nicht nach allem, was du getan hast. Gott ist gütig, aber er ist kein Trottel. Die Gnade gilt für Durchschnittssünder wie mich, aber nicht für Leute wie dich.«
   A) Was denken Sie, wenn Sie von der Bekehrung Jeffrey Dahmers lesen? Seien Sie ehrlich.
   B) Was würden Sie jemandem antworten, der zu Ihnen sagt: »Wenn Ihr Gott Jeffrey Dahmer oder Adolf Hitler vergibt, dann will ich nichts mit ihm zu tun haben«?
2. Es ist eine Sache, von den Taten Jeffrey Dahmers angewidert zu sein (ich bin es). Es ist etwas völlig anderes, zu behaupten, dass ich besser bin (ich bin es nicht) oder dass die Gnade Gottes ihn nicht erreicht (sie erreicht jeden).
   A) Was finden wir an den Taten Jeffrey Dahmers so abstoßend? Warum scheinen manche Sünden schlimmer als andere zu sein?
   B) Warum fällt es uns so leicht zu glauben, wir seien besser als andere?
   C) Warum kann Lucado sagen, dass die Gnade Gottes jeden Menschen erreicht?
3. Die einfachste Möglichkeit, Fehler in meinem Haus zu rechtfertigen, ist es, schlimmere Fehler im Haus meines Nachbarn zu finden.
   A) Was meint Max Lucado mit dieser Aussage?

B) Stimmen Sie ihm zu? Warum oder warum nicht?

4. Dahmers Bitte unterscheidet sich nicht von Ihrer oder meiner. Er spricht sie vielleicht in einer Gefängniszelle aus und Sie in einer Kirchenbank, aber vom Himmel her gesehen bitten wir alle um den Mond. Und durch Gottes Gnade erhalten wir ihn alle.
   A) Warum unterscheidet sich Dahmers Bitte nicht von Ihrer oder meiner?
   B) Was meint Max Lucado, wenn er sagt, »vom Himmel her gesehen bitten wir alle um den Mond«?

Zum tieferen Verständnis

1. Lesen Sie Römer 2,1-11.
   A) Warum haben Menschen, die andere richten, keine Entschuldigung? Was tun sie tatsächlich, wenn sie andere richten (Vers 1)?
   B) Welche Warnungen werden in den Versen 3-4 gegeben?
   C) Wie kann jemand Gottes Güte und Geduld »verachten« (Vers 4)?
   D) Die Verse 6-10 enthalten sowohl eine Warnung als auch ein Versprechen. Beschreiben Sie beide und sagen Sie, an wen sie gerichtet sind.
   E) Welches Ziel hat Vers 11? Warum ist es wichtig, genau das an dieser Stelle zu sagen?
2. Lesen Sie Matthäus 20,1-16.
   A) Fassen Sie die Aussage des Gleichnisses in einem einzigen Satz zusammen.
   B) Was will Jesus uns mit diesem Gleichnis sagen?
3. Lesen Sie 1. Korinther 4,5.
   A) Was sagt uns dieser Vers, dass wir *nicht* tun sollen? Was sagt er, dass wir tun sollen?
   B) Was sagt der Vers, dass Gott tun wird? Was wird das Ergebnis sein?

5 Religion ohne Gott

Rückschau

1. Der Glaube ist etwas sehr Persönliches. In Gottes Reich gibt es keine königliche Ahnentafel oder heilige Blutsverwandtschaft.
   A) Warum ist Glaube »etwas sehr Persönliches«?
   B) Was meint Max Lucado, wenn er sagt, dass es in Gottes Reich »keine königliche Ahnentafel oder heilige Blutsverwandtschaft« gibt? Sind Sie darüber froh?
2. Paulus beschuldigt die Juden, sich auf das Symbol der Beschneidung zu verlassen und ihre Seelen zu vernachlässigen. Könnte er uns desselben Fehlers beschuldigen?
   A) Wie ist es möglich, sich auf ein Symbol zu verlassen, wenn man den geistlichen Sachverhalt, für den das Symbol steht, ablehnt?
   B) Beantworten Sie die Frage, die Lucado unter Nummer 2 stellt, und erklären Sie Ihre Antwort.
3. Symbole sind wichtig. Manche von ihnen, wie das Abendmahl oder die Taufe, veranschaulichen das Kreuz Christi. Sie sind ein Sinnbild für die Rettung, zeigen die Rettung und bringen sogar die Rettung zum Ausdruck. Aber sie bewirken nicht die Rettung.
   A) Wie veranschaulichen Abendmahl und Taufe das Kreuz Christi?
   B) Warum können Symbole nicht die Rettung bewirken?
4. Von Gottes Standpunkt her besteht kein Unterschied zwischen dem gottlosen Partybesucher, dem gottlosen Fingerzeiger und dem gottlosen Kirchgänger. Die Salonlöwen, die Belegschaft des Gerichtshofes und der Kirchenchor, sie alle brauchen dieselbe Botschaft: Ohne Gott sind alle verloren.
   A) Warum besteht kein Unterschied zwischen den drei genannten Gruppen?
   B) Worin besteht die Hilfe für alle drei genannten Gruppen?
5. Es gibt nur einen Namen unter dem Himmel, der die Macht hat zu retten, und dieser Name ist nicht Ihrer.

A) Wie reagiert die moderne Welt wahrscheinlich auf diese Aussage Lucados?
B) Was würden Sie jemandem entgegnen, der die Aussage Lucados nicht gelten lässt?

Zum tieferen Verständnis

1. Lesen Sie Römer 2,17-3,18.
   A) Welche bevorzugte Stellung, sagt Paulus, machen die Juden geltend (2,17 und 20)?
   B) Welche Fragen stellt Paulus den Juden (2,21-23)? Welche Antworten erwartet er?
   C) In welchem Zusammenhang steht Vers 24 zu dem vorhergehenden Abschnitt? Inwieweit ist dieser Vers eine Schlussfolgerung?
   D) Welchen Wert hat die Beschneidung nach Römer 2,25-29? Welche zwei Kategorien von Menschen werden einander gegenübergestellt?
   E) Welche Vorteile haben die Juden laut Paulus (3,1-4)?
   F) Welches grundlegende Problem wird in Römer 5-8 diskutiert? Wie würden Sie die Fragen des Apostels beantworten?
   G) Welche grundlegende Lehre wird in Römer 3,9-18 dargelegt? Wie geht Paulus dabei vor? Welchen Schluss zieht er?
2. Lesen Sie Apostelgeschichte 4,10-12.
   A) Wie wurde nach Vers 10 der Gelähmte geheilt?
   B) Welche Beschreibung gibt Petrus von Jesus in den Versen 10-11?
   C) Welche Forderung erhebt Petrus in Vers 12? Welche Bedeutung hat das?

6 Tote rufen

Rückschau

1. Trotz aller Unterschiede haben wir alle ein Problem gemeinsam. Wir sind von Gott getrennt.
   A) Was bedeutet es, »von Gott getrennt« zu sein?
   B) Nennen Sie einige Zeichen, die dafürsprechen, dass ein Mensch von Gott getrennt ist.
   C) Wie kam es dazu, dass wir alle von Gott getrennt sind?
2. Eine tote Blume hat kein Leben. Ein toter Körper hat kein Leben. Eine tote Seele hat kein Leben. Von Gott abgeschnitten verwelkt die Seele und stirbt. Die Folge der Sünde ist nicht ein schlechter Tag oder schlechte Laune, sondern eine tote Seele.
   A) Was meint Lucado, wenn er von einer »toten Seele« spricht?
   B) Warum ist eine »tote Seele« die Folge der Sünde?
3. Wir brauchen nicht mehr Religion, wir brauchen ein Wunder. Wir brauchen niemanden, der Tote kostümiert, sondern einen, der Tote auferweckt.
   A) Wie unterscheidet sich Religion von einem Wunder?
   B) Wer muss von den Toten auferweckt werden?
4. Wir sind die Leiche, und er ruft die Leiche. Wir sind der Tote, und er erweckt die Toten. Unsere Aufgabe ist es nicht, aufzustehen, sondern zuzugeben, dass wir tot sind. Die Einzigen, die im Grab bleiben, sind diejenigen, die nicht glauben, dass sie dort sind.
   A) Was bedeutet »zugeben, dass wir tot sind«? Was sind die Folgen, wenn wir es nicht zugeben?
   B) Wie kann jemand wissen, dass er »im Grab« ist? Kennen Sie einen solchen Menschen? Wenn ja, erklären Sie das näher.

Zum tieferen Verständnis

1. Lesen Sie Römer 3,21-26.
   A) Welche zwei Arten der »Gerechtigkeit« werden in den Versen 21-22 einander gegenübergestellt? Welche der beiden heißt Gott gut?

B) Was sagt uns Vers 23 über uns? Welche Bedeutung hat das?
C) Wie löst Vers 24 das Problem von Vers 23?
D) Wie wird in den Versen 25-26 erklärt, wie es möglich ist, dass Gott vollkommen gerecht sein kann und uns trotzdem nicht schuldig spricht?

2. Lesen Sie 2. Korinther 5,17-18.
   A) Was bedeutet es, »in Christus« zu sein? Wie kommt man dahin, dass man »in Christus« ist?
   B) Was gilt für einen Menschen, der »in Christus« ist? Gilt das auch für Sie? Erklären Sie es näher.

7 Wo Liebe und Gerechtigkeit zusammenkommen

Rückschau

1. Was wäre – nieder mit dem Gedanken –, wenn der Himmel seine Deckung begrenzen würde?
   A) Beantworten Sie diese Frage Max Lucados.
   B) Kennen Sie Menschen, die glauben, dass der »Himmel seine Deckung begrenzt«? Wenn ja, beschreiben Sie, welche Begrenzungen sie im Sinne haben.
2. Es ist eine Sache, gute Menschen für gerecht zu erklären, aber solche, die böse sind? Wir können erwarten, dass Gott die Anständigen für gerecht erklärt, aber die Unanständigen? Sicherlich gilt die Deckung für den Fahrer ohne Eintrag im Verkehrsregister, aber den Raser? Den mit den Strafzetteln? Den risikoreichen Kunden? Wie in aller Welt kann die Rechtfertigung für den Bösen möglich sein?
   A) Gibt es in Gottes Augen »gute Menschen« (siehe Lukas 18,19)? Gibt es in seinen Augen »Anständige«, Menschen »ohne Eintrag im Strafregister«? Erklären Sie das näher.
   B) Wie *kann* die Rechtfertigung für den Bösen möglich sein?
3. Die Rettung ist von Gott geschenkt, von Gott angetrieben, von Gott bevollmächtigt und hat ihren Ursprung in Gott. Nicht der Mensch gibt Gott ein Geschenk. Das Geschenk kommt von Gott zum Menschen.
   A) Warum ist es so wichtig zu betonen, dass die Rettung mit Gott beginnt und endet?
   B) Warum ist es wichtig zu betonen, dass die Rettung ein Geschenk ist?
4. Wird Gott seine Maßstäbe zurückstecken, damit wir Vergebung erhalten können? Wird Gott wegschauen und so tun, als hätte ich nie gesündigt? Wollten wir einen Gott, der die Regeln ändert und Ausnahmen macht?
   A) Was wäre schlecht daran, wenn Gott seine Maßstäbe zurückstecken würde, damit wir Vergebung erhalten können?

B) Wollten wir einen Gott, der die Regeln ändert und Ausnahmen macht? Erklären Sie das näher.

5. Denken Sie über das nach, was Gott getan hat. Er übt unseren Sünden gegenüber keine Nachsicht und steckt seine Maßstäbe nicht zurück. Er verschließt die Augen nicht vor unserer Rebellion und setzt seine Anforderungen nicht herab. Anstatt über unsere Sünde hinwegzugehen, nimmt er unsere Sünde auf sich und – es ist unfassbar – verurteilt sich selbst. Gottes Heiligkeit ist gewahrt. Unsere Sünde ist bestraft. Und wir sind erlöst.
   A) Wie »verurteilte« Gott sich selbst? Was bedeutet das?
   B) Wie achtet das Kreuz Gottes Heiligkeit und sichert gleichzeitig unsere Erlösung?

Zum tieferen Verständnis

1. Lesen Sie Römer 4,4-8.
   A) Welche beiden Dinge werden in den Versen 4 und 5 einander gegenübergestellt? Wie unterscheiden sie sich?
   B) Wie benutzt Paulus die Worte Davids, um sein Argument in Vers 5 zu untermauern?
   C) Was bedeutet »Gott vertrauen«? Ist das ein einmaliges Ereignis oder ein fortgesetzter Vorgang? Erklären Sie das näher.
2. Lesen Sie 2. Korinther 5,19 und 21.
   A) Was tat Gott nach Vers 19? Wie tat er es? Was war das Ergebnis?
   B) Was tat Gott nach Vers 21? Warum tat er es? Was war das Ergebnis?
3. Lesen Sie Kolosser 2,13-15.
   A) Wie werden wir in Vers 13 beschrieben? Wie reagierte Gott auf diesen Zustand?
   B) Was tat Gott nach Vers 14?
   C) Wie zeigt das Kreuz den »Triumph« Gottes? Wie ist das möglich?

8 Anerkennung, wo Anerkennung nicht gebührt

Ruckschau

1. Ich kenne nicht immer den *Anlass* meiner Sünden. Es gibt Zeiten, in denen ich sündige und es nicht einmal weiß!
   A) Wie ist es möglich zu sündigen und sich dessen nicht bewusst zu sein?
   B) Beschreiben Sie alle Fälle, an die Sie sich erinnern können, in denen Sie erst später erkannten, dass Sie eine Sünde begangen hatten.
2. Die Kosten der Sünde sind so hoch, dass Sie sie nicht bezahlen können. Das Geschenk Ihres Gottes ist größer, als Sie sich vorstellen können.
   A) Angenommen Sie hätten in Ihrem ganzen Leben nur ein einziges Mal gesündigt. Könnten Sie diese Schuld bezahlen? Erklären Sie das näher.
   B) Inwieweit ist das Geschenk Gottes größer, als wir uns es vorstellen können?
3. Gnade ist riskant. Es *ist* möglich, sie zu weit zu treiben. Es *ist nicht* ausgeschlossen, dass Menschen Gottes Güte missbrauchen.
   A) Sind Sie auch der Meinung, dass Gnade »riskant« ist? Warum oder warum nicht?
   B) Nennen Sie Beispiele, bei denen Sie erlebt haben, dass Gnade riskant ist. Haben Sie erlebt, dass Menschen Gottes Güte missbrauchen? Haben Sie es schon einmal getan? Erklären Sie es näher.
4. Gnade fördert den Eifer, Gutes zu tun. Gnade erzeugt nicht den Wunsch nach Sünde. Jemand, der Gottes Geschenk wirklich angenommen hat, spottet nicht darüber. In der Tat, wenn ein Mensch Gottes Barmherzigkeit als Freibrief zum Sündigen benutzt, kann man sich zu Recht fragen, ob er überhaupt Gottes Barmherzigkeit kennen gelernt hat.
   A) Warum fördert Gnade den »Eifer, Gutes zu tun«? Wie geht das vor sich?

B) Stimmen Sie Lucados letzter Behauptung zu? Warum oder warum nicht?

5. Die große Mehrheit stellt einfach fest: »Gott schenkt dir vielleicht Gnade, aber mir nicht. Sehen Sie, ich treibe auf dem Strom des Versagens dahin. Ich habe es zu weit getrieben. Ich bin nicht Ihr typischer Sünder. Ich bin schuldig, denn …« Und sie füllen die leere Stelle aus.
   A) Haben Sie schon einmal gehört, wie jemand etwas Ähnliches sagte? Wenn ja, beschreiben Sie, was er oder sie sagte. Wie reagierten Sie darauf?
   B) Haben Sie manchmal den Eindruck, dass auch Sie so etwas sagen könnten? Wie würden Sie die »leere Stelle ausfüllen«? Was sagt das Wort Gottes darüber?

Zum tieferen Verständnis

1. Lesen Sie Römer 4,13-24.
   A) Wie hat nach Vers 13 Abraham die Verheißung Gottes erhalten? Warum ist das wichtig (V. 14)?
   B) Wem gilt die Verheißung (V. 16-17)?
   C) Warum ist Abraham ein besonders gutes Beispiel für einen Menschen, der im Glauben lebte (V. 18-22)?
   D) Inwieweit werden wir in den Versen 23-24 dazu ermutigt, Abrahams Beispiel zu folgen? Sind Sie diesem Beispiel gefolgt? Erklären Sie es.
2. Lesen Sie Galater 3,2-14.
   A) In Galater 3,2-5 stellt Paulus mindestens fünf Fragen. Wie lauten sie und welche Antwort erwartet der Apostel auf jede dieser Fragen?
   B) Was wird in diesem Abschnitt (V. 6-9) anhand von Abraham erläutert? Vergleichen Sie diesen Abschnitt mit der oben genannten Stelle aus dem Römerbrief.
   C) Wie viele Menschen werden nach 3,10-12 durch das Gesetz gerecht?
   D) Wie können wir nach 3,13-14 die Verheißung, die Abraham erhielt, für uns in Anspruch nehmen? Welchen Vorteil ziehen wir daraus?

9 Gnade der Oberliga

Rückschau

1. Diese Jungs schafften es nicht aufgrund ihres Könnens in die erste Liga; sie schafften es nur mit Glück. Sie wurden nicht ausgewählt, weil sie so gut waren; sie wurden ausgewählt, weil sie gewillt waren.
   A) Wie vergleicht Lucado die streikenden Spieler mit den Ersatzspielern?
   B) Waren die Ersatzspieler sich ihres Glücks bewusst? Woraus erfahren wir das?
2. Wenn uns die ersten vier Kapitel des Römerbriefes etwas sagen, dann dies: Wir führen ein Leben, das wir nicht verdient haben. Wir sind nicht gut genug, um ausgewählt zu werden. Doch schaut uns an, wir wurden eingekleidet und sind bereit zum Spiel!
   A) Inwieweit »führen wir ein Leben, das wir nicht verdient haben«? Welche Vergleiche kann man zwischen unserem Leben und den Ersatzspielern anstellen?
   B) Wie wurden wir »eingekleidet und bereit zum Spiel«? Wie geschah dies? Wer ist dafür verantwortlich?
3. Frieden mit Gott. Welch glückliche Folge des Glaubens! Nicht nur Friede zwischen Ländern, Friede zwischen Nachbarn oder Friede in der Familie; die Erlösung bringt Frieden mit Gott.
   A) Wie würden Sie »Frieden mit Gott« beschreiben? Worin besteht er?
   B) In welcher Hinsicht ist Frieden mit Gott besser als jede andere Art von Frieden?
4. Christus trifft sich mit Ihnen vor dem Thronsaal, nimmt Sie an der Hand und führt Sie in die Gegenwart Gottes. Wenn wir eintreten, finden wir Gnade, nicht Verdammung, Barmherzigkeit, nicht Strafe.

A) Stellen Sie sich vor, wie Sie von Jesus in den Thronsaal Gottes geführt werden. Wie fühlen Sie sich?

B) Auf welcher Grundlage können wir Gnade anstelle von Verdammung, Barmherzigkeit anstelle von Strafe erwarten?

5. Wegen Gottes Gnade sind wir nicht mehr Menschen, deren »Rachen ein offenes Grab« ist (V. 13), sondern Teilhaber an Gottes Herrlichkeit. Wir waren als erledigt betrachtet und hatten ausgedient; jetzt werden wir aufgerufen und hereingeführt.
   A) Inwieweit unterscheiden sich Menschen, deren »Rachen ein offenes Grab« ist, von denen, die »Teilhaber an Gottes Herrlichkeit« sind?
   B) Inwieweit waren wir »als erledigt betrachtet und hatten ausgedient«? Inwieweit werden wir jetzt »aufgerufen und hereingeführt«?

Zum tieferen Verständnis

1. Lesen Sie Römer 5,1-3.
   A) Wie sind wir nach 5,1 »gerecht geworden«? Was bedeutet es, »gerecht« zu sein? Zu welchem Ergebnis führt das?
   B) Was bedeutet es »in der Gnade« zu »stehen«? Zu welchem Ergebnis führt dieses »Stehen«?
   C) Welche beiden Dinge in Römer 5,3 scheinen nicht zusammenzupassen? Wie bringt Paulus sie in Verbindung?
2. Lesen Sie Jesaja 53,4-6.
   A) Was tat nach Vers 4 Jesus für uns?
   B) Was geschah nach Vers 5 mit Jesus? Zu welchem Zweck geschah das?
   C) Wie werden wir in Vers 6 beschrieben? Was tat der Herr, um dieser Situation abzuhelfen? Sind Sie darüber froh? Erklären Sie das näher.

10 Das Vorrecht der Habenichtse

Rückschau

1. Aufgrund seiner Liebe und unserer Bitte lädt Christus uns zu seinem Tisch ein. Nicht wegen unserer Mitbringsel erhalten wir einen Platz beim Festmahl; in der Tat, alles, was wir mitbringen, erscheint an seinem Tisch nicht erwähnenswert. Unser Eingeständnis des Hungers ist die einzige Voraussetzung.
   A) Warum erscheinen unsere Mitbringsel an Gottes Tisch nicht erwähnenswert? Warum bringen wir sie so oft trotzdem mit?
   B) Was meint Lucado, wenn er vom »Eingeständnis des Hungers« spricht? Wie machen wir das? Haben Sie es getan? Erklären Sie es näher.
2. Gott schaute nicht auf unser gescheitertes Leben und sagte: »Ich sterbe für dich, wenn du es verdient hast.«
   A) Welche Auswirkungen hätte es auf Ihr Leben, wenn Gott so etwas gesagt hätte?
   B) Hat irgendjemand es verdient, dass Gott für ihn stirbt? Erklären Sie das näher.
3. Gibt es niemanden, der Sie als die Person ansieht, die Sie sind, und nicht als das, was Sie taten? Doch. Es gibt einen. Ihr König. Wenn Gott von Ihnen spricht, erwähnt er nicht Ihre Misere, Ihren Schmerz oder Ihr Problem. Er lässt Sie an seiner Herrlichkeit teilhaben. Er nennt Sie sein Kind.
   A) Stehen Sie manchmal in der Versuchung, dass Sie sich nach dem beurteilen, was Sie im Leben getan haben? Was ist an einem solchen Denken falsch?
   B) Was bedeutet es, an Gottes Herrlichkeit teilzuhaben? Welche praktischen Auswirkungen hat das auf Ihr Leben?
4. Wissen Sie, dass die Aufforderung, die Jesus am häufigsten aussprach, »Fürchte dich nicht« lautet? Wissen Sie, dass der einzige Satz, der in jedem Buch der Bibel vorkommt, die Aufforderung vom Himmel ist: »Fürchte dich nicht«?

   A) Welche Bedeutung hat es, dass die Aufforderung, die Jesus am häufigsten aussprach, »Fürchte dich nicht« lautet? Was setzt das voraus?
   B) Warum wohl sagt Gott uns so oft, keine Angst zu haben? Wie kann man diese Furcht am besten überwinden?
5. Betrachten Sie die Liste der Segnungen, die Sie an Gottes Tisch erwarten können (Ende von Kapitel 10).
   A) Welche dieser Segnungen sind Ihnen am wertvollsten? Warum?
   B) Welche dieser Segnungen scheinen Ihnen nicht so wichtig? Warum?
   C) Welche praktischen Auswirkungen kann das Wissen um diese Segnungen auf Ihr Leben haben?

Zum tieferen Verständnis

1. Lesen Sie Römer 5,6-8.
   A) Für wen starb Christus nach Vers 6? Wann starb er? Warum starb er?
   B) Welchen Gegensatz arbeitet Paulus in den Versen 7-8 heraus? Wen und was will er damit hervorheben? Erklären Sie das näher.
2. Lesen Sie Matthäus 5,6.
   A) Welche Gruppe von Menschen beschreibt Jesus in diesem Vers? Welche Verheißung gibt er ihnen?
   B) Glauben Sie, dass Sie zu dieser Gruppe gehören? Erklären Sie das näher.
3. Lesen Sie Psalm 103,8-18.
   A) Erstellen Sie eine Liste der Eigenschaften Gottes, die in diesem Abschnitt beschrieben werden. Wie wichtig ist Ihnen persönlich jede Einzelne davon?
   B) Erstellen Sie eine Liste der Eigenschaften von Menschen, die in diesem Abschnitt beschrieben werden. Wie passen die beiden Listen zueinander?

11 Die Wirkung der Gnade

Rückschau

1. Wie können wir, die wir gerecht gemacht worden sind, anders als ein gerechtes Leben führen? Wie können wir, die geliebt werden, nicht wieder lieben? Wie können wir, die wir gesegnet werden, nicht wieder segnen? Wie können wir, die wir Gnade empfangen haben, anders als in der Gnade leben?

A) Wie würden Sie diese Frage Lucados beantworten?

B) Was sind in Ihrem Leben die größten Hindernisse für ein gerechtes Leben, für die Liebe, für das Segnen und ein Leben in der Gnade?

2. Vielleicht ist es nicht ausgerechnet so, dass wir sündigen, *damit* Gott gnädig sein kann, aber sündigen wir nicht ab und zu, *weil wir wissen*, dass Gott gnädig sein wird? Machen wir bisweilen abends Zugeständnisse, weil wir wissen, dass wir am nächsten Morgen unsere Sünden bekennen werden?

A) Wie würden Sie diese Fragen Lucados beantworten?

B) Was ist falsch daran, abends Zugeständnisse zu machen, weil wir wissen, dass wir am nächsten Morgen unsere Sünden bekennen werden?

3. Jesus hat Ihren Platz eingenommen. Sie brauchen nicht länger in der Zelle zu bleiben.

A) Von welcher »Zelle« spricht Max Lucado?

B) Welche konkreten »Zellen« werden Sie höchstwahrscheinlich betreten? Erklären Sie das näher.

4. Die Taufe ist ein Gelübde, das heilige Gelübde, dass der Gläubige Christus nachfolgt. Wie bei einer Hochzeit die Verbindung von zwei Herzen gefeiert wird, feiert die Taufe die Vereinigung des Sünders mit dem Retter.

A) Welche Parallelen erkennen Sie zwischen Taufe und Ehe? Wo liegen die Unterschiede?

B) Inwieweit feiert die Taufe die Vereinigung des Sünders mit dem Retter? Um welche Art von Vereinigung handelt es sich?

5. Vor Christus war unser Leben ungezügelt, liederlich und nachsichtig. Wir wussten nicht einmal, dass wir liederlich waren, bis wir ihn kennen lernten. Dann trat er in unser Leben. Manches änderte sich. Nicht von einem Tag auf den anderen, sondern allmählich. Wir räumten auf, was wir bisher herumgeworfen hatten. Wir machten das sauber, was wir vernachlässigt hatten. In unser Wirrwarr wurde Ordnung gebracht.
   A) Wussten Sie, dass Sie »liederlich« waren, bevor Sie Christus kennen lernten? Erklären Sie es näher.
   B) Welche Änderungen sind in Ihrem Leben geschehen, seit Christus in Ihr Leben getreten ist? Könnte ein Außenstehender die Veränderungen feststellen? Erklären Sie es näher.

Zum tieferen Verständnis

1. Lesen Sie Römer 6,1-12.
   A) Welches Problem schneidet Paulus in 6,1 an? Ist das heute auch noch ein Problem? Erklären Sie es näher.
   B) Wie beantwortet Paulus seine eigene Frage (V. 2-4)?
   C) Welche Wahrheit legt Paulus in den Versen 5-7 dar? Hat diese Wahrheit praktische Auswirkungen? Warum oder warum nicht?
   D) Welche Verheißung wird in Vers 8 gegeben? In welchem Zusammenhang steht dies mit Vers 11? Welche praktische Ermahnung gibt Paulus in Vers 12?
2. Lesen Sie Titus 2,11-12 (vgl. 1,16).
   A) Was ist »allen Menschen« erschienen? Wozu führte das (2,11)?
   B) Was lehrt uns die Gnade (2,12)? Wie tut sie das?
   C) Inwieweit sind Titus 1,16 und 2,12 zwei Seiten derselben Medaille?
3. Lesen Sie Apostelgeschichte 26,20.
   A) Wie verstärkt dieser Vers die Botschaft von Titus 1,16?
   B) Wie verstärkt dieser Vers die Botschaft von Titus 2,12?

12 Sich selbst stellen

Rückschau

1. Von Anfang an hat Gott Ehrlichkeit verlangt. Er hat noch nie Vollkommenheit gefordert, aber immer Wahrhaftigkeit erwartet.
   A) Warum fordert Gott Ehrlichkeit von uns, wenn er doch schon alles weiß?
   B) Warum ist es dumm, nicht völlig ehrlich mit Gott zu sein, wenn er doch alles weiß?
2. Sündenbekenntnis ist für die Seele das, was Bodenbestellung für das Land ist. Bevor ein Landwirt Samen aussät, bearbeitet er den Acker, entfernt Steine und Wurzelstöcke. Er weiß, dass der Same besser wächst, wenn das Land vorbereitet ist. Das Bekenntnis der Sünden ist die Bitte an Gott, über den Acker unseres Herzens zu gehen.
   A) Inwieweit ist Sündenbekenntnis für die Seele das, was Bodenbestellung für das Land ist?
   B) Praktizieren Sie regelmäßig das Bekennen Ihrer Sünden? Warum oder warum nicht?
3. Das Sündenbekenntnis will Vergebung von Gott erreichen, keine Amnestie. Vergebung setzt Schuld voraus; Amnestie, von dem griechischen Wort *amnesia* abgeleitet, »vergisst« das vermutete Vergehen, ohne jede Schuldzuweisung. Das Bekenntnis gibt die Verfehlung zu und sucht nach Vergebung; Amnestie streitet die Verfehlung ab und macht Unschuld geltend.
   A) Warum sollten wir uns um Vergebung, nicht um Amnestie bemühen? Erklären Sie den Unterschied mit Ihren eigenen Worten.
   B) Wie können wir Fehler und Schuld eingestehen, ohne uns allmählich selbst zu hassen?
4. Wer vor Gott Geheimnisse wahrt, hält sich von ihm fern. Wer mit Gott ehrlich ist, sucht seine Nähe.
   A) Ist es wirklich möglich, vor Gott Geheimnisse zu wahren? Erklären Sie das näher.

B) Warum bringt Ehrlichkeit einen Menschen näher zu Gott?
5. Darf ich eine freimütige Frage stellen? Haben Sie Geheimnisse vor Gott? Gibt es Bereiche Ihres Lebens, in denen ihm der Zutritt verboten ist? Verrammelte Kellerräume oder verschlossene Dachstuben? Gibt es Bereiche Ihrer Vergangenheit oder Gegenwart, über die Sie mit Gott nie zu sprechen wünschen?
   A) Wie würden Sie diese Frage Max Lucados beantworten?
   B) Bei welchen Gebieten Ihres Lebens fällt es Ihnen am schwersten, sie mit Gott zu besprechen? Warum?

Zum tieferen Verständnis

1. Lesen Sie Römer 6,18-23.
   A) Wovon sind Gläubige frei geworden (V. 18)? Wessen Knechte sind sie geworden?
   B) Welche Wahlmöglichkeit wird in Vers 19 aufgezeigt? Welche Wahl treffen Sie diesbezüglich?
   C) Welche Frage stellt Paulus in Vers 21? Wie würde Ihre Antwort aussehen?
   D) Welcher Gegensatz wird zwischen Vers 21 und 22 herausgearbeitet?
   E) Welche Gegensätze werden in Vers 23 herausgearbeitet? Inwieweit sind sie entscheidend?
2. Lesen Sie Jakobus 4,7-10.
   A) Welche Gebote werden in diesem Abschnitt gegeben?
   B) Welche Verheißungen werden in diesem Abschnitt gegeben?
   C) Drücken Sie mit Ihren eigenen Worten die Kernaussage dieses Abschnitts aus.
3. Lesen Sie Jakobus 5,16.
   A) Wozu fordert uns dieser Vers auf? Wie oft kommen wir dieser Aufforderung nach? Erklären Sie es näher.
   B) Welche Verheißung wird denen gegeben, die dieser Aufforderung nachkommen?

13 Gnade genügt

Rückschau

1. Zuweilen bekommen Sie genau das nicht, was Sie sich am sehnlichsten wünschen.
   A) Was wünschen Sie sich am sehnlichsten und haben es nie bekommen?
2. Wie werden Sie reagieren, wenn Gott Nein sagt? Werden Sie zufrieden sein, wenn er sagt: »Ich habe dir meine Gnade gegeben, und das ist genug.«
   A) Warum sagt Ihrer Meinung nach Gott manchmal Nein zu uns?
   B) Gibt es konkrete Dinge, die Sie tun können, um mit Gottes Gnade zufrieden zu sein, wenn er eine Bitte ablehnt? Wenn ja, was ist das?
3. Finden Sie es nicht ermutigend, dass sogar Paulus einen Pfahl im Fleisch hatte? Es ist tröstlich zu wissen, dass einer der Verfasser der Bibel nicht in allem mit Gott einig war.
   A) Finden Sie es ermutigend, dass sogar Paulus einen Pfahl im Fleisch hatte? Erklären Sie das näher.
   B) Warum ist es hilfreich, daran zu denken, dass die Verfasser der Bibel wirkliche Menschen mit wirklichen Problemen waren?
4. Sie fragen sich, warum Gott die Versuchung nicht aus Ihrem Leben nimmt? Wenn er es täte, würden Sie sich vielleicht auf Ihre eigene Kraft und nicht auf seine Gnade verlassen.
   A) Mit welchen Versuchungen haben Sie in der Regel am meisten zu kämpfen? Wie gehen Sie damit um?
   B) Auf welchen Gebieten geraten Sie in Versuchung, sich mehr auf Ihre eigene Kraft als auf die Gnade Gottes zu verlassen? Was geschieht meistens in einem solchen Fall?
5. Vieles über Pfähle und Stachel wissen wir nicht, aber eines ist sicher. Gott hat es lieber, wenn wir hin und wieder hinken, als wenn wir ständig mit erhobenem Kopf einherstolzieren.

A) Welche »Pfähle« sorgen dafür, dass Sie nicht mit erhobenem Kopf einherstolzieren?
B) Warum ist es besser, wenn wir »hin und wieder hinken, als wenn wir ständig mit erhobenem Kopf einherstolzieren«?

Zum tieferen Verständnis

1. Lesen Sie 2. Korinther 12,7-9.
   A) Warum wurde Paulus ein »Pfahl ins Fleisch« gegeben (V. 7)? Von wem bekam er diesen »Pfahl«? Wozu diente der »Pfahl«?
   B) Wie reagierte der Apostel auf diesen Pfahl (V. 8)?
   C) Was war Gottes Antwort auf die Bitte von Paulus (V. 9)? Wie reagierte Paulus auf die Antwort Gottes? Glauben Sie, dass Sie auch so reagiert hätten? Erklären Sie das näher.
2. Lesen Sie Philipper 4,6-7.
   A) Welche Haltung sollten wir, nach Vers 6, Sorgen gegenüber einnehmen? Wie sollen wir auf sie reagieren? Nehmen Sie in der Regel eine solche Haltung ein? Erklären Sie das näher.
   B) Wozu führt es, wenn wir der Aufforderung des Apostels in Vers 6 Folge leisten (V. 7)? Haben Sie das schon einmal erfahren? Erklären Sie es näher.

14 Der Bürgerkrieg in der Seele

Rückschau

1. Man könnte denken, ich hätte nicht mehr das Bedürfnis, die Nebenstraße zu benutzen, aber dem ist nicht so! Ein Teil von mir will immer noch die Abkürzung. Ein Teil von mir will das Gesetz brechen.
   A) Haben Sie schon einmal Ähnliches empfunden wie Lucado im Fall der Nebenstraße? Wenn ja, erklären Sie es näher.
   B) Warum, glauben Sie, nimmt unser innerer Kampf an Stärke zu, wenn wir erfahren, dass eine vorteilhafte Vorgehensweise nicht erlaubt ist?
2. Menschen, die über die Gnade staunen, staunen in demselben Maße über ihre Sünden. Warum sage ich an einem Tag Ja zu Gott und am Tag darauf zu Satan?
   A) Was finden Sie an der Gnade erstaunlich? Was finden Sie an Ihrer eigenen Sünde erstaunlich?
   B) Wie würden Sie die Frage Lucados beantworten?
3. Haben Sie Schwächen an sich entdeckt, über die Sie bestürzt sind? Ihre Worte? Ihre Gedanken? Ihr Temperament? Ihre Habgier? Ihr Groll? Ihre Klatschsucht? Alles war besser, bevor Sie vom Gesetz wussten. Aber jetzt kennen Sie es. Und jetzt müssen Sie einen Krieg führen.
   A) Wie würden Sie die Frage Lucados beantworten?
   B) Welchen inneren Krieg müssen Sie am häufigsten führen? Beschreiben Sie ihn.
4. Ihre Versuchung kommt für den Himmel nicht plötzlich und unerwartet. Gott ist über Ihre Sünde nicht überrascht. Er sah sie schon kommen. Gibt es eine Veranlassung anzunehmen, dass der Eine, der Sie zum ersten Mal angenommen hat, Sie nicht jedes Mal annehmen wird?
   A) Finden Sie es ironisch, dass Sie selbst über Ihre Sünde erstaunt sind, Gott aber nicht? Erklären Sie das näher.
   B) Wie würden Sie die Frage Lucados unter Punkt 4 beantworten?

5. Was wir für Abkürzungen halten, hält Gott für Katastrophen. Er gibt uns keine Gesetze zu unserem Vergnügen. Er gibt sie zu unserem Schutz. In Zeiten des Kampfes müssen wir uns auf seine Weisheit verlassen, nicht auf unsere.
   A) Inwieweit dienen die Gesetze Gottes unserem Schutz? Gibt es noch andere Gründe für ihr Bestehen? Erklären Sie es näher.
   B) Wie können wir praktisch lernen, uns auf Gottes Weisheit zu verlassen? Wie üben Sie sich in dieser Gewohnheit? Was will Sie davon abbringen?
6. Es geschieht nie, dass wir einmal weniger gerettet sind als am Anfang, als er uns rettete. Nur weil Sie beim Frühstück mürrisch waren, bedeutet nicht, dass Sie beim Frühstück verdammt wurden. Ihr Name verschwindet nicht im Buch des Lebens und erscheint dann wieder, je nach Ihren Launen und Handlungen. So ist die Botschaft der Gnade.
   A) Was halten Sie von dieser Äußerung Lucados? Stimmen Sie ihm zu? Warum oder warum nicht?
   B) Wie würde es sich auf die Gnade auswirken, wenn Sie beim Frühstück verdammt werden *könnten*, weil Sie mürrisch waren? Was würde »Gnade« in einer solchen Welt bedeuten?

Zum tieferen Verständnis

1. Lesen Sie Römer 7,7-25.
   A) Ist das Gesetz gut oder schlecht (V. 7-12)? Doch welche Auswirkungen hat das Gesetz auf uns?
   B) Was »bringt uns den Tod« (V. 13)?
   C) Worin besteht der Kampf von Paulus, wie er in den Versen 14-19 beschrieben wird? Erkennen Sie einen ähnlichen Kampf in Ihrem Innern? Wenn ja, beschreiben Sie ihn.
   D) Zu welchem Schluss kommt Paulus in Vers 20? Was bedeutet diese Schlussfolgerung?
   E) Welchen allgemeinen Grundsatz entwickelt Paulus in den Versen 21-23? Wirkt dieser Grundsatz in Ihnen? Erklären Sie das näher.

F) Wie reagiert Paulus in Vers 24 auf diesen allgemeinen Grundsatz? Finden Sie sich in dieser Reaktion wieder? Erklären Sie das näher.

G) Beschreiben Sie die letzte Reaktion von Paulus in Vers 25. Was ist der Grund für diesen Freudenausbruch?

2. Lesen Sie Römer 8,1.

   A) Was bedeutet es, in Christus Jesus zu sein?

   B) Inwieweit ändert die Wahrheit dieses Verses unser ganzes Leben? Erklären Sie das näher.

15 Die Schwere des Hasses

Rückschau

1. Niemand – ich wiederhole, *niemand* – kommt ohne Verletzungen durchs Leben. Irgendwo hat irgendjemand Sie verletzt. Ein Teil von Ihnen ist gestorben, weil jemand zu viel sprach, zu viel forderte oder seine Pflicht versäumte.
   A) Was sind die größten »Verletzungen«, die Ihnen im Lauf der Jahre zugefügt wurden? Wie reagierten Sie darauf?
   B) Was sind die größten Verletzungen, die Sie anderen Menschen zugefügt haben? Wie reagierten diese Menschen darauf?
2. Jeder wird verletzt. Deshalb muss jeder entscheiden: Wie viele Zahlungen werde ich fordern? Wir verlangen vom Übeltäter vielleicht keine Schecks, aber wir haben andere Möglichkeiten, die Rechnung zu begleichen.
   A) Zählen Sie einige Mittel auf, die Menschen dazu benutzen, um die Rechnung zu begleichen.
   B) Zählen Sie einige Mittel auf, mit denen Sie selbst schon versucht haben, die Rechnung zu begleichen. Wozu hat das geführt?
3. Wenn wir über unsere Barmherzigkeit Buch führen, dann sind wir nicht barmherzig. Wenn wir unsere Gnade genau ausmessen, dann sind wir nicht gnädig. Es sollte nie so weit kommen, dass unsere Gnade aufgebraucht ist.
   A) Warum ist es widersinnig, über seine Barmherzigkeit Buch zu führen oder seine Gnade genau auszumessen?
   B) In welchen Situationen wird Ihre Gnade am ehesten aufgebraucht? Wie gehen Sie mit solchen Situationen um?
4. Es fällt selten leicht, zu glauben, dass wir vollständig und für ewig schuldenfrei sind. Auch wenn wir vor dem Thron stünden und es aus dem Mund des Königs selbst hörten, würden wir noch zweifeln. Folglich wird vielen nur ein bisschen vergeben, nicht weil die Gnade des Königs begrenzt ist, sondern weil der Glaube des Sünders klein ist.

A) Warum fällt es uns nicht leicht, zu glauben, dass wir »vollständig und für ewig schuldenfrei sind«?
B) Wurde Ihnen ein bisschen oder viel vergeben? Erklären Sie das näher.

5. Je länger wir im Garten umhergehen, um so leichter nehmen wir den Geruch von Blumen an. Je mehr wir uns in die Gnade hineinvertiefen, um so leichter sind wir mit anderen gnädig.
   A) Wer ist die gnädigste Person, die Sie kennen? Erklären Sie das näher.
   B) Wie können wir uns in die Gnade hineinvertiefen? Was bedeutet das?
6. Sie werden fähig, anderen zu vergeben, wenn Sie aufhören, sich auf das zu konzentrieren, was sie Ihnen angetan haben, und stattdessen Ihr Augenmerk auf das richten, was Gott für Sie getan hat.
   A) Was können Sie tun, damit es Ihnen leichter fällt, sich nicht mehr auf das zu konzentrieren, was Ihnen ein anderer angetan hat?
   B) Nehmen Sie sich etwas Zeit und schreiben Sie eine Liste mit allem Guten, das Gott Ihnen allein in dieser Woche getan hat. Wie viele Punkte stehen auf Ihrer Liste?

Zum tieferen Verständnis

1. Lesen Sie Römer 8,5-17.
   A) Welche zwei Arten von Menschen werden in den Versen 5-8 beschrieben? Welche Beschreibung trifft am ehesten auf Sie zu? Erklären Sie das näher.
   B) Wie definiert Paulus in Vers 9 einen Christen?
   C) Welche Schlussfolgerung zieht Paulus in den Versen 10-11?
   D) Auf der Grundlage seiner Schlussfolgerung in den Versen 10-11 gibt Paulus uns in den Versen 12-16 Anweisungen darüber, wie wir unser Leben gestalten sollen. Zu welcher Lebensführung fordert er uns auf?
   E) Welche Zukunft zeigt Paulus in Vers 17 für Gläubige auf? Müsste sich das in unserem Leben heute auswirken? Erklären Sie das näher.

2. Lesen Sie Matthäus 18,21-24.
   A) Welche Antwort gibt das Gleichnis in den Versen 23-34 auf die Frage, die Petrus in Vers 21 stellt?
   B) Haben Sie es schon einmal unterlassen, einem anderen Menschen Gnade zu gewähren – einem Menschen, der Ihnen weniger schuldet, als Sie Jesus schulden?
3. Lesen Sie Hebräer 12,15.
   A) Wie ist es nach diesem Vers möglich, die Gnade Gottes zu »versäumen«?
   B) Welche Macht hat Bitterkeit nach diesem Vers? Warum soll man versuchen, sie zu vermeiden? Vermeiden Sie Bitterkeit? Erklären Sie das näher.

16 Leben auf dem Schiff, das Gemeinschaft heißt

Rückschau

1. Gott hat uns in seine Marine angeheuert und uns auf sein Schiff gestellt. Das Schiff hat einen einzigen Zweck: uns sicher ans andere Ufer zu bringen.
   A) Gehören Sie zu Gottes Marine? Sind Sie an Bord seines Schiffes? Wie wissen Sie das?
   B) Zu welcher Gruppe auf dem Schiff halten Sie sich?
2. Wir sind nicht zu einem bequemen Leben berufen, sondern zu einem Leben im Dienst. Jeder von uns hat eine andere Aufgabe.
   A) Zu welcher konkreten Aufgabe hat Gott Sie berufen?
   B) Wie dienen Sie Gott auf seinem »Schiff, das Gemeinschaft heißt«?
3. Gott liegt viel an Einigkeit. Der Vater will nicht, dass seine Kinder zanken. Uneinigkeit stört ihn.
   A) Wenn Sie Ihr Leben ehrlich betrachten, würden Sie dann sagen, dass Sie öfter geholfen haben, Einigkeit zu wahren, oder öfter Uneinigkeit gestiftet haben?
   B) Geben Sie ein Beispiel.
4. Übrigens wird nirgends gesagt, dass wir die Einigkeit *bauen* sollen. Wir werden nur dazu aufgefordert, die Einigkeit zu *wahren.*
   A) Was ist der Unterschied zwischen Einigkeit »bauen« und Einigkeit »wahren«?
   B) Wie bedeutend ist dieser Unterschied?
5. Die Einigkeit beginnt nicht mit der Prüfung der anderen, sondern mit einer Selbstprüfung. Die Einigkeit beginnt nicht damit, zu fordern, dass die anderen sich ändern sollen, sondern damit, zuzugeben, dass wir selbst auch nicht perfekt sind.
   A) Zu welcher Art Selbstprüfung fordert Ihrer Meinung nach Max Lucado hier auf?
   B) Denken Sie über persönliche Beispiele und die Folgen einer solchen Selbstprüfung nach.

6. Die Antwort auf Streitereien? Annahme. Der erste Schritt zur Einigkeit? Annahme. Keine Einigung, sondern Annahme. Keine Einstimmigkeit, sondern Annahme.
   A) Was ist der Unterschied zwischen Annahme und Einigung?
   B) Was ist der Unterschied zwischen Annahme und Einstimmigkeit?
7. Nur weil eine Gruppe an Weihnachten Spielzeug verteilt, heißt das nicht, dass ihre Mitglieder Christen sind. Nur weil sie den Hungrigen zu essen geben, bedeutet es nicht, dass sie zu den Auserwählten Gottes gehören. Jesus ruft nicht zu blinder Toleranz auf.
   A) Warum spielt Unterscheidungsfähigkeit eine wichtige Rolle bei der Einigkeit?
   B) Was ist der Unterschied zwischen Annahme und blinder Toleranz?
8. Schauen Sie zuerst auf die Frucht. Ist sie gut? Ist sie gesund? Hilft der betreffende Mensch anderen oder schadet er ihnen? Das Endergebnis ist wichtiger als die Herkunft. Die Frucht ist wichtiger als der Name des Obstgartens.
   A) Was meint Lucado hier mit »Frucht«?
   B) Welche Art von »Frucht« bringen Sie hervor? Wären andere diesbezüglich auch Ihrer Meinung? Erklären Sie das näher.
9. Schauen Sie auf den Glauben. In wessen Namen wird die Arbeit getan? Jesus akzeptierte die Arbeit dieses Mannes, weil sie im Namen Christi getan wurde.
   A) Sollen wir den Glauben eines anderen beurteilen? Wenn ja, was bedeutet das und wie kann das getan werden?
   B) Kann man sagen, dass jemand an den Jesus der Bibel glaubt, nur weil er den Namen »Jesus« benutzt?
10. Durch Glaube, Reue und Wiedergeburt wird ein Mensch ein Christ. Wenn ich einen Menschen treffe, der an das Kreuz glaubt und der seine Augen auf den Retter richtet, dann ist dieser Mensch mein Bruder.
   A) Können Sie sich über diese Äußerung Lucados freuen oder werden Sie davon unangenehm berührt?
   B) Erklären Sie Ihre Antwort.

Zum tieferen Verständnis

1. Lesen Sie Römer 14,1-13.
   A) Was ist die Kernaussage dieses Abschnitts? Führen Sie Beispiele an, um Ihre Auffassung zu untermauern.
   B) Anhand welcher Beispiele veranschaulicht Paulus seinen Standpunkt? Zählen Sie sie auf.
   C) Betrachten Sie die Fragen, die Paulus in den Versen 4 und 10 stellt. In welcher Beziehung stehen diese Fragen zum Standpunkt von Paulus?
   D) Wie wird durch die Verse 11-12 die Aufforderung von Paulus bekräftigt?
   E) Welche Schlussfolgerung zieht Paulus in Vers 13? Warum, glauben Sie, verwendet der Apostel so viel Zeit für dieses Thema?
2. Lesen Sie Epheser 4,3-7.
   A) Welches Gebot wird in Vers 3 gegeben? Wie soll das erreicht werden?
   B) Welcher Grund für dieses Gebot wird in den Versen 4-6 angegeben?
   C) Wie erklärt Vers 7 die Kraft, mit der dieses Gebot erfüllt werden kann?

17 Was wir wirklich wissen wollen

Rückschau

1. Für unseren kleinen Verstand ist es unmöglich, die Liebe Gottes zu begreifen. Aber das hinderte ihn nicht daran, auf uns zuzugehen.
   A) Verstehen Sie heute Gottes Liebe besser als vor fünf Jahren? Erklären Sie das näher.
   B) Warum ist es eine gute Nachricht, dass wir Gottes Liebe nie völlig begreifen können?
2. Gott ist bei Ihnen. Wenn Sie das wissen, wer ist dann gegen Sie? Kann der Tod Ihnen jetzt Schaden zufügen? Kann die Krankheit Ihnen das Leben nehmen? Kann der Sinn Ihres Lebens weggenommen oder Ihr Wert vermindert werden? Nein. Auch wenn die Hölle selbst gegen Sie antritt, kann niemand Sie besiegen. Sie sind geschützt. Gott ist bei Ihnen.
   A) Wann fürchten Sie am ehesten, Gott könnte *nicht* bei Ihnen sein? Wie reagieren Sie in einer solchen Situation?
   B) Beantworten Sie die obige Frage von Max Lucado. Warum geben Sie diese Antworten?
3. Hat Gott Sie gerettet, damit Sie sich abhärmen? Würde er Ihnen das Laufen beibringen, nur um zuzuschauen, wie Sie fallen? Würde er sich für Ihre Sünden ans Kreuz nageln lassen und dann Ihre Gebete nicht beachten?
   A) Beantworten Sie diese Frage Max Lucados.
   B) Was ist der Sinn, diese Fragen zu stellen?
4. Satan kann Sie nicht anklagen. Niemand kann Sie anklagen! Man kann wohl mit dem Finger auf Sie zeigen und die Stimme gegen Sie erheben, aber die Anschuldigungen prallen an Ihnen ab wie Pfeile an einem Schild. Sie sind kein Tellerwäscher mehr. Sie brauchen keine Strafe und keine stänkernde Schwester mehr zu befürchten. Sie standen vor dem Richter und haben gehört, wie er erklärte: »Nicht schuldig.«
   A) Warum kann Satan keine Anklagen gegen Sie vorbringen, die aufrecht erhalten werden?

B) Wie ist es möglich, dass wir vom Richter für »nicht schuldig« erklärt werden?

5. »Ihr fragt euch, wie lange meine Liebe dauern wird? Findet eure Antwort am Kreuz auf einem felsigen Hügel. Ich bin es, den ihr da oben seht, euer Schöpfer, euer Gott, von Nägeln durchbohrt und blutend. Mit Speichel bedeckt und mit Sünden beladen. Es ist eure Sünde, die ich fühle. Es ist euer Tod, den ich sterbe. Es ist eure Auferstehung, die ich lebe. So sehr liebe ich euch.«
   A) Warum ist das Kreuz die letzte Antwort Gottes auf die Frage, wie sehr er uns liebt?
   B) Warum ist das Kreuz die Garantie dafür, dass Gott immer auf unser Wohl bedacht ist, trotz aller Bedrängnisse, die wir vielleicht durchzumachen haben?

Zum tieferen Verständnis

1. Lesen Sie Römer 8,31-39.
   A) Welche Frage stellt Paulus in Vers 31? Was will er mit dieser Frage sagen?
   B) Erklären Sie die Logik des Apostels, die hinter seiner Aussage in Vers 32 steht. Warum ist diese Aussage für das Leben im Alltag so entscheidend?
   C) In welchem Zusammenhang stehen die Fragen der Verse 33-35 miteinander? Was ist ihre Funktion?
   D) Inwieweit kann das Zitat aus Vers 35 wirklich eine Ermutigung sein? In welcher Weise soll es als solche wirken?
   E) In welchem Zusammenhang steht Vers 37 zu Vers 36? Was ist die Kernaussage des Apostels?
   F) Hat Paulus in den Versen 38-39 etwas ausgelassen? Was möchte er uns zu verstehen geben? Inwieweit möchte er, dass diese Wahrheiten uns ermutigen?
2. Lesen Sie Jesaja 49,15-16.
   A) Welche Frage wird in Vers 15 gestellt? Welche Antwort wird erwartet? Auf welchen Vergleich zielt die darauf folgende Aussage ab?
   B) Welche Metapher benutzt Gott in Vers 16? Was will er damit sagen? Was will er, dass wir glauben? Warum?

3. Lesen Sie Jesaja 50,7-10.
   A) Welche Haltung nimmt der Verfasser in Vers 10 ein? Warum?
   B) Inwieweit weisen die Verse 8-9 auf die Worte von Paulus in Römer 8,31-39 hin?
   C) Wer wird in Vers 10 angesprochen? Welche Aufforderung wird ausgesprochen? Folgen Sie dieser Aufforderung? Erklären Sie das näher.

Schluss: »Vergessen Sie nicht, nach mir zu sehen«

Rückschau

1. Billy Jack schämte sich seiner Bedürftigkeit nicht und ließ keine Flugbegleiterin vorbei, ohne sie daran zu erinnern: »Vergessen Sie nicht, nach mir zu sehen.« Ich kann mich an keine Gelegenheit erinnern, bei der Billy Jack die Besatzung nicht daran erinnerte, dass er Beachtung brauchte. Wir anderen taten es nicht. Wir baten nie um Hilfe. Wir waren erwachsen, weltmännisch, selbstständig.
   A) In welcher Weise kann Billy Jack ein gutes Beispiel für uns sein?
   B) Warum haben alle anderen Passagiere im Flugzeug die Besatzung nicht um besondere Aufmerksamkeit gebeten? Inwieweit erinnern sie an Menschen, die Gott nicht um Hilfe bitten?
2. Beim Schreiben dieses Buches fiel mir Billy Jack wieder ein. Er hätte den Begriff der Gnade verstanden. Er wusste, was es bedeutet, sich völlig der Fürsorge eines anderen zu überlassen.
   A) Warum denkt Max Lucado, Billy Jack hätte den Begriff der Gnade verstanden?
   B) Wie würde Ihrer Meinung nach Billy Jack »Gnade« definieren?
3. Der Gedanke kam mir, dass Billy Jack von allen Passagieren des Flugzeugs am meisten in Sicherheit war. Hätte es Schwierigkeiten mit dem Flugzeug gegeben, wäre ihm zuerst geholfen worden. Die Flugbegleiter wären an mir vorbei zu ihm geeilt. Warum? Er hatte sich der Fürsorge eines Stärkeren anvertraut.
   A) Warum war Billy Jack von allen Passagieren des Flugzeugs am meisten in Sicherheit?
   B) Haben Sie sich der Fürsorge eines Stärkeren anvertraut? Erklären Sie das.
4. Eines ist sicher: Sie können sich selbst nicht retten. Der Fluss ist zu stark, die Entfernung zu groß. Gott hat seinen erstgeborenen

Sohn gesandt, um Sie nach Hause zu tragen. Sind Sie fest im Griff seiner Gnade?

A) Wir können uns nicht selbst retten?

B) Beantworten Sie die obige Frage. Sind Sie fest im Griff seiner Gnade? Wie wissen Sie das?

Zum tieferen Verständnis

1. Lesen Sie Römer 10,1-13.
   A) Von welchem Fehler seiner Landsleute spricht Paulus in den Versen 1-3?
   B) Inwieweit ist Vers 4 die Antwort auf diesen Fehler?
   C) Welche beiden Methoden zum Erlangen der Gerechtigkeit werden in den Versen 5-8 einander gegenübergestellt? Wie wirkt jede von ihnen? Haben Sie sich für eine von beiden entschieden? Wenn ja, für welche? Warum?
   D) Wie wird man nach den Versen 9-10 gerettet? Haben Sie das getan? Erklären Sie das näher.
   E) Welches Versprechen wird in Vers 11 gegeben? Warum ist das wichtig?
   F) Welche Zusammenfassung wird in den Versen 12-13 gegeben? Inwieweit fassen diese Verse die Botschaft dieses Buches zusammen? Wie?
2. Lesen Sie Römer 11,33-36.
   A) Was war der Anlass für diese Verse voll glühendem Lobpreis? Warum war Paulus so begeistert?
   B) Sind Sie auch so begeistert davon? Erklären Sie das näher.

Weitere Titel von Max Lucado:

Max Lucado

Und es schwiegen die Engel
Mit Studienführer

Best.-Nr. 1008, 320 S., Pb.

In meisterhaften Kurzgeschichten mit tiefseelsorgerlicher Note hilft Max Lucado uns, sich daran zu erinnern, worauf es in der letzten Lebenswoche Jesu wirklich ankam.

Max Lucado

Er bewegt noch immer Steine
Mit Studienführer

Best.-Nr. 1009, 292 S., Pb.

Max Lucado beschreibt lebensverändernde Begegnungen, die Menschen mit Christus hatten, entscheidende Augenblicke, in denen ein wahrer Gott realen Schmerzen begegnet.

Max Lucado

Sechs Stunden Ein Freitag
Mit Studienführer

Best.-Nr. 10011, 292 S., Pb.

Vor zweitausend Jahren – sechs Stunden, ein Freitag – schuf Christus für uns drei felsenfeste Ankerpunkte: Unser Leben ist nicht sinnlos. Unser Versagen ist nicht verhängnisvoll. Unser Tod ist nicht endgültig.

Weitere Titel von Max Lucado:

Max Lucado

Wenn Gott dich sanft beim Namen ruft

Dieses Buch soll zu neuem Glauben inspirieren. Gott ruft jeden von uns bei seinem Namen. Er hat die Tickets für unsere Lebensreise gekauft und hilft uns, in die richtige Richtung weiterzugehen.

204 S., Pb.
Best.-Nr. 10015 (One Way)
Best.-Nr. 392.728 (Hänssler)

Max Lucado

Wie du Gott ganz vertrauen kannst

Mit Illustrationen und Beispielen aus `dem Alltag ermutigt der Autor uns zum Vertrauen in rauen Zeiten. Gottes Ziel, so ruft uns Max Lucado in Erinnerung, besteht darin, uns sicher nach Hause zu bringen.

194 S., Pb.
Best.-Nr. 10020 (One Way)
Best.-Nr. 393.033 (Hänssler)

Coproduktion von:
HÄNSSLER-VERLAG, HOLZGERLINGEN
und
ONE WAY VERLAG
WUPPERTAL UND LUTHERSTADT WITTENBERG